装备科技译著出版基金

国防系统分析理论与实践

Perspectives on Defense Systems Analysis

［美］William P. Delaney　著

廉振宇　廖天俊　卢慧玲　译

游光荣　主审

国防工业出版社

·北京·

著作权合同登记　图字:军－2016－137 号

图书在版编目(CIP)数据

国防系统分析理论与实践/(美)威廉·P. 德兰
尼(William P. Delaney)著;廉振宇,廖天俊,
卢慧玲译. —北京:国防工业出版社,2018. 12
书名原文:Perspectives on Defense Systems
Analysis
ISBN 978－7－118－11676－2

Ⅰ. ①国…　Ⅱ. ①威… ②廉… ③廖… ④卢…　Ⅲ.
①国防—系统分析—分析方法　Ⅳ. ①E0－03

中国版本图书馆 CIP 数据核字(2018)第 192516 号

※

*国防工业出版社*出版发行

(北京市海淀区紫竹院南路 23 号　邮政编码 100048)
天津嘉恒印务有限公司印刷
新华书店经售

*

开本 710×1000　1/16　印张 15½　插页 4　字数 255 千字
2018 年 12 月第 1 版第 1 次印刷　印数 1—1500 册　定价 108.00 元

(本书如有印装错误,我社负责调换)

国防书店:(010)88540777　　　发行邮购:(010)88540776
发行传真:(010)88540755　　　发行业务:(010)88540717

荐 序 一

　　本书是美国麻省理工学院林肯实验室系列丛书的开篇之作,学术思想新颖,理论研究超前,是全球范围少有的对国防系统分析理论阐述与技术方法应用相结合的精品。"他山之石,可以攻玉",本书不仅为了解国防系统分析的理论方法以及在重大问题中的实践应用开启了"一扇窗户",更对我国国防和军队建设领域推广与应用国防系统分析具有重要的借鉴意义。系统科学是研究系统的结构与功能关系、演化和调控规律的科学,是一门新兴的综合性、交叉性学科。它以不同领域的复杂系统为研究对象,从系统和整体的角度,探讨复杂系统的性质和演化规律,目的是揭示各种系统的共性以及演化过程中所遵循的共同规律,发展优化和调控系统的方法,并进而为系统科学在科学技术、社会、经济、军事等领域的应用提供理论依据。国防系统分析就是系统科学在国防领域的应用,是搞好国防战略管理、军队建设规划设计以及重大项目科学决策、科学管理的关键技术。当前,我们面临的国家安全形势更加严峻、面临的战略问题更加紧迫、面临的决策对象更加复杂,因而,国防系统分析越来越受到重视,已经成为一个不可或缺又亟待加强的技术领域。

　　这些年来,系统工程、系统科学、管理科学与工程、军事运筹学等学科专业得到了蓬勃发展,尽管也出现了一批优秀著作供学习使用,但真正源于实践、扎根实践的书籍仍显不足。本书就是弥补当前之缺憾的佳作,不仅对国防和军队建设领域体系建设、顶层设计具有较大推动作用,还可以满足入门者的求知、拨开实践者的迷茫、解答管理者的困惑。

谭跃进 [1]

2018 年于湖南长沙

---

① 谭跃进是国防科技大学系统工程学院教授、专业技术少将。

荐 序 二

国防系统分析起源于西方发达国家,在国家战略管理、国防资源配置、重大项目论证等方面发挥了决定性作用,是影响西方大国军队建设和国家安全的一门重要技术。本书作者多为美国麻省理工学院林肯实验室的重要成员,长期从事国防系统分析研究,学术权威性高、造诣深,为美国军方或国防部的各种咨询委员会(例如,美国空军科学咨询委员会、陆军科学咨询委员会、海军研究咨询委员会和国防科学委员会)的重大决策提供咨询服务,直接影响了导弹防御系统等一大批重大项目计划的立项和布局。本书既以不同视角解读了国防系统分析的对象、目的、主体、方法等理论问题,又详细记载了林肯实验室不同成员运用系统分析方法在国防领域的有益探索,具有重要的理论意义和实践价值,是一本不可多得的佳作。

中国在实现强国梦、强军梦的伟大征程中,同样面临着国防建设与经济建设协调发展、国防资源的优化配置、作战统筹及需求分析、武器装备效能分析等重大问题。系统分析尤其是国防系统分析,是贯穿国防和军队建设战略规划、计划统筹、项目管理等全系统、全链条、全过程的重要支撑技术,也是助力科技兴军的重要手段。因此,加强系统思维、学习系统方法、运用系统设计,已经成为我国国防和军队建设领域的必修课。译者团队长期从事国内系统分析方面的工作,将这样一本国防系统分析领域的高级入门书籍引入国内,恰逢其时。这就是我推荐军内外战略管理人员和国防系统分析人士都要读一读《国防系统分析理论与实践》这本书的原因。

[①]

2018 年于北京

---

① 汪寿阳是中国科学院杰出研究员、中国系统工程学会理事长、发展中国家科学院院士、国际系统与控制科学院院士。

译 者 序

献给中国系统工程和系统科学奠基者钱学森先生。

——于钱学森诞辰 107 周年

本书是美国麻省理工学院林肯实验室系列丛书的开篇之作。本书首先介绍了国防系统分析的概述,然后提出了对国防系统分析的广泛认识,最后就若干重大领域给出了国防系统分析的应用案例。本书的特点是对国防系统分析提出了独到的认识以及扎实的案例剖析。

主要内容包括以下三部分:第一部分系统分析概述(第 1 ~ 4 章),涵盖全书目的和组织结构,国防系统分析的对象、目的、主体、方法以及研究案例等内容,由廉振宇翻译;第二部分国防系统分析的不同视角(第 4 ~ 8 章),从多种维度提出对国防系统分析的一些认识,如行业视角,以及红队、蓝队、真相等不同视角,由廖天俊翻译;第三部分面向特定领域的国防系统分析(第 9 ~ 13 章),从防空领域、弹道导弹防御领域、非传统安全领域以及航空、太空和网络领域,还有火星探测领域,给出相应的系统分析案例,其中,第 9、12、13 章由廉振宇翻译,第 10、11 章由卢慧玲翻译。全书由游光荣主审,廉振宇、廖天俊、卢慧玲等交叉完成审校。赛诺达文公司提供了部分审校支持,在此表示感谢。

本书可为研究生提供学习国防系统理论与应用的入门向导,为国防科研生产人员开展系统分析提供实践指导,为国防和军队建设战略规划和管理人员顶层设计、综合权衡提供系统评估的指南,还可为国防战略咨询人员提供系统分析视角的问题解决思路。

译者

2018 年于北京

献　词

献给所有从事国防系统分析的人员。他们努力使国家安全领域的复杂技术问题和疑问变得更加清晰、透彻、逻辑连贯。我们尤其要铭记杰出的丹尼斯·默里(Dennis Murray)。

致　谢

本书的灵感来自麻省理工学院林肯实验室主任艾瑞克·伊万博士。2010年底,艾瑞克来到笔者办公室告诉笔者,应该写一本国防系统分析方面的专著。稍后,他提议出版林肯实验室系列丛书,并将本书作为丛书的第一卷。

尽管笔者在林肯实验室的职业生涯中曾参与过多次系统分析工作,但对自己能否独立成书仍缺乏自信,艾瑞克却对此信心满满。林肯实验室拥有很多优秀的系统分析人员,且他们大部分是在笔者创建或领导的项目中成长起来的。这些同事们在百忙中为本书撰写了部分章节,他们的奉献是成书的关键。在此,对他们表示由衷的谢意,尤其对伊万博士最初的强力推动表示感谢。

笔者感谢玛格瑞达·桑托斯(Margarida Santos)、史蒂夫妮·莫斯利(Stephanie Mosely)、利比·山姆吉安(Libby Samarjian)、多萝西·瑞安(Dorothy Ryan)等对本书稿撰写、编辑和出版所做出的非凡贡献。

前　言

这真让人如坠迷雾……愿神明能带给我们以启示。

——威廉·莎士比亚《暴风雨》

美国国防部及其军事部门是复杂科学、工程和技术问题的持续来源。国防部不断挑战着新技术和系统的极限并提出关乎国防安全的技术难题。

但是，问题的描述往往含糊其辞，因此理解起来困难重重。然而，有那么一群人，对这些复杂、语焉不详和不确定性的问题却乐此不疲，总能穿过迷雾抓住问题核心、厘清因果关系并找到最大的不确定性。正如莎翁上述名言，找出问题的解决之道。

笔者把这些探索者称为系统分析人员，并坚信本书作者就是这样的探索者。他们代表了这门艺术 250 多年来的经验和背景。之所以将系统分析称为艺术，是因为在工程和科学课程中鲜有教授此类问题，同时从业人员来自不同学科背景。我们将详细探讨系统分析这门艺术。但首要问题是，本书的目的是什么？

我们希望能够帮助新入行或现职的系统分析人员从我们的经验中获得一些领悟，还希望为一些年轻工程师和科学工作者树立信心，使他们能够成为这门艺术的践行者。虽然一个技术部门并不需要太多的系统分析人员，但是总要有人担当这一重任。我们希望这部作品能够作为这门艺术的入门书籍，激励人们勇敢涉足这一艺术领域。

比尔·德兰尼①

2011 年 1 月初

佛罗里达州朗博特岛

---

① 译者注：威廉·P. 德兰尼与比尔·德兰尼为同一人。

目 录

第一部分　系统分析概述

第1章
本书的目的和结构

威廉·P. 德兰尼

国防系统分析并不是一门新的艺术,当然也不是麻省理工学院林肯实验室的首创。事实上,林肯实验室曾首次提出系统分析这一概念,第4章将对此进一步解释。在20世纪50年代初实验室成立前,英国运筹学研究人员就运用系统分析探讨如何在第二次世界大战欧洲战场上减少其轰炸机损耗架次。此外,为应对德国潜艇在北大西洋通往英国的航线上击沉3000艘盟军舰只所造成的威胁,一个由英国和美国组成的分析团队设计了对付德国潜艇的策略。分析人员的建议迅速终结了德国潜艇的威胁,不到2年,就有700多艘德国潜艇被击沉!

20世纪60年代,系统分析逐渐成为肯尼迪政府一个流行语。国防部部长罗伯特·麦克纳马拉和他以阿兰·恩托文(后被任命为国防部负责系统分析的副部长)为首的"神童"队伍发明了一套改变国防部采办流程的任务分析方法。60年代后期,兰德公司出版了数本专著,探讨了系统分析在国防部武器系统政策决策方面的应用。[①] 在这一时期,美国空军格伦·肯特(Glenn Kent)中将,首次将系统分析应用于空军重大武器系统问题。[②] 在整个冷战时期,系统分析帮助保持了美国的战略威慑态势,且被广泛应用于饱受争议的国家导弹防御系统。本书的作者都继承了这种系统分析的传统,并不断将该技术应用于各种国防问题。

---

① 例如,爱德华·S. 奎德(E. S. Quade)、W. I. 波爵(W. I. Boucher):《系统分析和政策规划:在防务中的应用》,纽约,美国爱思唯尔出版社,1968年。

② 格伦·A. 肯特:《关于美国防务的思考:一本分析回忆录》,加利福尼亚州圣莫尼卡,兰德公司,2008年。

本书的目的是为从事或即将从事国防系统分析的人员提供相关见解、建议和鼓励。

本书对有志于从事系统分析研究的读者给予了更多关注。我们相信，本书的建议不仅对国防系统，而且对各种其他领域的系统分析也是有益的。事实上，有些同行已将这些见解运用于其他机构的研究，如美国联邦航空管理局和国土安全部。

本书前三章剖析了系统分析的基本问题，解释其对象、目的和主要方法。由于系统分析更像一门艺术，没有固定的范式可以遵循，不同的从业人员会给出不同的见解和建议。本书集中了9位经验丰富从业者的见解，以期为读者提供一个更为全面的视角。

由于本书多数作者起初都曾在林肯实验室的几个重大项目领域修炼这门艺术，读者会看到一些不断重复的主题（提出恰当问题，讲一个美妙故事，反复检查所有输入变量，清晰界定各种假设，避免细节等）。本书保留了这些内容的重复性，以向读者不断强化这些重要建议。

我们都会散发出某种自信，因为自认为在此领域颇有心得，但我希望这不是沾沾自喜或自大。最令人窘迫的想法是，或许本书的写作本身已经犯下了书中一再告诫的各种错误！

本书只是给出了哪些类型的分析是我们的关注点。不同人对系统分析有不同的理解。如果你去一个藏书丰富的技术图书馆，你会发现有关这一主题的论著堆积如山。因此，我们应将问题更具体化一些。还要弄清人们开展系统分析的目的。在笔者看来道理很简单：系统分析是解决问题过程中的一个重要组成部分。它不是整个问题解决流程，而是训练如何"着手"解决问题。

本书还探讨了人们转向国防系统分析这一行当的各种方式。一般来说，人们开始并非有意成为一名分析人员，但后来各种因素促使我们走上这条职业之路。

第3章主要表达了笔者对"如何"开展系统分析的认识。系统分析有各种各样的研究情形，如机构内部研究和为外部机构进行的研究，后者包括美国军方或国防部（DoD）的各种咨询委员会（例如，美国空军科学咨询委员会、陆军科学咨询委员会、海军研究咨询委员会和国防科学委员会）。不同情形有不同的研究方式，虽然本书给出的大部分建议对这两种情形同样适用，但笔者仍然分别进行了论述。过去20年笔者主要为外部机构工作，因此在此主要论述外部研究。本书其他作者讨论的大多是内部研究，对新入行人员而言，可能会更感兴趣。

第3章还就如何启动和组织一项研究给出了具体建议。这些建议主要针对未来的研究负责人或研究委员会主席。研究负责人的角色是极具挑战性的,也是决定整个研究能否成功最为重要的因素。根据笔者的经验,如果笔者拥有与问题相关主题或领域的研究背景,同样会垂涎这一职位。

本书引用大量笔者与其他作者的各种系统分析工作案例、概要以及"实战故事",以期向读者展示研究的多变性和复杂性,以及研究所引发的现实与潜在影响。第4章为案例汇编,其中多为笔者作为研究负责人的一些案例。

由于国防系统分析通常涉及国家秘密信息,我们在案例中无法披露过多细节。对于不涉密问题的研究,我们会给出详细介绍(例如,唐·博罗森的第13章以及戴维·埃贝尔第9章的风力发电案例研究)。

在后续章节中,本书作者给出他们各自对系统分析流程的认识。每位作者都拥有分析团队的管理经验,并成功培养出了许多系统分析新秀。他们在各自擅长的领域挥洒自如,丰富了本书的视角。他们在不同技术领域的工作经历,拓展了本书的内容。

他们选择不同的方式介绍各自的案例。有些作者,如罗伯特·斯坦恩、阿尔耶·费德、罗伯特·阿特金斯和艾伦·伯纳德,成功演绎了各自在系统分析研究中的独特经验,笔者在介绍性章节之后,将这些章节集中在一起。另一些作者,如戴维·埃贝尔、史蒂夫·韦纳、迈克尔·沙茨、唐·博罗森和杰克·弗雷斯曼,则紧紧围绕各自擅长领域,详细论述了这些领域的系统分析方法,构成了本书的后半部分。

笔者把本书的这种组织方式称为"霰弹枪"方式,以此呈现给读者不同专家就同一关注主题的不同见解。试想一下,由10名著名高尔夫选手合著了一部《高尔夫入门》。虽然这本书可能无法给出一种成功的范式,但是如果部分章节能够让某些高尔夫选手产生共鸣,那么这就是作者最希望看到的结果。虽然本书作者从事系统分析的经验丰富(即是"老手"而非"菜鸟"),但是我们呈现给读者的却是系统分析中一些亘古不变的本质特征。

笔者在最后用一个简短的章节总结了一个主题,旨在回答读者头脑中的一个疑问:"系统分析是我的职业选择吗?"

我们由衷希望,本书能对相关从业人员有所裨益。

第 2 章
国防系统分析的对象、目的与主体

威廉·P. 德兰尼

我在哪里？我怎么到达这里的？我要去哪里？我如何到达那里？……这些都是人生的终极问题。

2.1 对象

上述反馈控制理论的学生指南是 20 世纪 50 年代末我本科时一位教授的最爱。这也是对本书广泛系统分析的一个完美诠释，下面重点介绍。

我们这种分析通常是分析人员采用恰当的科学依据对问题空间进行的首次（或早期）全面的、连贯的剖析。这种分析全面涵盖了所有问题，且建立在物理、数学和工程等学科相关定律的基础之上。

虽然这种分析不一定会描绘出一个问题的解决方案，但是它应为后人提供一个解决这一问题的详细路线图，它应该揭露问题的主要因果关系，还可能提出一个大致的解决方案或路径以及所需成本的粗略估算，它还应能揭示未解决的现象学问题以及其他类型的"技术暂停"。这个系统分析过程结束后，应清晰易懂地阐述问题，并以定量方式给出解决问题的可能途径。这一切都要快速完成（一般耗时数周至数月，很少超过 1 年）。

当一个全面的系统分析使政府意识到某一议题存在障碍或实现成本极高时，有可能会影响政府对这一议题的采纳。

因此，系统分析人员承担着类似探索者或"第一批登陆者"的角色。他们有着一丝英雄气概，往往进入他人从未涉足（或涉足不深）的领域。他们是一支强大的力量,在确定问题之初,便能获得解决方案和解决方案的可能路径。后续笔者还将更多着墨论述探索者这一角色定位。

这种系统分析的关键词包括广泛、全面、科学、早期且快速(数周或数月,而非数年)。系统分析的结果以简报和书面报告等形式呈现。

我们所讨论的这种系统分析,并不是指工程设计研究、数据处理架构研究、具体的科学问题分析、泛泛的经济研究、管理咨询工作、建议起草,或标题和描述中包含"系统"字样的各类其他活动。

本书系统分析的相关案例

20 世纪 50 年代	美国如何抵御苏联携带核武器的轰炸机?(引出半自动地面防空系统 SAGE 半自动地面防空系统,并极大推动了麻省理工学院林肯实验室和后来美国 MITRE 公司的组建——后者是一家向美国政府提供系统工程、研究开发和信息技术支持的非营利性公司。见第 4 章)
1955 年	我们如何探测接近美国的洲际弹道导弹?(导致预警雷达系统的出现)
20 世纪 60 年代	我们如何保卫美国城市免受苏联的导弹袭击?
20 世纪 70 年代	在对苏联防空的战略渗透中,B - 1 轰炸机和现代巡航导弹生存能力有哪些比较优势?(见第 4 章)
20 世纪 80 年代	民兵导弹发射井对苏联导弹攻击有哪些主动防御方案?我们如何保卫美国免受巡航导弹的空中袭击?
20 世纪 80 年代至今	面对各种类型的防空(包括常规和非常规防空)手段,美国军用航空飞行器(包括低空侦察飞行器)有哪些不足?(见第 6 章)
20 世纪 90 年代	面对电子对抗系统,GPS 的脆弱程度如何?强化 GPS 的方案有哪些?(见第 4 章)
2005 年	国内训练靶场未爆炸弹药的移除方式有哪些?(见第 4 章)
当前	有哪些应对简易爆炸装置的方案或措施?生物攻击的防御措施前景何在?(见第 11 章)

至此,读者已经大致了解了本书的系统分析。下面笔者将论述对这种分析的不同认识,也许有些观点在上述描述中已被提及。

2.2　目的

简单地说,这种类型的分析是应对一个全新富有挑战问题领域的一种经典工程方法。这种分析对已完成的工作进行检查并推断何种情况导致了目前的问题。这种分析的关键是对整个问题空间的推演。通过分析,衡量出所面临挑战的难度和范围,识别出主要的不确定因素和现象,确定该领域的主要研究人员,深刻理解他们的工作和成果。此外,通常还会大致估算应对这一挑战所需的资金规模。

这种分析的一个重要成果是对问题的上述方面进行清晰、严谨和专业的明确表述。随后,决策者可以以此为基础,判断是否需要继续。问题以科学和工程术语清晰表述,将激励有资质的分析人员和调查人员参与后续各种攻关工作。

上述表述忽略了很多现实问题。在现实世界,对问题的性质往往难以界定。由于信息不足,对问题的原因可能会有不同推测,并提出大量不同的解决方案。信息匮乏且技术能力有限的同行会兜售不同理念,往往东一斧子西一榔头。我们所建议的分析,主要是为了避免这种混乱,通过运用科学和工程(及逻辑)定律,梳理大致脉络,揭示因果关系,从而理出部分头绪。只要有机会,科学和工程技术人员即便在家里也能进行上述工作。

一定程度的条理性将有助于剔除那些无足轻重的、情况不明的和认识浅薄的问题表述。此外,这也是获得实质性政府资助,对问题进行后续认真研究所必需的。能从混乱中理出一定头绪的研究团队,亦有望在问题的后续研究中占有一席之地。

2.3　主体

笔者的经验表明,没有人生来就是系统分析人员,但人们可以通过多种途径成为系统分析人员,本书的作者将讲述他们各自的经历。有的人可能因为加入某个分析团队而开启了自己的职业生涯。据我所知,本书作者之一史蒂夫·韦纳所修为物理专业,就是因为加入一个关于全面导弹防御的分析团队,很快成为了一名优秀的分析人员。还有一些分析人员,因在推动某个重大工程项目过程中遇到重大难题,需要自己去评估和解答,从此便开始了系统分析生涯。

本书另一位作者罗伯特·斯坦恩自谦地表示,他是因为不擅长电子电路设计才转为系统分析,但是笔者却有一个更合理的解释:系统分析人才短缺,且工程团队也急需这样的人才,因此如果你能像罗伯特·斯坦恩一样,表现出一些系统分析的闪光点,那么你就会很快填补这一空缺。

笔者的经历与罗伯特·斯坦恩颇为相似,曾在林肯实验室一个开发小组从事早期的相控阵雷达技术研究。彼时我做了很多的天线试验,但复杂的电磁理论和数学并不是笔者擅长的。

相控阵雷达费用昂贵,只有弹道导弹防御这种需求迫切且财力充裕的项目才会考虑此类方案。20 世纪 60 年代初,人们对导弹防御这一概念各执一词;美国政府每隔几年对导弹防御的作用都会有不同的认识。每一次认识的转变都需要遍布全美国的各种分析小组就新系统的架构和技术问题进行大量研究。因此,笔者跟随亲密的朋友兼同事乔尔·雷斯尼克(Joel Resnick),转行(起初有点勉强)做导弹防御系统的分析。乔尔·雷斯尼克迅速成为林肯实验室导弹防御分析领域的中坚力量。在我看来,他就是林肯实验室国防系统分析人员的原型。他鹤立鸡群,充满睿智,能快速洞察一个复杂问题,并锁定主要矛盾,并用一种出乎预料的简洁风格进行汇报,让每个人都感兴趣。但他天马行空的工作风格却给笔者留下了大量的分析工作。后来约翰·菲尔丁(John Fielding)加入我们的团队,他也是"天生"适合从事广域国防系统分析工作。我们部门的负责人杰里·弗里德曼(Jerry Freedman),曾是一名直言不讳的防空专家,梦想从事导弹防御研究,因此,他曾是一位热心的听众。我们组成了一个充满激情(即争吵)的团队,一路走来,笔者养成一些习惯,总爱询问有时也回答有关导弹防御体系的一些关键问题。导弹防御分析团队的这一传统,被本书另一位作者史蒂夫·韦纳以一种更安静、更胜任的方式延续和传承了多年。

导弹防御分析在萌芽时代是一个令人兴奋的领域,聚集了很多精英,他们来自于工业界、贝尔实验室、国防实验室、智库,以及我称之为"物理工厂"的洛斯－阿拉莫斯(Los Alamos)、劳伦斯－利弗莫尔(Lawrence Livermore)和桑迪亚(Sandia)国家实验室。我们处在大系统论证的前沿,因而具有很高的出镜率,同时整个导弹防御领域常常争议不断。虽然我们当时还是一群年轻人(30 多岁),但是我们却能够在国防部高级管理人员和全美著名科学家面前为我们的一些特别发现进行争辩。实验室上级主管,尤其是杰里·弗里德曼,对我们的工作很感兴趣,并要求我们在每次前往华盛顿之前,都要进行大量演练。

▶ | 实战故事

大约在 1967 年,我记得是向总统科学顾问委员会(President's Scientific Advisory Committee, PSAC)汇报高空核爆炸对导弹防御雷达的影响。该委员会委员是诺贝尔奖获得者、康奈尔大学物理学教授汉斯·贝特(Hans Bethe),我的物理知识无疑只是他的一个零头。

高空核爆炸对雷达造成干扰的物理原理具有极度的不确定性,我用 3 天时间动用各种手段网罗了加利福尼亚大学有关领域所有知识渊博的核科学家,实质上举行了一个研讨会,以确定计算通信中断所需要的参数。首先,我们从具有最强确定性的低空和较小核当量处入手,然后,向高海拔和高武器当量处迁移,直到出现明显失常为止。

预料之中的是,在我汇报结束时,这位和蔼的教授问我:"德兰尼先生,你采用了哪些高空化学和物理知识来预测这些结果?"我的心都提到了嗓子眼,回答道:"贝特教授,我的计算中包含的化学或物理知识非常少。"接着我介绍了研讨过程。贝特咯咯地笑起来说:"这是能给出的唯一答案,顺便说一下,曼哈顿工程中我们在洛斯-阿拉莫斯国家实验室也做了很多类似工作。"对于一个年轻工程师来说这是一个激动人心的时刻。

当时系统分析这一角色的吸引力在于对一个复杂且重要问题进行探索的过程中所获得的满足感,处于关键问题前沿所带来的知名度,以及在各种富有挑战性项目中与全美最优秀人员共事的机会。

就笔者而言,自知没有成为一名相控阵雷达专家的天赋,但对系统分析似乎有一些"感觉",因而上述吸引力对我而言更为强大。

我希望回到系统分析人员那种探索者的角色。这一角色所需要的技能和人格特征包括:探索整个空间而不会迷失于一个洞穴;面对看似矛盾的事实仍能大胆探究能否解决明显的冲突;面对大量的不确定性仍能不畏惧并保持耐心;快速消化吸收的能力;始终聚焦于拼接相关性的图像并不断挑战已有结论。简而言之,需要人的抽象思维能力、吸收和整合图像的能力以及极大的耐心和毅力。通过练习,一个人要学会快速而非慢条斯理的分析! 这种能力并不像听起来那么令人望而生畏。

我的老板时常问我:"如何培养一名优秀的系统分析人员,以及我们如何发现他们?"没有任何一门学科能培养这种人,如果一个学术机构宣称能培养出系统分析人员,我定会发出质疑!然而,在许多科学或工程项目中,只有少数骨干会这样提问:"请再次告诉我,我们为何做这些或者我们为何这样做。"发出此类疑问的人也许已经开始从"深潜"中抬起头,开始质疑问题更广泛的方面,询问其原因及解决方法。我会鼓励他们进行质疑,并开始给予他们更广泛的系统分析任务。

一个相关的问题是:"广域系统的分析人员是天生的还是后天培养的?"我不知道这一问题的答案,我猜测两者兼而有之。笔者职业生涯中偶尔也会遇到称为"天生"的分析人员。我看到有些知识精英倾向于关注较大的问题,其人格特征亦适合于从事这类分析并将故事"推销"给高层领导。甚至有些人自己尚未意识到他们具有这种禀赋,但笔者可以看到它。

多数广域分析大师都具有某些科学专长或背景,并以此为起点,转向更广泛的问题研究,从而发挥他们擅长的"东西"。笔者个人对核物理学家这一群体情有独钟;他们在物理和数学方面均具有良好的训练,且他们的研究课题涉及的问题往往在概念上非常广泛。我看重他们在处理复杂物理现象和令人发怵的相关数学问题的过程中所表现出的无所畏惧。他们不从事核物理研究真是莫大的遗憾!

▶ 实战小故事

20世纪70年代初期,对物理学家来说这是一段艰难的时光。当时笔者会见了一位看上去极有天赋的物理学家,他对硬件问题的感觉很好。我告诉他,我正在寻找一位广域系统的分析人员,并询问他对这类分析是否有兴趣。他回答道:"我的博士研究方向是关于宇宙的起源——你希望还能多广泛?"他是我这辈子聘请的最优秀的人员之一。

广域系统分析人员的"底线"在于,你可能在日常活动中就可以进行一些分析,但更多时候,你只能领悟一些有希望的原始资料,然后加以"培育"。这是一个充满自我实现的过程,但你必须首先善于说服他们,这类工作合乎情理,充满希望,极为重要并能成就一番事业。事实上,你需要说服他们,放弃成为某一技术领域国家级专家或摘取诺贝尔物理学奖桂冠的理想!

第3章
国防系统分析的方法

威廉·P. 德兰尼

广域国防系统分析并不存在固定范式。本书就如何进行系统分析给出了不同从业人员的一系列认识。本书前几章节表达了笔者的见解,其他9名作者则在后续章节介绍了他们的见解。请原谅我偶尔会插入"实战故事"的做法,但这些实例传达的见解有时胜过纯粹的建议。

从笔者经验看,本书系统分析有两种不同情形。第一种研究大部分在机构内部完成。这种研究的目的可能源自机构内部,也可能来自投资方的要求。从事这种研究的大部分人员均来自同一机构,且开展研究的方法和规范大部分也是从机构内部选择。通常,研究人员对这种研究需要解决的疑问或问题,已经有了相当透彻的了解。这种研究可能是非正式的进行,安排上也具有很大的灵活性。研究人员可以借助自己的技术判断和科学直觉,制定研究路线。团队成员通常彼此熟识,基于共同的机构利益而通力协作。这种系统分析是一种很好的训练场,可以磨练团队成员针对复杂问题寻找解决途径的技能,还可以培养团队成员向高级管理人员汇报其团队见解的能力。

第二种研究则更为正式,研究任务由各种咨询委员会承担,接受军方或国防部领导。例如,国防科学委员会(DSB)和空军科学咨询委员会的研究。笔者曾服务于上述两家机构,但大部分时间是在国防科学委员会。笔者还曾涉足许多类似的政府机构,通常会处理涉密问题。

这种研究与第一种迥然不同。越是正式的研究,越关注开放性和人员的均衡性,以避免发生利益冲突。在初始阶段,研究团队往往具有不同的立场和见解,在推进过程中需要进行调和。真正需要解决的问题可能需要一段时间才能发现。研究人员需要接收大量的信息,且这些信息可能会令人明显感到"头晕目眩",信息中还夹带有某些项目或机构的自我保护成分。笔者对这种研究的建议更为具体甚至有些教条。笔者首先从较为容易的内部研究入手。我再次重申,以下许多建议对两类研究均适用。

3.1 内部广域系统分析

在 20 世纪 60 年代,我在早期的职业生涯中就参与了这种类型的系统分析。主题多是围绕弹道导弹防御系统中雷达的应用。这一时期的导弹防御系统比现在更具争议性,且导弹防御系统的国家目标似乎经常变化。因此,在有关问题上存在着很大的分歧,如城市防御重型攻击、防御意外或轻型攻击、导弹发射井的防御等,笔者似乎连续参与了一系列这类问题。我们是林肯实验室的一个小组,还有其他小组,分别来自智库机构、几家工业企业以及著名的贝尔电话实验室,后者主要负责美国陆军国家导弹防御系统的研发任务。

有些本质上属于结构性问题,如雷达和拦截导弹如何部署才能保护一组目标。许多分析则聚焦于应对敌人攻击的策略问题。美国空军弹道导弹攻击研究团队提出了一个雄心勃勃的计划,要为其导弹系统开发各种反制手段,从而为此类研究起到了推波助澜的作用。这实际上是一个"自我对抗"的时代,令全美各地的系统分析人员忙碌得不亦乐乎。我们也被来自夸加林岛等美国主要试验场几乎每周一次的各种试验数据弄得焦头烂额。

这一时代的分析任务是系统分析人员一个不可多得的训练场,导弹防御一直是此类分析任务的丰富来源(作者史蒂夫·韦纳为这个有趣的事业工作近 50 年之久)。内部研究获得的大部分宝贵经验和训练,得益于美国国防部和军方一群技术通。某种程度上,可以说正是他们带给我们以聚焦和动力,激励我们在作简要汇报时,相比贝尔实验室类似方案,始终处于同类研究的最前沿。国防部部长办公室丹·芬克(Dan Fink)和约翰·图梅(John Toomay)少将、空军贾斯珀·韦尔奇(Jasper Welch)少将是我最敬重的几位上司。约翰·福斯特(John Foster)、金·弗比尼(Gene Fubini)、朱利安·戴维森(Julian Davidson)、伯特·福勒(Bert Fowler)、戴夫·希波纳(Dave Heebner)、本·亚历山大(Ben Alexander)、西摩·佐艾伯格(Seymour Zieberg)、萨姆·拉比诺维茨(Sam Rabinowitz)和杰里·弗里德曼也是很不错的倾听者。对年轻读者来说,这些人的名字大部分都很陌生,因为很多巨匠都已过世,但笔者在此重新提到他们,是对他们在整个冷战时期表现出的卓识表达敬意。这些技术敏锐的冷战斗士并不只是静静聆听；他们的质疑、坦率、严苛等特质帮助我们聚焦实际问题并培养了我们清晰表达的能力。

3.1.1 主席的作用

笔者对内部和外部系统分析的建议是针对内部和外部研究的潜在领导者或主席的。笔者的第一大建议就是，挑选一个出色的主席是决定系统分析计划能否成功唯一重要的因素。只要拥有一个非常坚实的分析团队，一项内部研究或许不太需要一个杰出的主席，但研究越外延，就越需要"优异的"主席。

因此，如果你应邀担任主席，在倍感荣幸之余应深知这一角色的重任。除扮演主要领导角色以外，你还往往必须担任"一个桀骜不驯乐队的团长"角色。真正优秀的系统分析人员和科学大师通常是一群特立独行的人，你必须保持他们的兴趣和专注。我发现，机构内高层人员或内部研究投资方发挥着重要的作用。他们在初始阶段和定期评估中是一个重要的专注手段。20 世纪 70 年代笔者常如是说："你们这帮家伙不要瞎闹了！周五我们该怎么面对那个严厉老板杰里·弗里德曼？"

你可以通过不断摆出主要问题、表达自己对所得结论和模糊分析的困惑，来机智地引导整个研究过程。你还可以装聋作哑，提出挑战，要求团队从杂乱无章的信息中梳理出一条合乎逻辑的路径。国防科学委员会的乔治·海尔迈耶（George Heilmeier，美国国防高级研究计划局（DARPA）前局长）很喜欢在每天下班前挑战他的团队："如果现在我必须向副部长汇报我们的结论，我该说什么？"这是一个值得效仿的操练。

除了乐队团长和知识引导者之外，还要扮演监察员的角色。你要留神你的团队，防止他们把时间浪费在冗长的介绍和游戏中。应明确指出，大家的时间是一种宝贵的商品，遇到滔滔不绝的发言者，要严厉制止。你要关注研究设施的舒适性、咖啡的温度以及成员的士气。在一个良好的研究中，没有人会感到轻松，但你与每个成员一对一的简短对话应保持他们的满足感，并时刻关注可能影响整个计划推进或士气的暗流。

内部研究的非正式性提供了较大的操作自由度。吸引最优秀的人才在日常工作之余参与研究，也是一个问题。笔者的早期职业生涯充满幸运，因为笔者主要与一个专业从事广泛分析的团队一道工作，所以我们得以有机会与实验室高层、投资方或国防部"大人物"就特别有趣的主题高谈阔论。

如果你需要从机构的各类团队中抽调人手,你应向他们阐述此项工作的重要意义。此类工作往往需要高层领导的明确支持。建议你要让应征者信服,他们入选该工作是一项荣誉,机构中方方面面的关键人物都会参与这项工作,是替主管或一些重要投资方工作。他们因此将提升在整个机构中的知名度,并能赢得更大尊重。这样一来,许多人才会对这项迥然不同又富有挑战性的短期工作趋之若鹜。

尽管如此,你若能令团队75%的成员全力以赴,已属莫大成功。

3.1.2 研究团队的人员配置

显然,你会寻找前面章节所描述的那种善于思考的人士作为骨干。你还应该至少选择一名没有经验但有潜质的分析人员去启动这个"培育"的过程。你把各领域的专家组织起来以期形成积极互动。

我一直对10人以内的分析人员和专家团队情有独钟。在整个工作过程中,小规模有利于沟通和协调。团队的任务大多为相关问题的前沿探索,因此尚不需要大量人手。你可以就特定主题增加内部专家,但这些专家并不必全部倾注于这项研究。笔者发现,找到一位强势的行政人员可以为你带来巨大的帮助,他会处理会议的后勤保障工作,确保热咖啡的及时供应!然后,你便可以专注于智力操练和团队互动。

关于研究持续时间,越短越好。在内部研究中,因能随时抓住研究团队成员,笔者的经验是3~8周的持续时间较为合理。

3.1.3 一周研究

出人意料的是,在才思泉涌的那一周能完成许多工作,前提是必须提出"正确的"问题,且团队在初始阶段还必须拥有正确的背景。

我将这种研究视作对问题空间的一次冲刺,以确定问题范围,并评估后续工作是否存在更大障碍。在某种意义上,一周的初期工作,是确定是否需要执行更大研究计划的一次前期探索。

当快速审视问题时,会抛开很多争论和"假设"。每个人都希望至少发现主要问题所在,这样才能在周五的会议上言之有物!

笔者过去曾做过不少为期一周的研究工作;第4章将简要论述一个这种的案例。

3.1.4 计算机建模与仿真

今天人们都习惯采用复杂的计算机模拟和各种辅助分析工具。在一些新主题的探索初期，这种工具往往并不存在，但人们可以凭借直觉、技术和逻辑进行推理，必要时用笔和纸进行计算，可以对各种现象的不确定性进行参数分析，还可以对防御能力做广泛而有利的假设，看看防御问题是否看起来依然严峻。

在我看来，没有理由停滞不前。我们是高级的探索团队，不能因为缺少便利的工具而退缩。

> **实战故事**

20 世纪 60 年代中期，笔者参与了一项研究，需要对大气层核武器爆炸对雷达的影响做出评估，即所谓的黑障问题。笔者耗时 6 周进行雷达核黑障计算，基本靠"老虎机"式的机械计算器辅助手工完成。实验室的计算机模拟人员说我当时是个疯子；他们编写好程序后，IBM 7094 运行 30s 就能完成所有这些计算。他们就只要 30s，而我却要花 2 年时间！

笔和纸（或粉笔）分析的另一个优点是，与费解的大型计算机代码相比，手工计算具有更好的"可读性"。它有利于聚焦思维和团队互动，而这两者正是严谨分析所应具备的重要属性。关于计算机编程我们将会在后续进行更多论述。

3.1.5 最终报告

系统分析中最糟糕的错误是进行一个透彻、全面、有思想的分析，并把球丢给最终报告。一组最终简报图表并不是最终报告。在我看来，它离最终报告还相去甚远！

我们所倡导的分析往往是对问题空间进行首次合乎逻辑的全面探索。进行这种探索而没有为其他研究者留下一张高质量的"地图"，在我看来，是一个重大且不可原谅的错误。简报图表并不能代替最终报告。也许只有福尔摩斯可以了解你得出各种结论的来龙去脉，但跟踪你多年的普通人却无法厘清脉络。你的图表往往不会被归档，即使应该被归档，也将会在错误的数字媒体中放置若干年，没人会不辞辛劳地去查询这些资料！

还有一种偷懒的最终报告：在一组图表下方配文字说明（即所谓的注解图表）。我不认为这是一个可行的替代品，因为它丢掉了太多在得出最终结果的过程中所涉及的推理,这仅仅是聊胜于无而已。

这一切都关乎科学的存档流程,旨在帮助后来的研究者,在多年之后,还能了解你得出的结论以及得出结论的方法,从而可以将你的发现吸收到自己的科学研究之中。这种归档介质是书面报告,鉴于当今先进的文字处理和印刷技术,没有理由不制作一份纸质报告。你的投资方可能只需要一个最终的简报和图表副本,但你理应向后来的研究者准备一份书面报告。

场景

你完成内部研究后,向高层管理人员和投资方进行简要报告,然后大家皆大欢喜,但你的研究团队会迅速消失,回归他们的日常工作。在研究中他们积累了许多心得,因此用最终报告的形式及时将每个人的收获加以提炼是颇有远见的做法。

那么,主席先生/女士,谁应执笔撰写最终报告? 当然是你自己! 你完成报告后,由你的团队审核,并打印成册。笔者建议你在其他任务或职责下达前迅速完成报告。(在本章的下一部分,笔者还将详论最终报告的思维过程和制作过程。)

所以,除了乐队团长、监察员和睿智的质问者,你还是位主笔。祝你好运!

▶ | 实战故事

20 世纪 90 年代初期,美国陆军开展了一个敌方通过移动和隐蔽方式隐藏其战术弹道导弹的详细仿真。陆军感兴趣的是发展针对这些导弹的攻击能力,但很快遇到障碍,他们无法对机载雷达发现移动导弹发射车的过程进行建模,于是向我们求助。笔者组建了一个由内部专家组成的梦之队。研究内容为对先进机载雷达自动目标识别的详细分析。陆军设定的场景非常具体和详细,详尽勾勒了包括地形和导弹隐藏位置示例的威胁场景图。我们尝试了各种空中监视策略并建立了各种雷达能力模型。假设了敌人不同的对抗手段,并采用陆军陆基战术弹道导弹的几种模型作为我方攻击武器。

我们生成了敌方导弹被毁、攻击虚警和成功发射的数值得分。我们的最终简报引起巨大反响。笔者汇报了至少有十几次。最引人注目的是,这套数值结果可用于指导自动目标识别技术、机载雷达技术的开发人员,并作为对策建议。遗憾的是,始终未形成最终报告! 我的团队很快解散,笔者曾以为自己有能力把团队成员重新召集起来,完成最终报告这个苦差事,但经过几个月的努力尝试,仍以失败而告终。那份简报图表始终保留在"攻击作战研究"的文件中。在笔者看来,这是对机动导弹搜索难题最完美的分析之一,作为主席的我却未能为未来研究团队提供这些见解。真是莫大的教训啊!

3.2 较为正式的外部分析

过去30年,笔者一直在参与这种较为正式的外部系统分析,因此我的建议也主要是针对这种分析。其他作者往往更专注于内部研究规范。笔者参与的第一个外部研究是在20世纪60年代初的一个有关弹道导弹防御的国家大型研究项目,名为X拦截计划。多种学科的技术专家参与其中,所研究的广泛问题是,防御雷达能否及时提供信息,以便防御系统尽早发射拦截弹从而使防御系统覆盖足够大的区域。但我不认为研究团队对这一问题给予了足够重视。因此,当其他专家对弹头再进入识别和探测的细节争论不休时,我和一个同事就开始专注我们的工作。研究结束时,我们得出了许多有意义的结论,这些结论在某种意义上代表了一个"底线"。对笔者而言这是一个良好开端,现在笔者担任一些研究的领导,从第一天开始,笔者就会询问底线问题。

笔者在过去25年积累的外部研究的经验主要源于我在国防科学委员会的工作。国防科学委员会由约40位来自行业和国家实验室的科学与工程带头人组成,其中包括少量退休高级军官。委员会通过负责采办、技术和后勤的副部长向国防部部长提供咨询意见。委员会每年组成15~20个工作组,以解答国防部部长和其他高级领导人提出的特定问题。有些问题涉及科学和技术内容,笔者侧重技术性较强的工作。非技术类研究工作逐渐增多,后文还将论述。每个工作组有1名主席,近年来开始设立若干联合主席。自1985年以来,笔者共参与了26个工作组,其中12个担任主席或联合主席。笔者此处所提建议大多源于那段经历。

3.2.1 任务包

任务包(TOR)是一份一两页的文件,通常由副部长签署,内容包括建立工作组、待研究问题以及问题来源的简要背景说明。文件通常对待解决的特定问题提供某些指导意见,包括日程安排、工作组领导任命以及国防部内部支持机构等建议。

对于一个任务包,需要做的首要事情是获取正确的问题! 任务包由国防部职员起草,往往是起草人之间某种妥协的产物。如果你是工作组候选领导人,笔者建议你重点关注任务包的起草过程并介入这一过程。你要确保对团队的任务分配是务实且有限的。笔者发现国防部职员通常喜欢将任务包看作一颗圣诞树,将他们喜爱的"装饰品"(问题)悬挂在上面让你去解决。你需要修剪这一过程,将问题局限在团队可以解决的务实程度。

你的早期参与很重要。毕竟,一旦任务包敲定,某种程度上你就受制于它。如果你之后再决定略去任务包中不现实的问题,可能要花大量时间去解释原因,并可能给人留下工作不完整的印象。获取务实任务的时机是在最初!

3.2.2　工作组任务持续时间

这些研究几乎都是通勤式的活动,工作组成员大多要赶赴华盛顿,偶尔也会去承包商公司或军事机构。通常,成员一个月只能承受几天的日程安排,因而一项任务会持续几个月。笔者的经验表明,工作持续大约 9 个月效果较好,在大约 3 个月或 4 个月时(有时称为与领导层的会面)向领导层进行中期简报。成员间每月进行为期 2 天的工作交流似乎效果较好。所有这些日程安排都依据工作组的宗旨而定。我所在的一个工作组,承担重大高科技项目支持和咨询职能,已持续达数年之久。

3.2.3　工作组成员

此处的挑战常常是限制成员数量。一个涉及较高利益关系的专题工作组,将会有许多志愿者,国防部也会推荐很多所谓的博学有益之人。我试图以怀疑的态度看待这种帮助,其中一些推荐人选可能只对追求进步或自我提升感兴趣。

根据笔者的经验,国防科学委员会是一笔宝贵资源。这支骨干队伍对国防部运作有着更为全面的了解,且颇知探究复杂国防部问题的诀窍。此外,我们能够从这些成员之外挖掘所需要的专业知识,因此,我经常有机会与一些全美最优秀的人才进行交流。

笔者倾向于工作组成员限定在 10 名以内。除成员外,还包括政府顾问和各领域的政府专家以及一些支持成员。我会以最少的工作人员配备来着手处理手头任务。

在深入研究过程中,笔者发现"实用内野手"①很有帮助。这是一位组织能

---

① 来自棒球比赛。——译者

力较强的技术人员,辅助笔者处理大量问题,如追踪数据,整理简报以及复查我们接触到的矛盾信息。我得以能够专注于研究的广泛开展。如果你工作强度大且日程安排紧,可以考虑为你的团队物色这样一个人。

3.2.4 启动研究

笔者在此方面可以提供诸多见解和提示。如果你属于外部研究的领导层,一些见解可能会对你有所帮助。

3.2.4.1 小组

人们在组织一项研究时喜欢成立各种小组,尤其是参与人数非常多时。假如研究团队分成一个威胁小组、一个传感器小组、一个成本小组、一个流程小组和一个系统小组,每个小组都有一名负责人,则每个小组通常习惯单独组会,在此过程中会萌生一些奇思妙想,人们或许会设想通过集腋成裘最终获得重大突破!

笔者曾参与过许多此类"小组式"研究,并严重质疑这种结构的价值。因为对于负责问题整合的系统小组来说,各小组的见解往往来得太迟从而大大削弱了其价值。如果你是某个小组成员,你往往无缘接触其他小组,了解他们的简报以及内部讨论内容。

笔者偏爱精干的研究团队,这样每个人都有可能需要就某一主题向全体成员进行简报,还可能承担某一方面的全部责任,如威胁信息整理,并确保整个小组均能知晓相关威胁信息。

小组的划分往往在研究初期进行,因而减少了充分利用全体成员智慧的互动机会。这种分隔对于一个缺乏效率的架构来说,代价过于惨重!

笔者认为,国防科学委员会目前常用的小组化研究方案是一种很好的折中。以兴趣小组的方式组建小组,大多数时间,研究成员都会聚集在一起。兴趣小组由对特定主题更感兴趣的人员组成,如有需要,他们就负责对相关主题进行更深入的探索,并确保其负责主题的重要方面都能与整个团队充分分享。这一方式避免了之前研究小组整体思维进程不一的问题。

3.2.4.2 浩如烟海的图表

在许多重大研究中,你可能会面对似乎永无休止的简报——各种浩如烟海的图表!你所在的小组日复一日面对各种繁杂信息,一些有用,一些并不特别相关。每天结束时,我会建议研究小组核心成员问自己这样一个问题:"所有这些有何意义?我们是否离所期望的问题见解更近一步?"乔治·海尔迈耶提出的问题在这里恰如其分:"如果今天我必须向副部长汇报我们的结论,我该说什么?"

工作组核心成员往往反馈需要更多的小组私人时间和减少简报,这会促使你精简图表。人们很容易忘记,最宝贵的财富其实就是非正式的小组互动。人们总是抱着这样的信念,"有助于研究的一些灵感终将会出现",因此很容易陷入文山会海。

3.2.4.3　找到自己的方式:大图表

当各种图表铺天盖地而来时,你需要找到自己的方式,穿过层层迷雾。工作组的职责之一就是为你的项目投资方去消化、梳理、筛选、质疑各种问题并最终形成一个概要。概要的形式既可以是一段文字,但更多情况下是一个能反映问题实质的关键数字或图表。

笔者曾合作过的一些优秀分析人员,非常善于图表处理。他们在构建图表之前,似乎清晰地知道如何对关键图表进行布局。笔者的同事维克托·里斯(Vic Reis,DARPA 前局长、国防研究和工程署前主任)就是这方面的高手。他会画一组坐标轴,并表示"能够绘制出这些坐标轴参数曲线的人才是抓住问题实质的人"。在那一刻,他可能尚无如何绘制曲线的线索,但随着研究的进展,他不断聚焦任务,并征求各方意见。有时候,他只能获得图表的近似曲线,但他会指出重要的拐点,并表示"此处就是保证系统最佳运行的关键所在"。

笔者非常钦佩的一位同事丹尼斯·默里,是这方面的大师,这本书也是献给他的。他似乎能用"神奇"的图表进行思考,并用墨汁在薄牛皮方格纸上绘制他的图表(非常自信的标志)。他有一个中等大小的公文包,里面装着多达上百张涵盖各类主题的图表。随便一个问题,如问及某款美国战斗机与苏联战斗机作战半径,丹尼斯会从他的公文包中取出一张图表,整个问题答案就能用带有 5 个参数的曲线表述得一清二楚。他似乎早就选好了坐标轴的参数和比例!

在笔者看来,工程师和科学家能通过大图或大表格最准确地表达自己的见解,因此,在研究中如有类似机会,应时刻做好准备。

3.2.4.4　局外人、信息披露和"猫头鹰"

一项有趣的研究课题往往需要研究团队以外的人员参与研讨,这就会令研究活动难以保持一定程度的隐秘性。在此情况下,为保持你研究的隐秘性,标准的处理原则是,首先能听到你研究结论的应该是委员会领导层,然后是研究投资方(交给你课题的人),课题结论一旦获得批准,才能告知国防部相关人员。

因此,必须控制与会人数,这是研究小组需要首先解决的一个问题。对此,一个较为有用的处理原则是,当接受指令时,可以邀请相关局外人(通常为政府人员)参加,因为这些人员或许能在你遇到困扰时帮你理清思路,并为你指出主题的其他信息源。然而,当你与小组高层进行当天最终讨论时,应将与会者局限于小组研究成员(只有接到专门邀请的局外人才能参加这种讨论)。

什么是"猫头鹰"?"猫头鹰"是指参与研究的重要外围人员,即国防部要员。他们整天坐在那里,从不发表见解,也从不参与讨论。你若是研究主管,定会遇到这类人。

3.2.4.5　民主运作

一些智者喜欢发表见解,而有些则寡言少语。研究小组往往充满各色人员,而你需要一定策略才能收获不同见解。笔者的方式是经常在茶歇时间询问发言较少的参会者:"你会买这帮家伙的账吗?你同意我们的行动方向吗?"多半的情况,他们会发表不同的见解,作为主席,你应听取他们的意见。

一种有效的方法是上述非正式核心小组成员围坐在一起,就当下的研究情况发表见解。不论何种工作职责,声音高亢的人往往会占据主导地位,但作为主席,你必须让每个成员都有均等的发言机会。

你可能会不时听到一些不寻常或看似怪异的观点。对此不必过分担心,随着时间推移,研究过程会自然处理好这些观点。成员之间的强烈分歧同样适用这一原则,可以组织研究小组研讨会来调和各种各样的意见。作为主席,负责领导起草最终简报(讨论稿)的过程,就是最后解决分歧的过程。

3.2.4.6　技术暂停

有一些事件会拖慢进度甚至暂时中止研究进程,必须绕开这些障碍。

在美国国防部的研究中,或许会遇到特殊的安全保密问题。国防部那帮仁兄可能并不愿意将某些领域的情况向小组全体人员和盘托出。此类问题应在研究开始时由研究投资方负责解决,但是有时候你的研究过程无法预测,难免不会遇到此类问题。通常情况下,只向小组的一部分人提供特定信息,如果此类信息对你的最终结果相当重要,最终报告就应准备一份专门的涉密附件。

你会被一些复杂的表象问题所困扰,似乎缺乏足够的数据或见解帮助做出可靠的判断。你通常可以通过参变过程决定现象的本质,绕过这一技术暂停,并协助后续研究工作解决科学的不确定性。

另一个潜在的技术暂停是投资方要求对一些拟议的大系统进行成本估算。在笔者看来,国防部大型系统的成本估算绝对是一个扭曲的过程,工程师和科学家们踏足这一领域时需倍加小心!当前流程不允许许存在技术不确定性或不可预见性,每个人都签署了一个"完美执行"的项目和进度表,尽管这几乎不会发生。其结果是:新型飞机的费用是最初估算的3倍,而超支金额达到天文数字! 所以笔者的建议是,避免烦琐的费用计算,在职责范围内剔除这些内容。但是,如果投资方坚持要你做成本估算,要依靠政府专业成本估算团队,让他们用自己的大型系统成本(和超支)历史数据库来答复那个邮件。

此处一个例外情况是,通常很有可能需要你的研究提供一些新的科学调查关注点。的确,需要多大努力才能破解问题,你理应给投资人一定交代。在这种情况下,工程师和科学家就是最适合的成本估算师。笔者过去经常给出的建议是:"需要每年1亿美元的努力,至少连续5年。"无论遇到何种技术暂停,我们所主张的此类广域国防系统研究总能绕开干扰,并向投资人提供一组有用的调查结果以及一张有益的路线图。

3.2.5 涉及非技术分析和解决方案的研究

笔者在这里岔开话题,谈论下我们此处所提供建议的适用性问题。当今,国防部各种科学咨询委员会对那些明显与科学技术关系不甚紧密的问题研究乐此不疲。咨询委员会的这些科学家和工程师是对付国防部高层各种需求和问题的最好方式,但在笔者看来,如此一来,他们的作用则更像商业行业的管理咨询公司。他们需要解答的问题可能是:"在联合行动中,我们如何实现各军种间更加无缝的整合?"或者"我们如何才能提高作战部队的机动性?"人们可能会发现,有些或许会涉及一些技术问题,但凭借工程、物理、化学或数学工具,是无法彻底破解这些问题的。因此,笔者认为,这类研究很大程度上超出了本书所提供建议的范围。就如何开展研究或如何寻找广域系统分析人员,我们能提供一些不错的建议,但你应慎重考虑这些见解对一些宽泛问题的适用性。

国防科学委员会最适合对付上述类型的问题,从而引发了对此类研究的下列对话。罗伯特·赫尔曼(Robert Hermann)博士是空军前助理部长,也是国防科学委员会资深委员,在国防部管理问题上具有丰富的经验。罗伯特·赫尔曼对笔者3个章节的评论摘录如下:

> 我的确发现,如果根据我的经验撰写这些章节,我会增加一些你没有涵盖的内容。我认为在内容重点认识上存在差异的根本原因在于,事实上我很少参与那些多数情况下通过物理原理的确定性分析就可以解决的问题研究。虽然人们可以由此断定,我的研究属于另类,不配称为

国防系统分析,但是我的研究却能很好地回应国防科学委员会的需求。

我曾主持了一些关于空间军事使用保障、跨国威胁应对、红队的应用、实现联合部队能力、广域监视军事应用,以及很多类似研究。我也参与了许多其他研究,往往更多涉及的是不能通过确定性的逻辑推理解决的管理上的、主观的和业务的评判问题。受你文章的启发,我在思考这些研究是如何组织的。一些想法如下:

共识是一项不可或缺的目标。这与工程分析的目标——发现和研究确定性的真相——形成了鲜明对比。在此过程中,并非说不需要工程分析,但通常问题的实质不适合用确定性分析的方式加以解决。因此,研究结果的一个重要特征是一群性格迥异却德高望重的人士就这一问题能达成一致。这个团队评判的公信力而非坚实的工程分析才是研究的最大成果。如果团队成员包罗万象,来自各要害和权威部门,那么这种公信力将会大增。("我们需要一个在这个领域的优秀空军指战员。")为满足多元化要求,委员会成员的性质和数量将受到影响。成员的个人素质固然重要,但他们的血统及其所代表的价值也同样重要。为充分覆盖各相关机构,成员人数可能远远超过10人。

面对这个由各路精英组成的庞大团队,问题的关键是获得他们共同的判断,而不是靠他们共同揭示某些工程真谛。因此,以我之见,研究项目组应有所不同。这话的内在含义我斗胆表述如下:

(1)了解专家的权威领域。显而易见,每位自恃颇高的权威人士都会有意或无意地发表一两次讲话,向团队的其他人员发出信号,表达自己的擅长领域以及在此领域对自己权威的维护程度。我发现一个有效的方式是,尽早迫使每位成员说出内心想法,才能避免研究数据被无端浪费的情形出现。

(2)委员会是一个有机体。通过了解哪位成员会在哪些领域表现强硬,并尽早达成集体共识,其他成员便能更好地选择在哪里打断,用何种语言获得所需要的结果,在何处表现强硬,并含蓄地表达对受影响成员的尊重。我发现,这种方法可以促使这一有机体实现一定程度的自我约束与协作,而不是主席与成员那种类型的关系。这种协作最终具有很大价值,因为每个成员不仅是最终产品的所有者,而且也是最终产品的设计者,这样才能给自己所在机构一个满意的交待。

(3)政治可行性。我参与的大多数研究中,最令人沮丧的部分之一就是每个成员对于事情的可行性存在有意或无意的偏见。没有任何研究团队乐意提出实际上并不可行的建议，因此这个因素对研究的各个方面都会造成影响。"不会优先考虑那个建议""国防部规定不允许那样做""空军永远不会接受那建议""莱文参议员不愿看到那种结果"等诸如此类的评语屡见不鲜。在大多数情况下，每个评论都会有一定的事实依据，但据我的经验，如果试图回应小组成员所有关切，就无法成形一个方案。对这类问题应尽早单独讨论，以免后续研究受到不必要的干扰。

罗伯特·赫尔曼的上述见解表明外部研究具有迥然不同的规则。再次重申，本书中所提供建议主要针对显著的科学和工程问题研究，但上述类型的研究有增多的趋势。

3.2.6 准备最终简报

外部研究的最终简报和最终报告之间的联系相当紧密。你可能会觉得本书的流程对你的研究工作很有用，你也可以根据自己的喜好设计一个流程。但是无论如何，在真正开始之前，两者都需要一个操练计划。

作为一项研究的负责人，你面临的挑战之一就是研究团队就研究主题达成一个相对民主的共识。毫无疑问，尽管团队中存在声音高亢的对手，也应确保安静的人也能发挥其价值。笔者本人就是一个高调门的人，因此本人经验可以提供一定参考。

在数字化之前的美好旧时光里，笔者可以站在研究团队面前，使用黑板来探寻主要发现和结论。一个简单的操练是，"如果我们只能向副部长汇报我们的一个结果调查，会是什么？经过 1h 左右的争论，我们会选定最好的想法。然后是第二个和第三个，如此等等"。

这里请注意：笔者控制着粉笔和黑板擦。黑板上内容的增减由笔者一个人做主。笔者是辩论的指挥者（应该小心，永远不能成为独裁者）。如果笔者不同意小组成员观点，就会争论或发出提问，可以站在那里，面带痛苦地说："我不会向副部长汇报那些内容！"

这种论坛的风格是一个民主的共识过程。坦白地说，笔者喜欢给予和索取。作为团队负责人，就是一个大目标，应欢迎团队成员的各种质疑。信不信由你，你定会在这种初步操练中收益良多。

大约3h后,你会疲惫,并准备叫停当天的工作。你答应第二天(或下一次会议)带来关于"黑板"的结果简报。

第一次带回的简报可能是一个有争议的过程,但你可以随时进行调整,并坚持到底,承诺下次会议带来第二版本。当这个流程进入第三轮或第四轮后,大部分只剩下对你文字的挑剔,最后团队中有人会说"我认为他终于完成了"或者"他很接近了"。你现在就拥有了用于汇报的最后简报草案,在这个冗长的过程中,每个人都以民主的方式加入了自己的观点。

在如今的数字时代,你只需要用投影仪和个人笔记本电脑替代黑板。电脑操作员只能输入你的发言或批准的内容,只能负责单词更改、标点符号和拼写错误,而你需要始终控制内容。这比黑板时代更为容易,在笔记本电脑时代,每个人都会自认为是威廉·莎士比亚!

如果你想制造混乱,就让所有人带上自己的笔记本电脑,并生成各种版本的简报图表。你现在正在接近传说中的"100万只猴子用打字机"创造了一部文学巨著!

3.2.7 提交最终简报

笔者本人对国防科学委员会最终简报所采用的规范程序颇为赞赏。报告首先提交给国防科学委员会的主席和副主席。他们尤其会关注研究质量及完整性能否满足"任务包"要求,因此建议,在开始时一定要密切关注任务包的相关内容,以避免遭遇不现实的尴尬问题。最终简报随后被提交给需要的副部长或助理部长。希望你的努力已经"给相关邮件一个满意的答复",继而简报将转发给国防部指定部门。资助研究的主管可能要求更多的工作,还可能需要重新召集工作团队,但多数情况下,你会得到肯定并继续你的研究工作。

如果你研究的属于一个热点领域,会有很多机构要求你作简报,多得不可思议!1996年,笔者在国防科学委员会第一个关于全球定位系统工作组期间,一年共作了68次简报。

关于简报内容以及如何以简洁有趣的格式提出可操作的建议,笔者不过多赘述。这个"美妙故事"留给其他作者讲述。此处只略提经验一二,国防部高层通常十分繁忙,很少会坐下来花费1h听取一个简报。你应将时间设定在30min,包括问答时间。如果你发现你的时间被大大缩短,应事先在口袋里准备一份"2min电梯演讲稿"。

确保你的建议具有可操作性。我们过去曾多次被问到,执行办公室应设在国防部哪个部门,并给出必要的执行成本。对这类要求笔者从未作答。因为这对于我们意味着过多的见解、权力或影响力,而且官僚机构未必会对一群外来的精明小子手把手告诉他们该如何运行他们的业务表示欣赏。

如果可能,尝试创建一个便于记忆的图表,列出研究结果或主要见解。下面的实战故事将讲述电梯演讲和图表杀手。

▷▏**实战故事**

1996 年,国防科学委员会全球定位系统(GPS)工作组,由史蒂夫·库宁(Steve Koonin)教授(当时在加州理工学院)和笔者担任联合主席。我们要向五角大楼作一个非常宽泛的汇报。报告包括一个涉密彩色图表,其中包含 15 个美国武器系统 GPS 抗干扰能力的技术图解。具有较好抗干扰能力的系统将以绿色标注,较差的标为红色,中间带标为黄色。笔者的一些研究伙伴认为笔者无权决定颜色等级,但笔者坚持这么做,因为此图能使浏览者对有关问题有一个非常直观的认识。

笔者接到电话,要向国防部长比尔·佩里(Bill Perry)汇报。笔者在规定时间现身,被告知部长迟到一会儿。我们等待的时间越长,他的后续日程顺延得越晚,在大约下午 8 点他终于出现,笔者很了解佩里部长,他看上去一脸疲惫。笔者建议另约时间再来,但因为我们已经等了四个小时,他希望听到简要汇报。他询问是否有一些简短形式的介绍,笔者知道佩里部长对技术并不陌生,于是回答道:"就一张图。"笔者向他展示了 15 个系统的彩色图表;他在询问了一些关于坐标轴和笔者如何选择颜色阈值等几个问题后,很快弄清了来龙去脉。他最后说,"比尔,这里并没有噩梦,但我们仍有工作要做,我理解的正确吗?"这是我们工作组的一个完美总结。笔者在 10 分钟后走出了他的办公室。

2 天后,佩里的军事助理打来电话说,佩里博士安排笔者向参谋长联席会议主席汇报,并提醒道,请务必带上那幅彩虹图。

3.2.8　准备最终报告

在你作过 10 次左右的最终简报后,你对如何作最终简报,主要听众的兴趣点是什么,以及简报哪部分内容比最初设想的要更加充实等,就有了清晰认识。笔者给你的建议是,30 分钟简报的图表及相关文字应作为最终报告的完美蓝本。建议你坐下来抓紧编写最终报告。毕竟,所有文字都已经过大脑的锤炼,对哪里还存在瑕疵心知肚明。比起用研究成员提供的只言片语,然后将其编辑为一些连贯的整体来说,你自己组织的材料要流畅得多。

上述流程是一个民主的过程,因为指导你写作的最终简报是大家共同酝酿的。笔者可以保证,你研究团队成员都不会反对作为团队主管的你承担这一任务。当然,你应提供一次机会,让研究成员审查和编辑报告,但你必须做二审编辑和最终的审查与编辑。研究成员应负责提供他们感兴趣或专业相关主题的支撑性附件。附件给出具体细节。笔者倾向于 20 页的最终报告附带 5 ~ 10 个支撑性附件。

最终报告的另一种编写方式是笔者避免采用的。很多咨询委员会拥有支撑性承包商,他们向各工作组或研究团队提供后勤保障。虽然承包商非常有用,但是他们不应是最终报告撰稿人。报告中的文字需要用研究成员的语言,并经过所有成员编辑和认可。尽管支撑性团队可能对生成数字和印刷具有很大帮助作用,但是笔者强烈认为,文字工作应该是研究成员和负责人的职责所在。

笔者建议,作为研究负责人的你,承担了大量工作,因此也是以最快方式完成最终报告的不二人选,总体来说这种工作负担不大。调和不同的写作风格和格式,是一项复杂耗时的任务。试试笔者的方法,你会喜欢的。

请注意,报告编写过程中最慢的因素往往是政府部门。他们需要安全审查,需要一些其他专家进行审查,然后印刷。这一切似乎都不会进展很快。

总之,作为负责人,你要积极监督和推动这一进程,这是你职责的一部分。在任何情况下,集中全美最优秀的精英,历经数月努力完成一项重要研究后,都不应对最终报告敷衍了事!

第4章
国防系统分析研究案例

威廉·P. 德兰尼

在林肯实验室工作的57余年中,笔者大致完成了100多项广域系统分析工作,既有内部研究也有外部研究。在本章,笔者重点通过外部研究案例以阐释前面章节的一些知识点。本书其他作者还收录了他们各自的案例。笔者的案例包含对所讨论问题或情况的概述、一些解决思路、结论概要以及对研究价值和影响的评估。除案例一外,其余案例分析中笔者都是主席或者联合主席。

4.1 20世纪50年代早期两个具有重大影响的研究:空军科学顾问委员会的防空系统工程委员会研究,麻省理工学院的查尔斯项目研究

上述短期研究是在1950年笔者读高中时紧锣密鼓进行的,很难找到一个研究比这些研究更具影响力,因为他们引发了一个比第二次世界大战时期曼哈顿工程更大规模的项目。

对美国而言,1949年是一个令人忧心忡忡的年份,苏联成功引爆原子弹,使我们惊讶的是,其速度远远超出我们的预估。与此同时,我们意识到,苏联已经拥有能够抵达美国本土的轰炸机。我们已经完全陷入与苏联的冷战。

新成立的美国空军设立了科学顾问委员会,由著名的加州理工学院空气动力学家西奥多·冯·卡门领导。委员会成员麻省理工学院乔治·瓦利(George Valley)对美国陆基防空系统的糟糕状态了如指掌,他说服冯·卡门让委员会对这一情况进行一项短期研究。瓦利被任命为防空系统工程委员会主席。该研究

迅速得出结论,需要进行重大努力以保护美国防御轰炸机,应引入高度一体化系统,且能覆盖整个北美大陆。来自众多雷达传感器的数据应发送到少数几个中央处理中心以完成数据分析、响应规划并指导该响应。这些中心的核心应该是一个处理上述数据的巨型数字计算机。在那个时代,数据计算机还相当不成熟,且实时运行的概念无疑充满风险。研究指定麻省理工学院参与该计划,因为它拥有那个著名的辐射实验室,该实验室曾为第二次世界大战中盟军开发了微波雷达。

麻省理工学院启动了名为查尔斯项目的短期研究。研究结论是,由其设计的用于支持飞机模拟器实时运行的旋风计算机,可以在全美防御中发挥核心作用。研究委员会主张在麻省理工学院校园外设立一个专门实验室,进行重大研发工作。SAGE 半自动地面防空系统及其所属实验室(即麻省理工学院林肯实验室)由此诞生。从新英格兰长岛到缅因州的沿岸建立科德角测试系统,大约20 个雷达通过电话线连接到马萨诸塞州剑桥大学改进的旋风计算机。

截至 1963 年,全美各地区部署了 22 个半自动地面防空中心(还有 1 个在加拿大),数以千计的喷气式战斗机拦截器被编配给防空司令部,数百个雷达投入运行,整个系统连接到 1 个实时数字系统。一家名为国际商业机器(IBM)的传统办公机器设备公司迅速启动了大型数字计算机项目。IBM 700 计算机系列直接继承自 SAGE 计算机。1958 年,美国 MITER 公司成立,以支持 SAGE 系统的最终开发和部署。

这两项研究每个持续时间不到 6 个月,每个团队约 10 人。在笔者心目中,从世界影响力看,这 2 个团队是当之无愧的世界冠军。简言之,他们开启了信息时代。

4.2　一项开启重大长期计划的研究:1977 年战略渗透技术夏季研究

美国旨在穿透苏联大规模防空体系的核威慑战略取决于 3 个方面:陆基导弹、潜射导弹和轰炸机编队。1977 年,空军一种新型战略轰炸机,B-1 轰炸机列装服役。海军则正在庆祝战斧式巡航导弹的开发成功,该导弹能够实现远程飞行和精确制导。

在卡特政府期间,威廉·佩里(William Perry)博士 1977 年担任五角大楼研发主管(他多年后出任国防部长)。五角大楼提出一个疑问,是否可以使用防区外巡航导弹替代极具穿透性的战略轰炸机作为威慑手段。虽然人们对轰炸机穿透苏联防御的问题曾进行过深入研究,但是巡航导弹却是一个"新面孔",各派围绕对它们在苏联严密防空环境中的生存能力进行了大量辩论。关于"巡航导弹"究竟是所向无敌还是瓮中捉鳖,分歧很大。比尔·佩里呼吁开展一项研究来评估这一疑问。

笔者与前五角大楼专家皮特·奥尔德里奇(Pete Aldridge)一起出任研究项目联合主席,他当时在华盛顿智库工作(皮特之后先后出任国防部副部长、空军部长)。皮特无疑对五角大楼的流程了如指掌,而笔者的工作是对现代轰炸机和现代巡航导弹的生存能力给出一些技术判断。

我们招募了全美最优秀的人才从事这项为期数月的研究。从林肯实验室,笔者动员了大卫·布里格斯(David Briggs)(后任林肯实验室主任)和维克托·里斯(后任 DARPA 局长和国防研究与工程署主任),还动员了伟大的国防系统分析人员丹尼斯·默里(本书是为纪念他而写),长期从事防空领域研究的权威约翰·坎宁安(John Cunningham),著名电子战专家和发明家斯坦利·奥尔特曼(Stanley Alterman),以及一位来自雪城(Syracuse)大学(曾就职通用电气)的雷达发明家和分析人员保罗·豪威尔斯(Paul Howells)。我们拥有一个天才梦之队。

笔者痴迷于巡航导弹生存能力这一问题,并领导了这一部分的研究。豪威尔斯、坎宁安和奥尔特曼则专注于 B – 1 问题。令人惊讶的是,全美竟没有能力对低空飞行、可低空观测的巡航导弹武器的生存能力进行十拿九稳的分析研究。我们缺少一些完美的基本科学模型,如地形隐蔽、雷达地面杂波干扰和极低角度雷达传播复杂性模型。我们通过对这些模型和其他相关科学影响定义大量假设,针对各类苏联防御性武器进行了大量的分析计算。

我们的研究获得了好评,并指出要更好地处理这些科学效应和许多其他武器系统问题,以减少在巡航导弹生存能力方面的不确定性的需求。笔者利用该研究成果作为一个平台,向 DARPA 提出启动巡航导弹生存能力计划的建议。1978 年,他们批准在林肯实验室开展一个中等规模的研究。

林肯实验室在这一研究的早期进展,促成我们参与到当时高度机密的隐身飞机计划,随后我们很快就得到了空军的联合资助。这种关系至今已延续近 35年,林肯实验室航空器生存能力评估计划已经上升为美国国家级大规模工作,35年来获得研发资金累计超过 10 亿美元。

1977 年的研究是这一计划能够非常成功的基石,它明确了美国应发展先进航空器这一重要的科学需求。五角大楼和 DARPA 敏锐的领导层认识到该研究成果的重要性,并支持在美国空军领导下,启动一项长期生存能力评估计划。

4.3 研究 GPS 抗干扰能力的不足:1996 年 国防科学委员会工作组

GPS 令美国军方感到某种意外。他们原打算将其用于远距离导航,但是固态电子器件的快速发展表明,GPS 可以在近距离的"热战"情况下用于引导战斗机甚至单个武器。在这些情况下,敌方对 GPS 的干扰成为一个重大关切问题。然而,整个思考过程有点混乱,缺乏一个坚实的定量分析,笔者觉得军方忽略了干扰的脆弱性(他们从未经历过任何 GPS 干扰也不愿倾听一个像笔者这样的科学"呆子"告诉他们如何进行战术作战——一个典型的大兵态度)。笔者 1994 年曾参与过空军科学顾问委员会一个关于 GPS 干扰问题的工作组,但是在考虑 GPS 卫星、地面系统等生存能力问题时,有关干扰问题的见解就显得无足轻重了。国防科学委员会决定对 GPS 干扰问题进行研究(一个问题一旦成为热门,各种政府机构争相涉足,这一现象屡见不鲜)。笔者认为,GPS 干扰问题 1996 年前后开始升温。

笔者与加州理工学院著名物理学家、博学的思想家史蒂夫·库宁教授一同出任联合主席,笔者熟悉这类人且乐意与他们一道工作。加入工作组的各路英杰中,包括充满睿智的好友美国 MITER 公司退休领导鲍勃·埃弗雷特(Bob Everett),以及电子对抗专家和发明家、"大名鼎鼎"的斯坦利·奥尔特曼。这是一个充满活力的团队。

工作组运行约 6 个月,在此期间,我们绘制了一幅 GPS 干扰情况定量描述图。我们发现计算 GPS 干扰十分简单,因为系统的一切几乎都是已知的,如信号、功率水平、接收器、频带。笔者曾打趣道,在一张纸上就能完成干扰计算。我们重点关注简单的连续噪声干扰,因为其效果显著且极易预测。

我们最重要的研究结果见图 4.1 解密后的彩虹示意图。这就是笔者在第 3 章实战故事中提到的所谓彩虹图。设置红、黄、绿的阈值需要一定勇气。位于红色区域的系统被认为最为脆弱,因为一个小型噪声干扰仪就足以破坏某些平台 GPS 接收器的导航任务。位于绿色区域的系统意味着需要一个大型干扰设备才足以起到破坏作用,同时我们假定,这种昂贵的大型设备很容易进行物理攻击。黄色是中间情况,需要一个中等规模的干扰设备才能凑效。我们所作的无数次简报中,图表总能引起更大反响。

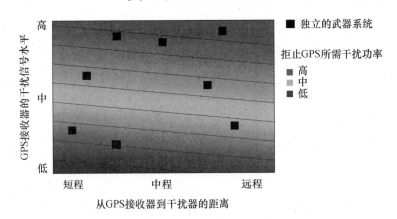

图4.1　解密后的彩虹示意图(国防科学委员会提供)

▶ **实战小故事**

一个军官走近我,他们的武器系统位于红黄分界线附近,他的舰队司令希望他们的系统至少位于黄色区域,需要一条通向绿色区域的迁移路径。通过图表对他们系统状态的定量描述,可以很容易向他指出一条路径建议。

我们的确找到了 GPS 干扰问题的诸多应对措施。我们曾得意地表示,"GPS 是在 20 世纪 70 年代早期设计的,让我们在上面扔进一些 90 年代的技术。"

工作组的介绍非常受欢迎;随后一年笔者作了多次简报,直到 15 年后仍在使用图表中的一些内容。尽管工作组可能做了大量工作,绘制出一个重要系统存在的脆弱性并注明修复方向,但是作出改变并非易事。事实上,这一国防科学委员会工作组,只是后续 5 年笔者担任主席的 4 个有关 GPS 和干扰工作组中的一个(下节的一周研究案例是另一个)。简单地说,如果在一些实际军事行动未曾出现突出的脆弱性问题,那么即便是一个显而易见的问题,解决之路也会很漫长。然而,GPS 抗干扰性正在取得进展,笔者乐意猜测,国防科学委员会多年来的不断唠叨或许是部分原因。

4.4　为期一周的研究:2001 年国防科学委员会 GPS Ⅲ工作组

至 2000 年,空军已经规划了一种先进的 GPS 卫星星座,即 GPS Ⅲ,较当前 GPS 有许多改进。两个主要的改进分别是一种新军事信号 M 码,以及卫星上所谓的点波束,即在发生冲突的有限地理区域内发射更强的 GPS 信号。两者都有望提高 GPS 的抗干扰性,其中点波束抗干扰性更好。2001 年初,国防部副部长皮特·奥尔德里奇要求国防科学委员会对 GPS Ⅲ 进行一项快速研究,评估其在抗干扰方面对美军的价值。他需要相关见解以及时作出预算决策。在 2001 年 1 月,只留给我们一周研究时间。笔者被任命为该工作组主席,立即着手考虑使用恰当的方式展示 GPS Ⅲ 随着其在 15 ~ 20 年内分阶段实施的抗干扰性演变情况。(GPS 卫星项目持续周期较长,因为将 24 颗卫星发射入轨需要多年时间)

研究实际耗时略超过一周。本书的作者之一杰克·弗雷斯曼,在一周左右的时间内马不停蹄地率领林肯实验室一些最优秀的分析人员,就研究问题进行了大量背景计算。基本思路是绘制美国各种武器系统在 GPS Ⅲ 多年布署期间抗干扰性的变化曲线。

笔者重新采用曾用过的红黄绿彩虹图的思路,以展示各种武器系统的抗干扰性在 GPS Ⅲ 布署期的改善状况。如果一个系统不能承受微小干扰,就把它放在红色区域,如果系统能承受大功率干扰,就把它放在绿色区域,黄色区域是中间状况。

因为我们必须考虑每个武器系统的许多不同场景,所以数据计算并非易事。我们用四幅彩图展示了不同场景。图 4.2 所示为非涉密彩图一,是我们中间场景。在此情况下,我们假设敌我双方势均力敌。在下一幅彩图中,假设有利于敌方,而另一幅彩图则假设有利于美国武器系统。第 4 幅也是最后一幅彩图,仍是基线状况,但假设干扰威胁在多年布署期间强度有所增长。所有 4 幅彩图,得出的结论是一致的:军事代码有助于抗干扰,而点波束能显著改善抗干扰能力。

笔者认为此研究项目讲述了一个了不起的故事,至今仍然采用这一模式。随着 GPS Ⅲ 的进步,M 代码正在布署,但造价昂贵的点波束似乎年复一年地被推迟实施。因此,我们的系统分析人员可能需要漫长的等待才能看到我们的建议得以实施,但我们为决策者提供了一个清晰的定量描绘,这就是我们的贡献。

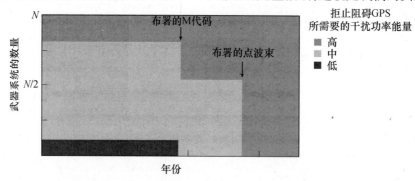

图 4.2 2001 年国防科学委员会一周工作组的主要非涉密成果图示(国防科学委员会提供)

4.5 威胁演变路线图:1998年国防科学 委员会深埋坚固目标工作组

一个非友好第三世界国家可通过隐藏在山区隧道或埋藏在数米深的钢筋混凝土防护设施抵御美国攻击,实施大规模杀伤性武器开发。在第一次伊拉克战争时期,这些深埋坚固目标设施就引起了特别关注。

笔者被任命为国防科学委员会工作组主席,对上述问题展开研究。由于笔者曾服务于情报系统的研究,因此对此问题并不陌生。我们组建了一个精干的工作组,成员包括一些思考型专家,埋藏设施、武器效应(常规武器和核武器)等领域专家,以及全球相关设施的情报专家。

我们的研究持续了约9个月,在早期我们就将问题分解为3个主要任务:

(1)如何找到这些设施?(这是一个艰巨的广域搜索判断过程)

(2)如何确定这种设施的内部特征、特性和漏洞?(这一最具挑战性的技术问题涉及高分辨率对地观测)

(3)如何摧毁这一设施或以其他方式使其丧失功能?(几百英尺的坚硬岩石几乎不可能穿透)

针对上述任务,工作组的专家学者为政府制定了一个攻击计划建议。我们与国防威胁降低局(DTRA)的人员一道进行了长时间的研究,后者的主要职责就是降低国防威胁。图4.3为工作组和国防威胁降低局支持团队在内华达州用大型隧道掘进机建造的测试设施外的合影。笔者儿时就怀揣一个梦想,希望成为一名爆破土木工程师,因此对这一研究项目尤其热衷。

该报告被列为涉密报告,五角大楼相关人士表示,我们的最终报告已成为他们的项目规划。我们的建议之一是,下一步国防部应开发一种3万镑专用深穿透炸弹的概念,后来称之为大BLU。(BLU-109曾是我们主要的2000镑穿透炸弹。)空军很多年都没有采纳这一建议。但是笔者高兴地注意到,目前正在对一种名为MOP(大型军械穿甲弹)的武器装备进行试验。图4.4展示了2009年从一架B-52飞机上发射MOP的试验。似乎我们早在11年前就已处在正确的轨道上。

图 4.3　工作组成员与内达华州试验场站人员 1998 年
在一台隧道掘进机前合影（国防科学委员会提供）

图 4.4　2009 年从 B－52 飞机上发射强力钻地弹（美国空军提供）

4.6 一项成果显而易见的研究:2003 年国防科学委员会未爆弹药工作组

在美国大陆上,有百万英亩的土地无法利用,因为可能存在未爆炸的弹药。这些弹药最早可追溯到美国内战时期,但大多产自第二次世界大战时代。为整治这块颇有市场价值的土地,2002 年一项姗姗来迟的研究终于启动,笔者与海军学院德洛丽丝·埃特尔(Delores Etter)教授(他后来出任海军助理部长)共同主持一个国防科学委员会工作组,就上述课题展开研究。

该研究耗时约 9 个月,工作组逐渐认识到大规模探测和清除弹药的难度。由于一些土地极具开发价值,成为本次研究的巨大动因。加利福尼亚的奥德堡(Fort Ord)便是一个绝佳的实例,这个地方位于加利福尼亚海岸线蒙特里正北部,有一些最奢侈的房地产项目。

问题在于,潜在爆炸物埋藏在地下,而我们准确识别地下物体的能力并不强。岩石可能与手榴弹混杂,任何金属物体都是可疑爆炸物,而军事试验靶场往往堆满了金属碎片。从数字上看,数量惊人的虚警影响最大,探测到的多为无害物(如深埋的可乐金属罐),但直到挖出探明前都必须按爆炸物处理。挖开并清除一个可疑物体的费用就达 150 美元。按此计算,美国 200 万英亩受影响土地需要挖 2 亿个洞,耗资 300 亿美元。根据地面穿透传感器的探测,需要挖洞的大致规模如图 4.5 所示。

图 4.5　试验场标记的大量可疑地下物
(国防部长办公室杰弗利·马奎斯〔Jeffrey Marqusee〕博士提供)

显然,需要投入研发资金用于探寻降低虚警率的途径。工作组成员,也是本书作者之一,罗伯特·斯坦恩制作了一个简单表格,以期获得更多研发投入用于降低虚警率。我们认为通过加强研发工作,估计每年耗资 1 亿美元,可以使虚警率降低到 1/10(通过采用更高分辨率的传感器和更多的传感器模式,能够达到上述合理目标)。如此一来,整个工作将耗资 30 亿美元,从而轻松节省了 270 亿美元!很难能再找到比这更大的激励!

坦率地讲,在研究结束时,我们对美国政府能否完全采纳研究成果,并没有抱很高期望。事实上,美国政府似乎也确实没有这么做。但是笔者 2011 年从一位从事未爆弹药领域研究的研究人员处获悉,美国正在努力研究虚警问题并获得了可喜结果,据他讲,是我们的报告带来了这种改变!

在广域分析行业,通常所提建议并不能被直接或快速响应,但终究会有一定影响。研究人员常常在政府开明人士背后扮演着垫脚石的角色,帮助他们走向正确的道路。

4.7 一项被禁止的研究:20 世纪 80 年代关于非常规单发射井导弹防御的一次非正式研究

最后一个案例更像是一个实战故事,而非官方研究报告。这一案例表明,系统分析人员有时比本位的政府项目办公室具有更宽广的视野。

20 世纪 80 年代,为抵御苏联洲际弹道导弹攻击,民兵导弹发射井(位于美国中部)的主动防御成为一个热门议题。非常"坚固"的导弹发射井是一个"不错的"防御目标,因为防御目的仅仅是适度提高摧毁井式导弹的代价。一旦防御看上去有利于防御者而非攻击者,防御则就有可能仅限于近距离的最后防线。城市防御,与之相反,只要一个弹头穿透城市防御系统,就会造成重大损失。

陆军负责导弹防御的有关人士对众多的防御架构争论不休。这些架构从每个导弹发射井配备一个防御单元到部署一套防务装备保护一片区域的民兵发射井(数量可达 25~100 个发射井),内容无所不包。我们团队的导弹防御分析人员直觉认为,单发射井防御可能是一种有效的防御策略。微型雷达和短程拦截器等装备部署颇具吸引力,防御目的设定为仅摧毁 1~2 枚来袭弹头,这是从传统上要求导弹防御系统保证在大规模高强度的战斗中完好无损的一次可喜转变。

陆军决定将重点放在多发射井防御架构,要求研究人员停止单发射井防御方法的研究。林肯实验室的高层向每个研究人员明确传递了这一信息。

对于这样一个具有挑战性的防御问题,采取这种教条式方法,我们系统小组极为不快。我们凭直觉认为,可以设计一个非常规的"廉价且简陋"的单发射井防御系统,使摧毁一个发射井的代价高于敌人一枚高精度弹头。通常很多心怀不满的人(包括笔者本人和作者之一史蒂夫·韦纳)都会在中午时分打会儿桥牌。我们打算暂时放弃这一爱好,利用这段时间进行一个非常规单发射井防御的快速研究。不知何故,放弃桥牌时间而转向研究,令我们从对陆军指令的不快中逐渐感到释然——请让我解释这个逻辑!合乎情理的解释是科学的好奇心在蠢蠢欲动。

我们设想了五六个方案,在概念上都有点离奇。"把炸弹放在一根棍子上",即在苏联弹头来袭的弹道上靠近导弹发射井修建一座塔,将我们自己的核弹头置于塔上,并在敌人弹头从附近经过时将其引爆。通过这种空间布局,我们将可以破坏飞经的弹头而不是发射井。

笔者最喜欢"德兰尼岩石坑"方案,即在导弹发射井前挖一个大坑,首先装填数吨高能炸药,然后装填数吨的一磅重岩石块。这种布置构成了一个巨大的原始猎枪装置。在正确的时间引爆炸药,使高速岩石填满天空以撞击并破坏来袭弹头。只需要具备物理学常识即可理解(高速岩石、岩石"加速"时的耐受性、弹头被撞击而遭破坏等)。我们至少还考虑了一种传统的短枪或大炮方法,还有其他几种方法笔者忘记了具体细节。所有方案都有很多不确定性,而且从防御视角看,没有哪个方案是完胜的。除此之外,攻击者需要更大的决心,且上述离奇方案中任何一个都可能使其增加2~3倍的攻击弹头。

第3章曾建议,一定要有一份最终报告。因此,尽管研究受限,我们仍撰写了一份最终报告并存档。这件事从未向任何人再提及。大约一年后,美国陆军决定重新考虑单发射井防御!一位陆军军官走访了实验室并征求关于单发射井防御的思路。实验室副主任提醒他早期的禁令并回复我们无可奉告。史蒂夫·韦纳和我坐在那里,副主任跟我说,"我们无可奉告,不是吗?"我说,"嗯,我们那几天牺牲餐后桥牌时间所做的操练或许能派上用场。"史蒂夫找到了我们的报告,随后向陆军投资方简要汇报了我们的发现。

虽然单发射井防御从来没有派上用场,但是笔者一直为能猜对领导层意图感到高兴。事实上,我们根本没有猜测,只是抵制一些权力部门在不那么知情的情况下对研究领域的诸多限制!

> | **作者简介**

威廉·P. 德兰尼，麻省理工学院林肯实验室与主任办公室成员，与实验室有着 57 年的渊源；曾任实验室副主任，在导弹防御、防空、雷达、GPS 和战场监视等领域拥有丰富经验；曾在美国防部任职 3 年，监督导弹、空天防御的研发；曾在太平洋夸贾林试验基地任职 2 年，带领团队建造了第一个远距宽带雷达；在林肯实验室建立重大项目，研究现代防空问题（本书中提到的空军红队）；教育背景包括美国无线电研究所（1953），伦斯勒理工学院（电气工程学士，1957），以及麻省理工学院（电机工程硕士，1959）。

他现任国防科学委员会委员，并在多个国防咨询委员会任职；电子与电器工程师协会会员；受到国防部长办公厅、空军和海军等机构表彰；2012 年，因其对雷达在国防应用的突出贡献，入选美国工程院。

第二部分　国防系统分析的
不同视角

第5章
行业视角：关于系统工程、分析和从业者的一些思考

罗伯特·斯坦恩

我在系统工程和分析领域沉浸了50多年，回顾自己的职业选择和一些最难忘的经历，还有那些影响和塑造我思维模式的"巨匠"，希望借此能给年轻的系统工程师一些建议，因为这是一个稀缺急需而又充满希望的领域，他们很可能会成为该领域新一代的承载者。

5.1 起点：如果我无法成为真正的电子工程师……

"也许你应该考虑当一名系统工程师"，这是1961年我的上司对我的建议，而那时我还是一名年轻的硬件设计工程师，30年后他成为了公司的CEO。当时我在一间屏蔽室，负责调试由我设计并制作的前端雷达接收机面板。因为初期调试出了点问题，我需要对线圈的阻抗进行微调，由于起初是用挠度很差的导线卷成的线圈，不论我如何努力尝试微调线圈的间距，都无法达到理想效果，因为稍微调整都会过头。我环顾四周，试图找点材料一试，于是盯上了烟灰缸里的一个雪茄烟头。烟头的一端有很深的牙印，说明烟头足够潮湿，而雪茄的直径和线圈大小刚好相符。于是我将烟头插进线圈，微微地上下移动，同时双眼紧盯示波仪器，直到出现希望看到的反应。没曾想，正当我专心致志进行调试时，那位上司正站在我身后，观察了好一会儿，并对我在做一名系统工程师方面的天赋迅速作出判断，最后给出了上述评价。虽然当时他只是一句玩笑话，但我们都懂得，真相存在于观察之中。后来，我扔掉了手中的电烙铁，喜欢上了计算尺，后来又

喜欢上了一台富莱登加法机,再后来是桌面电子计算器,以后若干年,不论任何新式计算设备问世,马上就会成为我的最爱。

5.2　我之见:系统分析

50年后,我终于可以成功定义"系统"一词。对设计工程师而言,"系统"是指比其正在从事的问题更高一级的问题范畴,即如果他当时正在研究微波功率放大器,则其将要装入的天线组件即为系统;如果当时正在研究天线组件,则相控阵天线即为系统。对天线而言,雷达即是系统;而对雷达而言,整个防控体系即是系统。由此可得出"系统之系统"的定义:比工程师当前活动高两级的规模。"系统工程师"的定义则根据上述定义再降低一级。

渐渐地,我对系统的进展和广度有所了解,但一直以来,始终萦绕在我脑海且最能引起我兴趣的是对可满足目标或需求的替代方式的探索,包括如何将限制因素列入考虑范围,"最好的"途径是什么,为什么这是最好的途径(对其价值体系的表述与理解),以及如何以便于理解的方式将其融入可行性参数之中。我认为,对高级替代方案和折中方案的痴迷,对各种优劣措施的探索,对根本问题与详细资料的不同之处的理解能力,以及对细微末节的本能反感和对大致趋势的情有独钟都是优秀系统思想家和分析人员的必备特质。这并不意味着细节就不再重要,在某种程度上,细节仍是必需的。顶级系统分析人员似乎生来就知道哪些细节有用,哪些值得深究,以及哪些细节实际上会影响重大问题。几年来,我作为硬件(当时还没有软件之类的东西)设计师所获得的工作经验,创造了一个实用的视角,而这可能正是我的分析人员同僚所缺乏的。

5.3　雷达信号处理分析助我成长

屏蔽室雪茄事件几个月之后,我接到了第一项系统任务。我们如果按上文对系统的定义,由于我当时的角色是接收机设计师,则此时所指的系统就是雷达。当时,尚属于尖端技术的脉冲压缩和单脉冲角跟踪技术,刚刚开始应用于高级雷达系统。由于我一直偏爱数学,因此被赋予一项重任:分析上述两种先进技术的优缺点以及在各种正在生产的机载雷达上的潜在应用。我与负责该雷达线的一位市场同事,开始调查这两项新技术带来的市场潜力、性能优势以及客户对新性能和改进的接受程度,并对物理问题的技术可行性进行评估。其中,我负责技术部分,而市场推广同事(在年龄、经验、影响力等所有方面都远高于我)负责其他事项。这些经历令我第一次体会到"技术不是万能的",事实上,有时技术甚至无关紧要。

当时关于这两种技术的文章铺天盖地,我都如饥似渴地一一阅读。从而了解了什么是最大似然估计函数,分辨率与精度区别何在,以及不能质疑基本概念这一现实,如信噪比、脉冲压缩带宽、单脉冲角估算时天线尺寸与波长的比率等。但作为一个初出茅庐的年轻系统工程师,我学到的最重要的东西也许是:有人想要将东西卖出,也有人想了解技术真相,有时很难同时满足这两类人的需求。随着时间的推移,这一经验逐渐培养我如下能力,即在保持技术完整性的同时,利用系统分析,创造性地提升某一概念的竞争力。

丢掉电烙铁之后(工程师的实际工作是打开机箱,将组件焊接到电路板上,然后用电线加以连接),我爱上了计算尺和富莱登加法机,成为了一名系统工程师。当时,系统工程并没有成为一门学科,也不像现在这样复杂。系统工程、系统分析、运筹学之间的区别也尚不明确。对性能需求的分解通常过于粗略(至少对雷达子系统的分解是如此情况),界面控制文件这一概念尚未问世,功能分析充满随意性,对我而言,从未见过对系统工程的构成定义,尽管如此,我极为明确的一点是,系统工程既不同于电器设计也不同于产品设计。在当时,后者分属两大主要工程门类。

我和上司都很清楚,比起硬件设计,我更擅长分析。我发现,把一个失误用橡皮擦去而不是用烙铁焊下更符合我的性情。与此同时,我涉足的分析范围也在稳步拓宽。我对一些从事雷达前沿研究的高级系统工程师羡慕不已。他们会出现在第一次技术会议,他们高屋建瓴,列出所有后续工作的主要高级参数,如搜索量和帧像周期、跟踪更新率、最大功率、平均功率、工作频率、孔径面积和尺寸、瞬时频宽、脉冲宽度和重复频率、信号波形等。这些参数源于何处?为什么选择这些参数?选定或放弃某些参数时是否存在替代方案?选定这些参数的动机是什么?如果选择不同参数结果又会如何?诸如此类的问题一直萦绕在我的脑海中。

随着对新环境越来越适应,我开始思考一些上述问题。不久,我被分派到与两位系统工程师合作,成了他们的台式计算器,而他们则成为了我的导师。这是我第一次接触高层级的方案权衡的世界,了解了如何根据客户需求定义方案,最令我痴迷的是"桶状曲线"。纵坐标的重要元素包括成本或重要属性,如对车载雷达而言,是雷达尺寸与重量;横坐标则包括雷达的重要参数,如光圈尺寸。这样一来,当确定了两者之间的关系并绘制成曲线时,在曲线的最低点处,朝任何方向移动该处的数值都会增大。只需两三个这样的曲线,加上各种诸如优先级排序的分析论证,就足以定义一个雷达系统。一旦确定高层级定义,剩余参数(即所谓的派生需求)便应运而生。我从事的是系统分析,其层级远高于处理技术。

5.4 转向雷达系统整体分析

我与两位导师一起工作了一年左右时间后,公司进行了一次机构调整,我与老板和几位同事被调入另一个部门。而两位导师没有来,因此我成了实际上的雷达系统记录分析人员。我们当时调入的是雷达系统部门,而上司则担任(导弹)靶场测试雷达部门经理。他想到了一个绝妙的主意,用相位雷达(天线移相器模块技术当时还处于襁褓中)测量弹道导弹再入大气层的轨道。其原理是建立由移相器组成的三个同心区域(圆),最里面的相位器区域(同心圆)单位间隔最小,中间一圈距离略大,最外圈的距离最大。这个想法的根据是:对于距离远的物体,需要整个光圈以获得所需的敏感度,由于距离较远,扫描的角度相对较小,因此元件间隔可以大一些。相反,离雷达距离近的物体,敏感度要求低,所以只需要使用最内圈的元件。因为观察物体距离雷达较近,视场角很大,所以需要较小的元件间隔。

在当时这一思路非常新颖。我们遍访全美各地,试图推销这一概念。我接触了当时所有的主要弹道导弹防御(BMD)研究机构和潜在客户,包括高级研究计划局(ARPA,DARPA 的前身)、航太公司(Aerospace Corporation)、林肯实验室、康奈尔航空实验室、河滨研究室(Riverside Research)、贝尔实验室、空间与导弹系统组织(SAMSO)和国防研究和工程主管办公室(ODDR&E),还有许多已记不起名字的机构。这是系统分析训练和学习的黄金时代。当时我负责所有的分析工作——波形、雷达作用距离方程式、模糊函数、处理和错误分析——每次报告都会遇到各种提问。我主要负责技术介绍,对各种提问要么当场作答,要么随后提交客户一个满意的答案。我很快发现,对有些不知道答案的问题坦诚相告,分析并跟进相关问题,远比编造一个答案,草率应付,致使信用全无要高明得多。

这段经历让我学会了如何快速进行反转分析。上司定下铁律,所有问题必须承诺在一周之内回复。通过冗长的分析,找出问题的部分真相,并不适合我们的模式要求;我们的做法是拿到问题后,找出部分答案,然后在一周内给出一个更完整的答案。两个经验令我今后的职业生涯受益无穷：其一，不能不懂装懂；其二，只要能给出关键问题的粗略答案，有时就已经足够。

我还学会了如何组织汇报材料。有些人的汇报材料只罗列了最关键和高端事项，却不提供任何细节分析；有些则加入过多细节分析，反而削弱了主题。掌握中庸之道至关重要。主干与细节如何平衡，很大程度上取决于听众类型，应针对不同受众量身定制汇报材料。太多的细节令听众不得要领，细节太少则会导致听众提问不断。很多优秀的分析人员凭直觉就能把握这种平衡。20 世纪 70 年代初，我所认识的最成功的分析人员，本书作者之一史蒂夫·韦纳，在听完一次详尽冗长的海军研究顾问委员会的研究报告后，针对该报告杂乱无章的论证和各种数据，他挖苦道："研究的图片材料要配合足够的细节才能确保其可信度。如果细节和当前主题相关，那就更好了。"这次经历，连同史蒂夫在不同场合表达的观点，似乎道出了事物的本质，后来 30 年间，我一直把他的话挂在办公室门上。

我的另一个经验是，如果需要你自己作简报，一定要预见各种刁钻的提问，并做到胸有成竹。实际上，早在公司出台制度化规定之前，我一直扮演自己的红队和项目审查委员会这一角色。

5.5　武器系统分析和时代共同的分析重点：导弹防御

雷达系统分析始终是我系统分析方面最重要的经验来源。从 20 世纪 60 年代末到 70 年代中，我全面参与了美国防部一项重大研究项目——美国国家陆基核报复能力的主动防御问题研究，使我的分析领域得到显著拓宽。多年来，我们花了很大力气分析两个相互关联的架构问题：①一个防御阵地要保护多少个民兵导弹发射井？②保护到什么程度？后者的答案取决于前者的答案。防御阵地是否需要确保能在先发制人的攻击下幸存下来？要求很简单（例如，保证在 2400 枚苏联导弹的攻击下 1000 座发射井中有 300 座可以幸存下来），但分析却十分复杂。

一方面，小型"廉价"的防御系统，每个系统只负责一个民兵导弹发射井，防御生存能力不是重点关注目标；另一方面，对一个要保护多个发射井的防御系统而言，破坏防御系统能带来诸多好处，因此对发射井实施打击前会优先破坏防御系统。对后者而言，防御生存能力成为关键问题。至于两者之间的情况，各种研究对"N 加 M"架构的优点推崇备至，并通过各种分析证明其观点的正确性。人们提出了提高防御生存能力的各种设想。例如,贝尔实验室的虚拟雷达防御(VIRADE),设想将防御系统安装到一辆火车上,让火车围绕导弹阵地运动,旨在增加进攻方瞄准目标的难度;ARPA设想将防御系统安装在空置的发射井内,并不定时的转移;还有一种固定掩埋拦截器,将火控雷达安装在卡车上。生存能力分析、攻击战术、防御战术、雷达尺寸、导弹尺寸、各种避免导弹自相摧毁的拦截规划方案(当时使用的是核弹头拦截器)、交战逻辑、整体成本等分析,俨然是每个分析人员梦想期待的工作,其中包括相互关联的多维度分析,还有一些非线性分析。同样令人鼓舞的是,我们的听众都是政府高层,他们对我们的分析充满兴趣,他们知识渊博,静心倾听并随时准备与汇报者沟通想法。

这一切对于一个像我这样的青年分析人员来说都是莫大的鼓舞,我们能够接触到各种分析,并沉浸其中。我学习了博弈论的解决方案和零和博弈分析。由于需要确保30%的民兵导弹发射井用于威慑,我还学会了如何从保守的防御方立场(防御应确保不低于30%的导弹发射筒在有利于攻击而不利于防御的静止状态下可以幸存下来)和保守的攻击方立场(攻击应确保在有利于防御而不利于攻击的静止状态下留存的导弹发射筒不高于30%)进行有效性分析,以及在两者之间选择相应的策略。当时每年在蒙特利大学创新研究院都会举办一次为期三天的弹道导弹防御研讨会,其中高达25%的论文主题与上述战略分析相关,还有许多反映了论文撰写人推崇观点的折中方案。

因为所有参与者都在从事此类分析和折中,政府高级弹道导弹防卫局(ABMDA)于是决定开展一项全行业研究,以评估民兵主动防御系统的性价比,进而选择一套性能较好的设计,确定系统和子系统级的各项要求,从而划定行业竞争的基线。此项工作定名为民兵防御系统研究(MDS),参与研究的弹道导弹系统分析人员来自各个方面,包括行业相关企业、研究机构、联邦政府资助的研发中心(FFRDC)以及高级弹道导弹防卫局(ABMDA)。研究小组每月召开2~3天的会议,每次会议之间分配"家庭作业",每次选择一个城市作为会议地点,以平衡各与会者的差旅费用和时间。研究持续了约一年时间,但始终未能制定出一套足以满足建立后续竞争性工作架构的清晰基线或系统要求。对上述会议,一位观察家曾如是评论道:"每位与会者都带来一袋大理石,每个人的颜色都不同,每天会议结束时,桌子中间就堆满了五颜六色的鹅卵石。第二天石头越堆越多。会议结束时,每位与会者将属于自己的石头取回,装回口袋里,带回家。下个月的会议依然如此,毫无进展。"

之所以无法形成明确的研究结论,某种程度上是因为所有业内人士,都要维护自身的竞争地位。虽然会议提供了各种系统分析以供分享,营造了一个貌似"互通有无"的良好氛围,但是随后的讨论无法动摇与会者试图"捍卫"其自身竞争优势的立场。因此,虽然看似营造了一种共同合作,在充分分析的基础上探索真理的气氛,但是在旁观者看来,真理很大程度上是基于维护竞争优势的考虑而存在。一年之后,这项研究改名为 MDS-1,因为启动了第二项名为 MDS-2 的研究,后者旨在建立各种子系统的定义和要求(包括雷达,导弹,发射器,指挥、控制和通信(C³),作战管理软件,系统逻辑和算法等),但是与之前的研究一样,成果微乎其微。

通过接触优秀的分析和系统工程,我的经验获得极大丰富。我学会了如何在团队研究的环境下进行分析以及怎样与技术能力和团队工作经验都好过自己的分析人员打交道。但是,这两项研究均未能就美国核威慑最佳性价比方案给出明确定义。政府为打破僵局开始启用一种竞争机制,名为硬场防御(HSD)。共成立了 3 个小组,并展开为期一年的研究,以定义各自认为可行的途径。研究内容涉及概念定义;系统和子系统规格说明;软硬件集成、测试和评估计划;确定目前相关关键技术要素;确定风险及其抑制计划;各种标准管理计划;以及大规模开发方案。基于复杂的评估流程,以胜者通吃的方式决定选择谁的方案进行系统开发和生产。

3 个研究团队广招全美英才。我们的 1 个团队成员(承包商)是通用研究公司(GRC),这家公司位于加利福尼亚的圣巴巴拉,规模不大,但是拥有一批顶级的经验丰富的分析人员,是从事系统整体架构系统分析的核心力量,帮助实施系统层程序,进行初始作战管理、系统逻辑和算法开发。作为团队分析工作的领导者,我亲赴加利福尼亚 6 个月,监督 GRC 的研究,并协调在美国东海岸进行的各项工作。

5.6　最优秀的系统分析指导

HSD 研究是我另一次难得的学习经历。我沉浸于整个系统分析的世界,身边的系统分析人员和工程师的专业技能几乎涵盖国防领域的所有学科。系统分析涉及系统工程的诸多方面——雷达尺寸、导弹大小、计算机尺寸、识别能力、硬对硬分析、博弈论、核效应、作战管理和杀伤力分析。上述领域和一些看似无关的问题每天都会引发有趣的讨论。这便是系统工程和系统分析的本质所在:对组成系统的各种彼此相关问题或现象加以探讨和了解。

在所有工程和分析工作之余,令我收益良多、感受颇深并对自己未来系统工程师职业生涯影响巨大的人士是本·亚历山大。亚历山大时任 GRC 总裁,他之前曾担任国防部国防研究与工程署主任,以其睿智和对年轻工程师的诲人不倦,在国防系统中备受尊重和推崇。他是一个天生的绅士,他的智慧、领悟跨领域技术问题的能力以及穿透纷繁复杂的现象看到事物整体的能力又赋予他无与伦比的力量。他与求知若渴的年轻工程师交流的时候游刃有余,鼓励年轻人大胆质疑,质疑一切,尤其质疑自我。

我 8 个月的日程安排是,每周五晚上飞到波士顿,周一早上参加员工晨会解决或是跟进上一周出现的问题,然后飞往圣巴巴拉,工作到下一个周五。亚历山大知道,周一晨会是提出重要新技术的关键时刻,可以了解新技术对于系统整体的潜在影响。每个周五早上,他的首项工作是进行工作总结,接下来大家花一整天时间讨论本周新的技术发现高层次意义。他会靠在椅背上,温和从容地提问、质疑、评论和讨论,经常提出个人不同见解,但是总能兼顾不同意见,而不是一言堂。对我们这些系统工程师来说,这是一场系统的培训,全面提升我们各种系统工程的领导能力和素质:技术的宽度和深度,既要关注树木,也要顾及森林;以柔和的方式说服他人的艺术,最重要的是,保持技术的完整性。我每个周五去波士顿的时候都会拥有两三个新思路,这些思路对于 HSD 系统概念的定义至关重要:要解释其中原因,及其对整个系统可能带来的影响,以及应该采取何种行动,以进一步利用或整合相关新发现。此类活动令我在晨会上的形象时而像天使时而像魔鬼,但真正的明星一直都是亚历山大。

最后,我们没能赢得工程开发。我们的失利在今天看来是难以理解的。当时是 20 世纪 70 年代,HSD 的一个技术难题就是能否开发出每秒处理 2 千万条指令(MIPS)的计算机以及为这样强大的计算机编写有效的软件程序。因为指令组的种类太多,加之其他方面的影响和原因(这还不包括处理器),人们已不再使用 MIPS 这一指标;不过,即使粗略估算,20MIPS 的功能和现在的计算机比起来简直不算入门。今天几百美元的 PC 机的性能可以轻松超过当初速度的数十万倍。但在 70 年代,20MIPS 是数字主机的重大技术挑战。

我们决定与 IBM 联邦科学部门合作开发软件,但是主机竞标者却挑选了 IBM、CDC 和 Univac,这些公司都有各自开发的主机,功能都能够达到 20MIPS 上下。在评估的过程中,我们后来意识到,在 IBM 与我们同属一个团队的情况下,能否对其他硬件供应商作出公正评估成为一个问题,因为 IBM 的程序在其他公司的主机上运行存在一定风险,这一顾虑有可能影响我们选择硬件的决策。因此,我们预计极有可能面临下述局面:要么放弃公开公平的计算机对比选择,要么令软件开发充满风险。这在今天看来都是无关紧要的问题,但在当年却是影响评估的决定性因素。

　　虽然我们没能赢得 HSD 项目,公司总裁在 HSD 的竞争过程中组建了一个跨公司系统的工程团队,这个团队拥有多学科的专业知识,这在我们公司是史无前例的。为了留住这个团队,总裁建立了 HSD 系统的核心工程团队,作为高级团队领导今后公司的各种系统技术研发。我有幸成为 6 名工程师之一,在迈克·福西耶(Mike Fossier)的领导下工作,迈克是公司副总裁,他在国防系统被称为"最睿智、最渊博、技术最过硬的领导者"。多年后我意识到,他的名气是实至名归甚至实际水平还要技高一筹,在我 50 年的职业生涯中,他是我遇到的屈指可数的堪称自成一派的专家。这样的高人包括迈克;本·亚历山大,我曾提及过;还有金·弗比尼,我下面将会介绍;还有约翰尼·福斯特(Johny Foster)和丹尼斯·默里,我有幸和这两位在过去 20 年里在不同的研究中曾多次合作,受益匪浅。除迈克和丹尼斯外,其他人都先后进入过国防研究和工程主管办公室(ODDR&E)的领导层;多年来,他们在多种技术问题上发挥了巨大的影响力。

5.7　多任务、多维度系统分析和风味的概念

　　一年以后,作为新成立的高级系统工程团队成员,我参与了美国海军舰载中程战斗系统(CIRCS)的系统工程项目竞标。国防部正拟启动一个新的采购项目[①],旨在提升创新,检测替代产品,在行业内展开竞争,开发能满足国防机构主要需求的解决方案。这个由管理和预算办公室(OMB)发起活动,可应用于所有政府部门,名为 OMBA109 通告,1976 年 4 月正式启动,基于如下三大原则:

　　(1)政府部门需要说明需要解决的问题,而不是某个特定方案或实施计划。

---

　　① "新"采购建议是美国政府特别是国防部在过去 40 年间每隔几年就要做的事情。每次的目的都是希望"解决"一个或多个当时发现的特定问题,如成本过高、风险过高、缺乏竞争力、缺乏创新、缺乏支持、缺乏有意义的替代方案、无法满足用户需要和要求、开发时间过长等。作者认为,这些所谓的建议没有一次带来实质性的改革,徒增官僚结构、步骤和本就过于臃肿的系统。

（2）在经济上可行的情况下要时刻保持竞争，至少包括概念定义和高级开发。政府应慎重对待每个承包商，杜绝任何偏见。

（3）各小组需要全面研究替代方案，量化每个方案的优缺点，进行优缺点的整体评估，以此为依据确定建议基线。

SIRCS竞标是国防部A-109项目进行的第一次重要采购，海军急于了解相关方案是否足以应对各种挑战。SIRCS旨在解决缺乏一个驱逐舰舰载整体整合、多任务、中程作战系统的问题。此类驱逐舰有三大水上作战任务：防空、海岸轰炸和水上作战。当时，这三项任务在驱逐舰上是相互独立的，当驱逐舰执行其中任何一项任务时，其他两项任务的执行就会受到不同程度的限制——因为缺乏综合作战控制，雷达无法做到多任务资源共享，雷达自身的功能也无法满足为所有三大任务提供支持，发射一种武器就会影响到另一种武器的使用，以此类推。SIRCS就是要通过安装全综合作战系统，包括采购新的传感器、武器、C^3 硬件和软件，解决上述问题。

从上述对问题简述不难看出，A-109要求推荐一个解决方案，这是系统工程师和分析人员梦寐以求的研究问题，因为它几乎涵盖所有学科和产品领域的高端系统分析。

（1）各层级替代产品的定义——任务、系统、子系统及技术。

（2）建立涵盖作战人员和采购系统要求的高级评价体系，用以指导挑选过程和方案权衡。

（3）制定正式的需求细分和跟踪程序。

（4）开发一个正式系统综合流程，用于定义多任务系统及其衍生的其他需求。

（5）开发高级作战模拟和评估工具，评估各种多任务作战环境下替代系统的性能。

最重要的是，该项目要求对开发出的各种多维替代系统用通俗易懂的方式演示并解释如下问题：每种替代方案解决的关键问题是什么？为何这些问题比较关键？这些关键问题核心是什么？综合成本、风险、多任务效果、操作的便利性、可支持性等多种因素后，如何成为我们团队选择替代产品的依据？如我所说，这正是系统工程师梦寐以求的项目。

三个行业团队赢得了概念设计合同，我担任我们团队的技术总监。霍华德·荣（Howard Wing）担任项目经理，我们的能力正好互补：我是技术型人才，对管理缺乏耐心，他在管理SIRCS这类复杂的大型项目方面具有创新精神。他的技术能力足以了解技术工作中的细微差别,并能在我们中期项目评审中,用最通俗易懂的方式让客户了解相关情况。我们在思考如何构建替代系统时,突发奇想,引入了"风味"的概念。与其开发一堆性能和特征差别各异的替代系统,我们决定围绕不同"风味",设计替代系统。

所谓"风味"就是最大、最独特、最突出的系统属性。我们给风味不同的定义,例如,最简便的操作性、跨三大任务领域下的最好的整体效果、风险最小(后来证明,这种风味开发量最小且能最快达到初始运行能力)、在任何单一任务领域具有最好的性能切换(如在某一特定时间内,某项任务最为迫切,这项任务的能力就能显著提升,而其他两项任务能力会相应削弱,但仍能维持在一个最低水平)、寿命周期成本最低(包括采购、运输安装、人员配备和后勤保障成本)等。在定义系统结构进行初次迭代以实现给定的"风味"之后,我们按照事先定义的评价体系,进行一次初步评估。我们发现,虽然每个设计架构在设定的属性方面都有出色表现,但是各系统之间依然存在相当大相似性,在混合、匹配和微调基础上可以进行二次迭代。经过二次迭代,形成了三个迥然不同的系统设计架构,分别具有下列特征,即寿命周期成本最低,性能最优或风险最低。

实践证明,引入"风味"的概念,以及利用初始风味,通过学习、混合、匹配形成最终的风味定义,令内部研究人员和客户都顿感耳目一新。对于客户而言,"风味"成为了一种沟通交流的工具,借助这个工具,大大简化了围绕各种复杂系统的替代方案的差异性、属性和原理的讨论。对于内部研究人员而言,"风味"这一概念可以让我们从一个特定系统的基本目的出发,高屋建瓴地对各种替代方案进行明确无误的取舍和评估。最重要的是,这种方式可以有序组织大量的底层研究活动,摆脱了各种束缚,洞开创新之门,并最终有序的汇聚在一起。

我们在SIRCS竞争中度过的三年时光是我整个职业生涯中最充满职业乐趣和丰富多彩的系统工程和分析的学习经历。不幸的是,在概念形成总结后,该项目被取消。在SIRCS项目实施过程中,许多海军实验室传统角色被剥夺,其影响力受到限制。因为该项目采用非常规方式,横跨多个领域,以表述相关功能,而有些作战领域传统上都有严格的条块管理,因此SIRCS项目并未得到海军某些部门的全力支持。最终,国会政治和缺乏海军支持令项目胎死腹中。

但是,"风味"这一概念伴随了我随后的职业生涯。我在后来很多系统工程活动中都成功运用了这一概念。我还向年轻而志存高远的系统工程师传授如何使用这一概念,令人欣慰的是,比起30年前的我们,年轻一代能更为娴熟地驾驭这一概念。

5.8 美国空军和爱国者系统:防空、威胁、任务和国际安全环境的演变

在整个20世纪70年代,雷声公司参与了一系列美国陆军的系统设计和开发竞标,都是为了换装新一代中远程地对空防空导弹。该系统最初命名为陆军野战反弹道导弹防御体系(FABMDS),20世纪70年代更名为高级防空系统(AADS-70)①,然后是萨姆地对空导弹系统发展型(SAM-D),最后,在我们成功竞标高级开发合同之后,定名为爱国者。该系统首次采用相位检测、跟踪和照射多功能雷达;高速、高加速、采样数据寻的制导导弹;多路径通信;集中分层软件控制营连级各种系统功能。

从70年代初到80年代初,如所有主要系统开发的进程一样,爱国者的研发也经历了起起伏伏。在轰轰烈烈的测试结束后,第一个爱国者导弹营于1981年入驻西德。在此之前,我记得是1979年,美国情报人员侦察到苏联正在测试升级版的蛙式和飞毛腿战术弹道导弹(TBM),最主要变化的就是提高了精准度。这些导弹成为美国的心腹大患②,政府责成陆军美国科学委员会(ASB)成立特别任务小组,要求迅速找到短期应对之策。

在进行系统研究过程中,科学委员会(ASB)很快发现只有两种可行方案可

---

① 原本设想FABMDS应具有战术弹道导弹防御和防空能力。但在1972年《反弹道导弹协议》生效之后,取消了对FABMDS弹道导弹防御能力的要求,该项目更名为AADS-70。直到80年代中期,才在该系统中增加了对战术弹道导弹的防御要求。

② 爱国者导弹过去一直作为北约灵活响应战略原则的一部分部署在欧洲地区。该战略的本质是,北约在一定情形下可以使用战术和报复力量(两用飞机、巡航导弹、战术弹道导弹和火炮)。该战略对"何种情形下"进行报复有意含糊其辞,但却清楚表明,北约承诺无论在华约集团任何核打击下,北约都要确保其核报复力量能幸存下来。爱国者的任务就是要保障这一承诺的兑现。华约将轰炸机部署在西德的后方和当时东西德边境,华约轰炸机如果试图穿越短程和中程防控区域渗透到北约后方,必将遭到部署在前线的爱国者导弹的重创。这一行动将为北约争取防空时间,在华约飞机返回后方之前实施进一步打击,这被称为战机交战区域(FEZ)。华约飞机即便穿越FEZ,还将会遭遇部署在当地保护军事设施的爱国者导弹。因此,这种三重防御区域就能确保核报复力量的生存能力和北约的空中优势。但是,高精度的战术弹道导弹有可能摧毁所有爱国者导弹从而威胁整个战略。

以短期临时应对战术弹道导弹问题①：一是给爱国者导弹加装附件，即宙斯盾系统的子系统，以实现本地高级战术弹道导弹防御，或者对爱国者导弹系统加以改进以实现这一功能。为了广泛征求意见，陆军科学委员会邀请了海军和陆军的代表参加特别任务小组的下一次会议，讨论两种方案的可行性。

海军仍保持了其一贯风格，来自宙斯盾项目管理办公室的舰队司令、舰长和专家参加了下次会议。接下来他们用了整整三个小时吹嘘宙斯盾系统的优点，极力说明宙斯盾系统完全可以进行改造满足任何需求，总之一句话，"拿经费来，我们办事。"下午，陆军一名上校和一名少校出席会议，他们简要介绍了爱国者导弹和最近在欧洲的部署情况。报告者言简意赅地总结道，"我们准备根据具体情况部署爱国者，生产导弹和火力单元，所以不如你们两年后再来找我们，看看我们该做什么。"

当天晚上，迈克·福西耶接到了 ASB 任务小组打来的电话，透露一些风声并要求我们和两个承包商下周一早上来开会。我们的任务是，就如何修改爱国者导弹使其具备对抗欧洲战术弹道导弹威胁一事作汇报。要求我们紧贴技术可能性，而不必顾忌市场和流程问题，以便任务小组获得足够的信息进行评估。迈克回答说，我们之前从没做过这方面的思考，但是我们很乐意利用周末，在周二前至少形成一个大致概念。

另一个同事迈克和我花了几天时间研究各种可能性。在系统工程和分析的这一背景下，我将这一故事完全呈现给读者，是因为这是一个极好的案例，表明粗略分析的作用和价值，其与目前必须通过极为复杂的"验证"模型得出结果的范式大相径庭。

尽管仿真模型对详尽准确地解答极为成熟系统的相关问题颇有价值，但是对于快速回答诸如"如果怎样，将会怎样"之类的可行性问题，仿真模型几乎一筹莫展。以我愚见，当今系统工程行业，能娴熟掌握这种快速排序分析艺术的学者越来越稀缺。

在公司的后来岁月，迈克认为整个行业正在丧失透过问题本质进行粗略分析的能力。他将这种情况归因于计算尺的使用。这乍听起来有点荒诞，但以迈

---

① 《反弹道导弹条约》催生了一批军备控制方面的官僚学者，这些人充斥在国防部内外，他们铁了心要在美国防空中铲除一切弹道导弹防御能力。在爱国者之前的陆军野战反弹道导弹防御体系就是他们的牺牲品。至少从后来看，这种做法十分短视。甚至后来苏联战术弹道导弹直接威胁欧洲之时，很多人还在讨论是否有必要或是在多大程度上需要改装爱国者或宙斯盾系统以应对新的威胁。

克所处的位置看,他有充分的依据作出上述判断。

因为计算尺只提供两位数(如果你的视力好也许是三位数)的答案,且没有小数点,所以你必须在没有任何辅助的情况下依靠自己的头脑计算出小数点的位置。这种限制要求我们充分了解问题及其分析从而估算出答案的数量级。这种认识,反过来要求我们全面审视自己在做的事情。不幸的是,随着计算器和计算机的先后出现,给人的印象是可以提供完整答案,误导我们不再通过头脑对问题进行推演。

我们三个整个周末都在从事类似距离 = 速度 × 时间的简单推算,雷达测距公式、爱国者雷达和导弹参 6 个数,和 ASB 任务小组提供给我们的一些威胁参数,比如战术弹道导弹的雷达横截面及其速度概况。我们迅速确定了在什么地方必须进行拦截:①爱国者只负责自身防御;②爱国者负责自身防御和后方资产的防御。我们把这两种拦截方式转换成相应的任务层级和雷达探测范围,并进而转换成所需的雷达资源。事实上爱国者雷达是软件控制的相位雷达,有足够的功能支持这种操作模式,可以将这种设计理念推进到可行性论证阶段。但是迈克总是说,"我们还需要证明这种可行性。"

我们需要解决两个问题。虽然雷达需要具备一定的灵敏度才能达到所需的探测和跟踪范围,但是雷达同时执行其他任何一项防空任务时,就会出现系统资源不足的问题。我们发现爱国者的雷达资源有相当一部分用于远程监测,而同一个爱国者导弹阵地中不同雷达远程区域有所重叠,所以我们只需要其中两座雷达进行远程搜索,其他雷达都用于战术弹道导弹的监测,就能提供所需的资源。所有单元都执行中短程防空,所有单元便都具备了战术弹道导弹的拦截能力。因为一切均由软件控制,搜索任务均由指挥官轮派给各个单元以避免遭受重点打击。

另一个需要解决的是爱国者导弹脱靶距离和杀伤力问题。脱靶距离不是重点,因为爱国者导弹制导更新率和横向加速度都很高,为涵盖弹道导弹的特性而对制导算法的改动比有人驾驶飞机所需的算法改动要简单得多,因为算法存储在地面软件上,可以根据目标的类型调取相应的算法。与脱靶距离相比,杀伤力问题更令人头疼。我们达成了如下认识:改变导弹引信,更早探测目标,以支持更高的接近速率,并使用重量更大、碎片更少的弹头,这种改动对提高对飞机的杀伤力影响不大,但是目标如果是更加难以捕捉的弹道导弹,就显现出优势。不幸的是,这两种设计理念的实现都需要改变硬件设备,这要比改动软件需要更长的时间。

我们周末之后向 ASB 提交了我们的研究发现,他们问如何能尽快解决问题,我们现场给出了两阶段的规划,第一阶段只修改软件,因为软件可以很快完成修改,足以满足自卫的需求。虽然概率不大,但是爱国者可以给战术弹道导弹造成硬杀伤,通过能量交换,从而改变来袭导弹方向,破坏其准确率,极大提高爱国者火力单元自身存活的概率。第二阶段要求更多的软件修改以扩大保护范围,最根本是改变硬件,需要改动引信和弹头,增加其对战术弹道导弹的杀伤力。在 ASB 对该项问题进行了第二次研究后,我们的设计理念得到通过,这个两阶段规划最终成为爱国者高级 TBM 能力 1(PAC-1)和 PAC-2。两种导弹分别于 1988 年和 1991 年首次部署,后者是在海湾战争期间启用的。

5.9 新的分析,学会如何兼顾广度与深度

随后若干年,美国和我们的盟国都认识到,需要不断强化爱国者系统在欧洲北约安全态势方面的重要性。我们小组负责提供中高空和导弹防御的分析,在冷战安全背景下,将北约盟国的导弹防御维持在一个较高的水平。不同于以往我们曾做过的典型系统分析,这次分析涉及面更广,能够体现出某一方面的作战能力和整体防御态势之间的关系。我们利用自己的现有能力评估一定数量地面防空力量对抗假想的苏联空中威胁,包括击退敌机出动架次、敌军投放的弹药吨数、主要空军基地关闭的概率等;但是我们没有能力计算假想的西欧地面战争的结果。在 20 世纪 80 年代柏林墙拆除之前,这种两难的境地和战略威慑成为人们最常见安全关注点。

我们没有选择构建自己的能力——这需要很长时间、人力和内部资金,而且最后效果未必理想。我们也接触过几个专门从事这类分析的智库,五角大楼是他们的主要客户。我们聘请一家智库后,马上发现我们在语言层面上无法沟通。因为我们对同一个词汇的理解与他们截然不同。我们马上吸取这一教训,那就是在高级分析工作中,一些词汇异常重要,当务之急是花时间确保沟通顺畅。这些教训并不新鲜,我们在以往的联席分析工作中经常遇到:雷达专业的人员与导弹专业的人员同样存在语义差异,软件和硬件专业之间以及指挥与控制与其他专业之间均存在类似问题。人们总是很快遗忘这一教训,却又不断遇到。

我们很快着手绘制己方军队前线或战场前沿移动①与北约在欧洲地面防御

---

① 己方军队前线(FLOT)和战场前沿(FEBA)是冷战时期的标准术语,用于描述北约与华约之间随时间变化的战线。华约军队在数量上占据优势,总是能够在战事初期将北约军队压制回莱茵河,但衡量北约军队质量上的优势与时间有关,主要作战基地要能够坚守足够长的时间,直到大部队增援到来。

水平之间的关系图。更重要的是,我们开始学会了如何完成一项更新、更高级的系统或运筹学分析,即战役层面硬碰硬的军棋推演。我个人系统分析和工程的经验从信号处理技术分析扩展到雷达系统工程、其他子系统工程、武器系统工程和任务分析等领域,目前我的分析重点是国家安全政策能力。

我还发现,以下思维方式非常实用,即把服务于不同层次的分析表征为一个固定领域,由宽度和深度形成的二维空间。如果宽度小,则深度(保真度、细节数量、包含的二级和三级效应等)就相对较大,反之亦然,如战斗分析:涉及面广,但是对于个体特征的描述比较粗略。任何理解此类分析结果的能力,也就是能够感觉某事情正确还是错误,进行大致检查,在合理的时间内完成任务,或者解释他人所作分析的合理性。随着近些年计算机处理能力的增强,我观察到一个趋势,就是人们试图把最低层次的细节数据与最高层次的效果加以联系。根据我多年的经验,这是一个错误趋势。问题的关键不在于计算能力,而在于分析人员能否解读各种计算方式与生成的计算结果。这类问题应该以分层级分析的方式加以解决,即将低层级的能力映射到一到两个更高层级,低层级的能力简化为若干参数输入,用于较高层级的分析。这种分层级的分析要求系统工程师能够理解分析并试图解决的问题,世界上,计算机不能替代人类的理解。我认为计算机可以在这方面替代人类的想法只会导致灾难。

迈克·福西耶在 1991 年退休后,我接任了他的职位,成为高级系统小组组长,此时小组人数增加到了 20 名工程师,管理这样的人数尚不是大问题。同时,这样的规模足以让我们承担相当全面的大规模系统研究,而无需或很少需要借助外力。我们小组系统工程师的背景涵盖雷达、空气动力、推进器、制导和控制、导弹寻迹、指挥、控制与通信、运筹学等领域。他们擅长分析,都拥有某种直觉,不会陷入一些无关紧要的细节而无法自拔。几乎所有人都有软件或硬件设计的相关经历。迈克和我都认为,这种工作经历很重要,因为这种实际的设计和构建实物的经历似乎能令人肃然起敬,会被认为是一位"万事通"。

5.10　冷战的终结,新分析面临的挑战,国防科学委员会

在迈克的带领下,我们成为现场快速假设分析、可行性评估、内部红队推演和救火高手。尤其面对成本效益、系统架构、任务表现或新系统设想等类问题时,我们更是如鱼得水。在整个 20 世纪 90 年代,我们一直承担这一角色甚至还有某种程度的拓展。但是,有三大变化令我们系统工程和分析能力受到更大

重视。

第一大变化是冷战结束,其影响日益显现。整个分析行业过去已经习惯了对美苏之间各种潜在对抗进行分析,我们都了解(至少自认为了解)苏联的能力,知道针对我们的强项或者弱项如何构建模型,我们同时也熟悉两大阵营的政治环境、双方的目的和目标,以及 40 年来冷战的方方面面。突然间,所有这一切都不复存在。我们必须面对全新的国际安全环境,需要对付我们一无所知的各种敌对势力,我们不清楚他们的实力,最重要的是,他们的目标不是在军事上战胜我们,而是政治上损毁我们,制造混乱,吸引他人加入他们的行列等各种我们知之甚少的事情。必须确定新规则、新目标、新手段,以及新的分析技术,所有这一切给系统专家和分析人员带来了深远影响。

第二大变化是战术弹道导弹扩散到第三世界国家,并在海湾战争中使用。这种情况极大地增加了国际市场对空中和导弹防御以及预警技术的需求。由于许多企业企图向新兴市场出售爱国者和大型预警雷达,所以我们的任务就是要对相关产品的成本效益作出技术分析。因为在武器销售的初期没有现成的要求,为创造这种需求,必须进行政治和军事层面的分析,借以证明投入巨额费用购买昂贵的系统物有所值。按传统的武器性能如作战范围、目标处理能力、杀伤率、雷达范围等进行分析,意义有限。虽然一些低级别技术军官比较关心上述各种属性指标,而对军方高级将领或政治高官而言,他们需要更高层次的依据。高层需要了解的针对特定国家的国家安全关注,而且,政府与军方对什么问题更为重要的认识往往存在差异。如果再加上某国的政治结构中党派和不同部门之争,情况会变得更为复杂。

为更好地了解一个国家,我们会查阅所有的手头文件,与曾经在该国工作过的各种资历的人士交流,咨询政治和军事分析人员。然后根据我们掌握的情况,汇总成一份介绍材料,针对不同听众的关注点,将我们系统的军事能力尽量转换成对听众有价值的信息。通常来说,我们最初的理解总是不准确,往往我们原本认为某国(或该国某部门)较为关注的问题实际上他们却较少在乎。不论我们认为逻辑上对某些问题应该引起重视,但对方往往不以为然,他们关注的是其他方面。不同的国家情况不同,我们后来了解到我们需要应对的若干问题分别是:保护经济价值;权重百分比(权重因数是人口密度),也就是一个保护伞下能保护多少平民;双方攻防空中对抗出动的飞机架次可以通过敌人袭击次数的函数来计算;空袭的战略威慑对象与我们设想的大相径庭;政治决策可用的时间和大规模响应之前控制事态升级则完全取决于政治因素。许多上述关注对我们而言都是新生事物,需要强大的学习和分析能力才能胜任。我们再次找到了分析方法以判断总趋势,随着我们对潜在客户的更多了解,可以进行答案迭代,并改进了我们的简单模型,然后以通俗易懂而又令人信服的方式表述我们的研究结果。

多数情况下,由于我们做足了功课,尽量了解各国的兴趣,在表述时投其所好,用技术数据来支持我们的观点。我们发现,客户乐意向我们解释我们所作假设的不足以及什么才是准确的问题。这样的对话进一步完善了我们的报告材料和观点,经过整合最终能形成一个具有说服力的资料。我们虽然总体来说拥有系统工程基本技能,能涵盖系统层级的技术细节、作战能力以及重大国家安全问题,但是我们还是不能用一套方案应付所有国家。我们每接到一份新任务,首先从了解该国国情入手,找到关键点,聆听是非常重要的自我强化方式。

第三大变化是我更多参与了国防科学委员会工作,这让我们拓宽了学习渠道,强化了系统工程能力。1990年,我作为顾问应邀参加DSB①夏季研究活动,研究内容涉及随着苏联的解体,美国国家安全环境发生了哪些根本性变化,以及这些变化对国防部意味着什么。这次的工作经历在很多方面对我来说都是全新的体验,比如其他参与者的才华和智慧,包括团队和个人知识的广度和深度,夏季研究问题的层级。军方高层、产业高层和经验丰富的学术专家齐心协力的研究活动无不令人向往。通过这次经历,我还学会了如何管理大型研究,特别是面对上百个A型特质的人群,这些人早已习惯天马行空的工作方式,如何把他们聚拢在一起,即便不能形成"共识",至少不至于引发过度的观点交锋,向着同一个目标迈进。

随着我在DSB任务小组和夏季研究工作的深入,我可以把在这里学到的一些分析技巧、观点、研究管理方式和许多经验教训用到我们的高级系统小组,向小组高级成员介绍我在DSB的工作环境。我还注意到,我在DSB感受到的工作氛围还影响到了高级系统小组的基层成员。他们开阔了眼界,了解了作出可信有用的评估所需信息的水平;他们逐渐掌握了如何向自己和同事提出恰当的问

---

① DSB是国防部的高级顾问委员会,负责审查跨越传统国防部组织机构的具有潜在重大影响的各种技术问题。其研究项目由国防部长办公室高层委派,分为两类:任务小组和夏季研究。任务小组通常是约10名参与者构成小组,专注于特定问题,并在6～12个月每月举行为期两天或三天的会议。夏季研究涉及更多的参与者,处理更广泛的问题,通常持续约9个月,并花费一到两个星期现场研究,其研究结论向国防部高级官员和其他机构汇报。研究成员由DSB成员和非成员组成,后者在研究期间的被任命为顾问。详见DSB网站:http://www. acq. osd. mil/dsb/。

题;他们学会如何准备简报,锁定焦点,以达到既定意图;总之,专业能力得到很快提升。这种快速成长的关键因素在于初级工程师有机会在高级系统工程师的指导下工作和学习,这些高级工程师之从事系统研究层级要普遍高于只针对某个产品的行业系统研究。

高级管理层也注意到了年轻系统工程师的快速成长。我们决定进行一项实验。每年我们遴选两名最出色的青年工程师,把他们从系统工程实验室调到我的小组做学徒,为期两年。结果是皆大欢喜的:公司因拥有年青一代的技术骨干而得到发展,年轻工程师后来也走上了高级技术领导岗位;由于拥有系统层面的专业能力,国防部通过不同的项目办公室、陆军科学委员会和其他军种科学委员会下发了更迫切任务;自然而然,随着青年工程师个人技术的进一步成熟、系统工程能力的提高,整体能力水平得到提升,也顺理成章地承担了更为重要的职责。

5.11　给年轻一代的系统工程师和分析人员的建议

我于 2000 年夏季退休,但仍未中断与 DSB 的联系,直到目前,作为一名资深研究人员,仍在参与很多研究工作。此外,作为顾问,我还帮助业内人士梳理一些比较复杂的系统工程问题。回顾 50 多年的系统工程和运筹学分析的职业生涯,我希望借此机会向充满理想的年轻系统工程师分享几点心得:

(1) 试着不依靠计算资源去充分地理解并思考所有问题,在头脑中推导出一个大致的答案。使用工具的优先顺序是手指、算盘、计算器、电子数据表,最后是 Math Works 软件。至少在一开始阶段,勿采用大规模系统模拟。

(2) 不要用六位数的答案来回答只有一位数(最多)的输入和假设的问题。这样的答案至少没有必要,也绝对没有价值,更糟糕的是,在经验丰富的分析人员和工程师眼中,这种"过度分析"只能为你的个人能力亮起红灯,表明你"不懂行"。

(3) 在确定答案是否充分之前,最好先问问自己以下问题:

① 我的答案是否符合常识? 我能不能解释背后的原因?

② 如果将输入的数据改成极小或者极值,得到的答案是否依然看上去符合逻辑? 趋势线是否合乎情理?

③ 还有什么东西可以推翻这个答案? 有没有一种数据,如果稍加改动,可以得出完全不同的答案? 我的分析是不是有些牵强? 如果用不同的方式会不会

导致截然不同的结论？行之有效的方式是建立自己的红队。当你做完研究后，请一位在才能和理解能力上令你佩服的同事坐在你面前批驳你的方法或结论（这仅仅让你痛苦一时而非一世）。

（4）确保充分地处理了所有重要的、具有决定性的参数，但是不要浪费时间，去追求完美而关注无关紧要的参数。这当然就是理解问题的另一个层面，既能让你去粗存精又可以向别人解释为什么可以放心忽略一些次要问题。

（5）简报、解释和报告要做到简明扼要突出重点。一方面要为你的发现提供技术支持依据，但亦注意不能陷于重要问题的阐述，以免令你的主要观点淹没在一片噪声中。在被诘问时拿出支持数据的能力（绝对必要时才将此类数据收入报告）远比为每项研究找出充分依据重要。同样，要做好报告的附件——虽然多数人根本不看，但是要为愿意看附件的人作好充分准备。简明的摘要极其重要。

（6）对于知识、分析技巧和能力不如你，不能从局部看到整体的人要有耐心。学会用常识性的东西解释问题，用类比方法（如运动、驾车、画板）去解释复杂问题。如果你的思考足够透彻，你就有办法深入浅出地让别人理解你希望表达的思想。不要自命不凡，高高在上，要明白"闻道有先后，术业有专攻"。

（7）最重要的一点，当你的系统工程/分析能力得到提升后，就会要求你解决难度更大的问题，这时候可以带上一两个年轻工程师，就像当年对待你一样。手把手地带他们，让他们参与求答过程，让他们抛开电子辅助工具，教会他们思考。很快你就能培养出另一个自己。这是最大的福报。

▶ 作者简介

罗伯特·斯坦恩为国防工业和美国政府提供私人咨询服务。2000年6月退休之前,他曾被雷神公司董事会推选为副总裁和公司高级幕僚,负责管理雷神公司高级系统办公室。他曾负责雷神公司当前和未来为政府产品线所需的高级系统的设计和创意,内容涵盖现代导弹、雷达、光电传感器,指挥控制通信和情报系统、综合系统,以及相关技术。他还负责监管公司研发基金的分配和开支。

斯坦恩先生1958年加入雷神公司,在任职的42年中在不同工程领域积累了丰富经验,开发出大量雷达、防空、导弹防御、指挥和控制系统。他是战略和战术防御系统设计创意研究的带头人。

斯坦恩先生是美国国防科学委员会资深幕僚,从1990年开始,先后参加了20多次DBS夏季研究活动和任务小组。他曾为美国MITER公司、DARPA、导弹防御局和林肯实验室提供专业咨询服务。

斯坦恩先生本科就读于麻省理工学院,主修电气工程专业,研究生就读于麻省理工学院和波士顿大学,攻读数理物理学。他拥有多束雷达天线技术专利,发表过大量技术和政策相关主题的论文,并拥有丰富的雷达和信息理论课程教学经验。

1992年,雷神公司授予斯坦恩先生该公司最高技术成就荣誉——托马斯·L.菲利普斯技术卓越奖。

第6章
系统分析和红队判研

阿尔耶·费德

一名科学家或工程师接受的训练是注重细节；但作为一名系统分析人员，却要尽可能避免各种细节。

6.1 前言

在获得哈佛大学的物理学博士学位之后，我于 1997 年加入林肯实验室。我的论文主题为实验物理学，具体说是液体表面的光学研究。尽管我在研究生院度过了愉快时光，但到毕业时我得出结论：实验研究并不适合我。当我参加林肯实验室的求职面试时，我发现了一份自己从没听说过的职业：系统分析。这份工作不仅要用到我在物理学中最喜欢的分析和问题求解等技能，而且还给予了我对重大问题作出重要贡献的机会。

我在飞行器生存项目研究的初步工作让我从国内最优秀的系统分析人员那里学到了一些诀窍。此后大约 7 年间，我领导了一个分析小组，后来作为美国空军采购副部长特别计划办公室的首席科学家，前往华盛顿特区进行一次为期两年的访学。2011 年，我回到林肯实验室，担任导弹和防空系统的系统架构分析组组长。我希望可以为那些开始从事系统分析的人士提出一些有用的忠告。

6.2 什么是系统分析？

本书所阐释的各种观点表明，有多少系统分析人员，大概就有多少系统分析的定义。事实上,系统分析的核心在于它是一种方法,用于了解对系统基本性能的权衡取舍。现代国防系统是高度复杂的综合系统,彼此之间及与环境之间以复杂的方式相互影响。对这些系统进行各种重要分析时,为这些系统及其所有互动关系创建一个"高保真"详细模型并不是一个好方法,本章稍后将对此原因作探讨。幸运的是,尽管系统分析具有复杂性,但许多重要问题可以通过较为简单的模型加以求解,这些简单模型专注于特定问题的物理相关性。

这种系统分析方法的目的并非回答某种特定情况下系统作出何种确切反应的具体问题。相反,其目的是了解系统性能的重要影响因素是什么,以便决策者能够作出明智的决定。根据我的经验,特提出以下几条系统分析的基本准则:

(1)从宏观入手。了解所提问题所处的背景环境十分重要。

(2)专注于能够解答问题的关键物理过程。许多其他因素可能对你目前评估的系统功能至关重要,但对于目前亟待解决的特定问题并没有那么重要;你的模型不必包含所有上述因素。

(3)模型只需满足一定保真度就已足够。你对一个系统了解得越多,越容易在建模时将各种细节包含在模型中。当整体模型够用时,就无需考虑过多细节。

(4)保持全局视角。最后的重点不在于你当前考虑的特定物理模型,而在于该物理现象如何影响最终的系统性能。因此,要确保在全局视角背景下检验结果。

上述系统分析原则适用于各种问题的分析。其中一类重要问题是系统架构权衡。这类系统权衡涉及范围从重大问题(如,创建一套有效的弹道导弹防御系统需要什么组件?)到具体问题(如,选择什么设备探测无线射频触发型简易爆炸装置?)。通过系统分析,研究人员可以作出关键权衡,找到具有良好前景的系统架构,以便进行更为详细的评估。另一类重要的系统分析问题是需求分析(例如新干扰机应具备多大功率?)。

但本章重点讨论系统分析方法在红队判研任务中的应用。一般而言,红队一词适用于从敌方角度看待系统的任何群体,主要目的是找出敌方可利用的弱点。红队判研可通过回顾方式,找到并修复系统中已经发现的问题。例如,关注自身计算机网络安全的政府或企业通常会雇用一个红队,尝试非法入侵其系统,以找出系统设计人员忽略的漏洞。红队判研还可对某一先进技术或系统的大规模投资的合理性作出预判。尤其是,红队判研还可用于客观评估敌方对美国当前正在考虑采用的技术的潜在反应以及此类反应对我方可能造成的影响。显而易见,红队判研的目的是避免投资那些利用简单和低廉的反制手段就能应对的技术,而要集中开发面对潜在的反制威胁表现稳健的技术。有关此概念的一个典型范例就是空军红队。30 余年来,该机构一直为空军高层及国防部提供飞行器生存能力以及其他关键问题的咨询服务。

6.3　红队历史简述

空军红队成立于 20 世纪 80 年代早期,旨在为美国低可见度飞行器(通常称为隐形战机)的开发提供支持。飞行器的生存能力一直是军方的关注重点,随着防空能力不断提升,这一关注在日益增强。冷战期间,苏联以地空导弹系统和先进战斗机组建了一个强大的防空体系,这两者在很大程度上均依赖远程雷达来探测飞行器。传统上针对这些雷达威胁的回应是开发和部署更先进的电子对抗技术。这种回应方式会激发敌方的雷达设计人员开发相应的反对抗措施,从而形成了这种对抗/反对抗循环。

尽管开发电子对抗措施依然重要,但在 20 世纪 70 年代末期,美国意识到大幅度降低雷达对飞行的可探测度不仅具有技术可行性甚至具有较大潜力。于是,美国开始投入巨资大规模地秘密研制隐形战机。人们首先关注的是,这种思路是否行得通？性能能有多强？性能应有多强？强劲的对手会作出何种反应？最后两个问题的提出,则为组建一支强劲的空军红队奠定了基础。

需注意的是,隐形战机也称为低可见度飞机,但并非不可见。对此不了解的人往往会将隐形等同于不可见。这种倾向激发了美国和其他国家科学家和技术专家的创造性思维,提出各种非常规的技术来探测和跟踪这些人们认为无法看见的飞行器。因此,早期的红队起步迅速,设想敌方对我方隐形飞行器的可能反应。红队的主要工作是对传统防空体系进行各种改造或改进。红队还需要撒开一张大网,将各种奇思怪想的方案囊括其中。最后,红队对那些可能令我们投入巨资的隐形机化为泡影的各种反制手段进行评估,并确定我方飞机在遇到防御时的生存能力。

林肯实验室组建的红队不断壮大,已有 200 多位成员。这些经过精挑细选的成员来自飞行器业界其他机构。红队还在实验室开展了一系列类似的工作,他们的分析风格是本章的讨论重点。

6.3.1　红队的典型问题

一般而言,红队可能会提出一系列如下问题:

（1）我方系统或能力有哪些主要缺陷可能会为敌方所利用？

（2）敌方会制定何种反制措施来利用上述缺陷，反制措施效果如何？

（3）敌方实施这些反制措施有多大难度？反制措施是只需修改10行软件，还是需要重新构建一个新系统？

（4）敌方实施有效的反制措施需要掌握多少详细的美国系统信息？敌方反制措施是只需了解我方系统的一般概念，还是需特定的保密信息或者很难获得的信息？

（5）美国应对那些反制措施的难度有多大？应对反制措施需要对敌方当前动态有多大程度的了解？

（6）敌方实施反制措施需要付出哪些费用和系统性能降低的代价？

鉴于敌方的资源有限（我方也一样），人们自然希望技术投资获得最大回报。如果分析表明反制措施可行且易于实施，且无需获取有关我方系统如何运转的详细保密资料，那么美国对此将束手无策。如果敌方的反制措施不必付出大量的资金或性能成本，我们可以确定的是，聪明的敌方定会优先研发那些更具吸引力的技术。

空军红队的任务不仅仅局限于上述问题的探讨。红队主要的工作涉及开发和测试未来潜在威胁的系统原型。更为重要的是，这些系统原型不仅仅基于对敌方投入研发技术的情报估测。相反，红队采用系统分析的方法，找出最有威胁的技术，然后再开发相应的系统原型，以测试这些技术在战术相关场景中对现实世界的影响。然而，仅靠原型制造和测试很难评估各种战术情形下潜在威胁的全面影响。因此，测试结果被用于确认系统分析模型的有效性，随后用于评估一系列的相关场景。这种集系统分析、原型设计和仪器测试为一体的方案是空军红队大获成功的精髓。在此背景环境下，分析的真正收益在于通过对大量潜在威胁应对方式的梳理，选定若干个主要威胁。然后，针对若干主要威胁进行全面原型制造和测试，以弄清它们对我方系统可能产生的全面影响。

6.3.2　红队问题示例

此处给出了一个有用的红队分析示例。空军红队就技术投入问题向空军领导高层提供意见，以便使敌方防空系统难以对付，并尽可能使美国战机不被击落。我们在考虑战机的生存能力时，最常用如图6.1所示"杀伤链"图加以说明。飞行器作战首先始于监视，以便尽可能提供飞机在空域内整个活动画面；因此,监视传感器对许多目标进行远程探测,但是对每个目标跟踪的质量都不高。多个监视传感器获取的空中画面可融合在一起,以辅助指挥与控制决策,例如识别友方和敌方战机,并将某个目标分配给特定的作战装备。上述分配包括将某一线索分配给所谓的火控传感器,目的是为了跟踪少数目标(可能只有一个),跟踪的效果足以引导导弹实现对该目标的拦截。导弹通常有一个导引头将导弹导向目标,导弹引信引爆弹头,从而结束战斗。

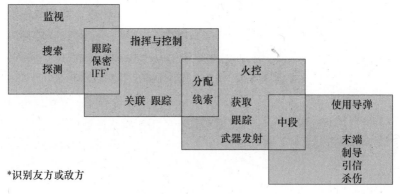

图 6.1　防空杀伤链

针对每种防空要素(监视、火控、导弹导引头和引信),防空体系中可采用各种传感器技术,包括有源或无源雷达(射频)、红外线或其他一系列非常规传感器。非常规型反隐形技术手段涉及范围广泛,其中包括声学、宇宙射线和重力仪;然而,不论何种技术手段,考虑的重点并不在于该项技术理论上是否可以探测到飞机,而在于其对敌方杀伤链有无实质性的帮助。出于各种物理学方面的考虑,防空主要依靠雷达和红外线传感器。与红外线相比,雷达的优势在于其远程探测能力很少受天气或其他环境因素的干扰。因此目前最重要的远程监视和火控系统仍然依靠有源雷达绝非偶然。雷达系统的劣势之一在于其较容易受到干扰,通常也称为电子攻击。因此,只要防空体系使用雷达,战机的设计人员就会针对雷达投入电子攻击对抗装置。相应地,雷达设计人员也会针对这些装置投入电子防护反制装置,如此无限循环下去。在每个循环中,双方都力求投入令对方无法招架的技术。

美国投入的其中一类电子攻击名为拖曳式诱饵,如图6.2所示。无论导弹是由火控雷达引导还是由导弹导引头引导,拖曳式诱饵都是针对雷达制导导弹的反制措施。拖曳式诱饵的基本概念是探测雷达信号,并将该信号放大并传回至雷达,以便向雷达提供一个比飞机更强的目标反射。我们的对手非常清楚美国已投资并部署了拖曳式诱饵,可以确切地假定他们也正投资电子防护反制措施,美国应该正投资针对这些反制措施的反反制措施。然而,敌方可采用的反制措施多种多样,空军红队的作用就是从敌方角度评估各种反制措施,从而确定美国在反反制措施中应优先投资的技术。

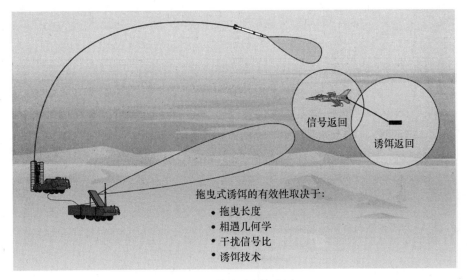

图 6.2 拖曳式诱饵概念

6.4 如何进行系统分析

进行系统分析的首要步骤是了解你正在研究的问题。如果你是一名刚走出校门的新手,那么你现在所研究的问题很可能是你不曾遇到过的。花些时间去了解你不懂的东西。如果你是一家大型高科技机构的员工,那你很幸运;该领域的国家级专家很可能就在大厅的另一端或隔壁楼内办公。但是,你在了解问题时,请记住你是一名系统分析人员,而非系统设计师。了解细节诚然重要,但是请不要失去大局观。比如,你正在评估一项先进信号处理技术多大程度上可令雷达辨别出飞机及其拖曳式诱饵,那么你应该知道,决定分辨效果的是信号处理方式和飞机及诱饵信号的特征。可能需要编写信号处理技术代码,并向其输入模拟数据,以便了解其性能。你的工作不是最大限度地发挥计算程序的性能,而是确定敌方是否会使用这种技术,以及敌方使用这种技术的情况下美国应作出何种反应。因此,最优秀的系统分析人员总是乐于开拓视野和学习新知识,同时又不会迷失在细节中。有些情况下,细节确实很重要。难点在于如何确定何时需要细节,但又不至于在细节中迷失。

当你对正在研究的问题有所了解后,还需要找出何种物理原理、工程学原理、信号处理或现象学有利于问题的解答。例如,防空导弹属于复杂系统,与许多其他复杂系统进行互动。一个高保真拦截模型会考虑多种细节,从目标轨迹和雷达散射截面,到导弹空气动力学、导引头探测、反制探测逻辑以及信号处理等。然而,待解问题的许多方面与某个特定问题关联度都十分有限。例如,分析某种先进信号处理技术能使导弹导引头辨别出雷达回波是来自飞机还是来自诱饵。解答这一问题需要具备雷达和信号处理知识以及诱饵的主要特征,例如,其发射功率是多大以及对所接收雷达信号如何调制(如有)。另一方面,导弹制导算法或详细的空气动力学知识则显得不太重要;可以说,导引头指向哪里,导弹就飞向哪里。关键在于诱饵是否能够欺骗导引头。相反,评估一枚导弹拦截不带拖曳式诱饵,正在完成高重力加速度下最后一秒机动的战机的能力,则是一项恰恰相反的分析过程;详细导引头性能建模并无必要(除个别情况外,可以假设导引头会完成目标追踪),但是目标机动和详细的导弹空气动力学信息则变得更为重要。

一旦你找到了研究问题的关键物理原理,应建造一个能反映该物理学原理特征的模型。你若是某个小组的一员,并长期从事类似研究,可对现有模型加以修改,以涵盖有关物理学原理。模型应尽可能具备通用性,而不是对某一特定系统的具体呈现。了解性能远比了解有关参数范围有价值,而突出某系统存在于该参数范围,也远比创建某一具体系统的详细模型有价值。以这种方式建模,可以让你了解关键参数和你所作假设的敏感性。甚至可令你深刻理解系统缘何以某种特殊方式进行设计。反之,如果你的模型表明系统中的某个简单变化会引起其性能的巨大改进,那么这可能在提醒,你的模型并没有捕获某些重要的影响要素(系统设计人员知道的细节应该比你多)。

然而,最终你的出资方并不需要你的导引头或空气动力学模型的详细结果;他们需要知道的是飞机生存能力如何以及如何改进生存能力。因此,在对问题的关键部分完成详细建模以后,有必要回到全局,以较低的保真度对问题中的非关键部分进行建模。当然,理论上可以建立一个更为复杂的模型,这样捕获到的将不限于问题中最重要的物理现象。在上述导弹示例中,你可以创建一个同时捕获导引头信号处理详情以及全面导弹空气动力学模型。但是,在模型中增加更多细节会导致建模的透明度逐渐丧失,而这又是系统分析的另一强项。目前有多种高保真模型,尽管这些模型具有重要作用,但它们并不是系统分析工具。

系统分析的关键在于能够将你的物理直觉运用到你待解问题上,成为大致验证计算结果的理想手段。这样,当模型给出的结果与你预期不符时,你便可以判断模型是否存在缺陷或你所依赖的物理学原理是否存在问题(第二种可能性是一项更让人感兴趣的挑战!)。高保真模型的危险在于你无法将直觉有效地运用到待解问题中;你永远不会希望用以下方式为所得结果辩护:"我无法确定为什么会这样,但是模型的结论就是这样。"

系统分析过程的最后一步,本书其他作者均有强调:明白你想讲述的是一个什么故事,制作一份介绍简报,以一种简洁的、引人入胜的方式讲述这个故事。故事的重要性如何强调都不为过。即使你完成了正确的技术分析,你的分析结果仍然不会产生影响,除非你按照一条客户能够理解的清晰故事线索,将分析结果传达给他们。不幸的是,制作并展示优质简报并没有捷径,但是任何进行高质量系统分析的机构内部都会有高手,他们善于组织简报,可以帮助你确定想要讲述的故事以及最引人入胜的讲述方式。

6.5　测试的重要作用

系统分析是一种极为强大且颇有价值的工具。但是,系统分析的结束并不意味着任务的结束。有效的系统分析尤其需要进行现实世界的测试。系统分析人员应该认识到,尽管建模对于快速完成高级系统权衡取舍很重要,但对建模工具应始终保留适当的怀疑态度,直到建模工具得到测试数据的验证(甚至在此以后仍应保持质疑态度)。上述建议并不意味着未经验证的模型无法完成大量有价值的工作;但是,现实世界通常会施加各种约束条件,这些约束条件可能无法纳入一阶模型中。换言之,你可以相当确信你已经捕获到了某一问题的重要物理本质,但是在对你的发现完成测试和验证之前,你应该抱有一种开放的心态:现实世界可能比你想象的更加复杂和有趣。此外,测试有时还是有效建模必不可少的前提条件。尤其是,许多问题不容易简化为一阶物理问题;这就需要创建和执行一套测试程序,以了解现象背后的问题,并确定系统最佳的建模方法。

正因如此,空军红队采用了一套将系统分析、基于能力的威胁原型以及仪器测试高度集成的流程方案。方案中的每个要素均对红队总体任务起到至关重要的作用,且各要素之间相互依赖。系统分析可用于识别未来威胁原型中应该包含哪些关键技术,并协助确定参数区间的哪些关键部件需要使用有限的测试资源。相反,通过原型设计和测试,在现实世界中对系统分析预测进行验证,并且提供必要的现象学数据,用于开发某些系统分析模型。(重要的是,对于领导层而言,以实际威胁原型进行展示要比 PPT 幻灯片上显示的曲线更有说服力)充分的仪器测试(而不是特技展示)至关重要,因为其生成的数据不仅能够确定测试中发生了什么事件,而且还能说明发生的原因。最终,这三大要素的结合使空军红队成为一个典范,其价值得到了整个国防部的肯定。

▶ 作者简介

阿尔耶·费德获得哈佛大学物理学博士学位之后,于1997年加入麻省理工学院林肯实验室。作为战术系统部系统和分析小组的一名成员,负责分析有关飞行器生存能力的各种问题,包括评估针对美国空军的各种雷达和红外线传感器系统的性能,以及评估当前和未来的潜在电子攻击以及电子防护技术对飞机构成的影响。他于2002—2009年间担任系统和分析小组组长,负责实验室空军红队飞行器生存能力评估计划中的分析工作,为空军和国防部领导层提供各个领域的系统层级评估,分析主题包含飞机生存能力、电子攻击和电子防护以及多种空军特别项目等。

2009年,费德博士接受了为期两年的《政府间人事法》任务,出任美国空军采购部副部长特别计划办公室首席科学家。任职期间,他对当前和拟议中的空军特殊项目的技术可行性进行评估,指出存在的关键性能力差距,并确定了缩小这些差距的技术发展路线图。他还为几个国防部长办公室的高级专家小组建言献策,协助有关先进飞机生存能力以及电子对抗问题的研究。2011年9月,他返回林肯实验室,目前任空中和导弹防御技术部系统与架构小组组长。他负责各种问题的系统分析工作,从弹道导弹防御体系到美国防空系统的高级技术评估。

第7章
蓝队判研和一个美妙故事

罗伯特·G. 阿特金斯

7.1 前言

学习系统分析的最好方式或许莫过于师带徒,即跟在技艺大师身边工作数年。我在林肯实验室的早期职业生涯中,非常有幸与该领域真正的技艺大师们一起"学习研究"。我对系统分析的点滴心得,无不受益于他们。最初我并没有打算成为一名系统分析人员,我不知是否有人从开始就立志要成为一名系统分析人员,甚至很多大学生根本不知道系统分析人员的工作内容是什么。学术训练,尤其是获取高学历的学习训练,会让学生们更深入、更专注。我也不例外,尽管多年来我一直是实验室的合作教育学生以及暑期兼职。当我以雇员的身份工作时,在追求细节和全新的系统级视角之间取得平衡多么困难重重,我对此记忆犹新。这种解决问题的系统方式变得颇具感染力,令我最终心悦诚服。

我在职业生涯的前10年,有机会接触多种系统分析问题,涉及范围从防空、弹道导弹防御、地面监视到国土保护。后来,我参与了快速制定关键问题解决方案的工作。这一工作旨在针对棘手的军事问题找出可行的解决方案,并在数月内完成这些方案。与传统的国防部采购周期动辄数年形成了鲜明对比。在上述工作中,我们制定了一套方法,统称为"蓝队判研"。蓝队判研与上一章节所述的红队判研为互补关系。红队判研旨在发现相关防御系统中的漏洞和不足,而蓝队判研则为了对现有的防御挑战和难题制定工程解决方案。通过公开流程,重点对存在技术不确定性的创新、建模以及关键性测量等工作,提出并验证解决方案相关概念。当然,系统分析是这一过程的核心。系统分析不仅是为了获得一个解决方案,还要以一种清晰且引人入胜的方式展示这一解决方案,即讲述一个美妙故事。

7.2　美妙故事

每个人都喜欢美妙故事。一些美妙故事使人们永生难忘,甚至可以追忆到童年时代。对有些人而言,这份记忆可能是一个特别扣人心弦的鬼故事:燃烧的篝火发出噼噼啪啪的声响,而说书人在最后一刻用机智的转折呼应了在故事开头抛出的扣人悬念。还有些人对一本好书爱不释手,蜷缩在沙发上直到深夜,一章接一章阅读,欲罢不能。还有些可能是某位亲戚在家庭聚会上讲述的一个故事,他/她的生活充满冒险,似乎总有说不完的趣事。与其他人一样,我也喜欢美妙故事,但我记忆最深的是另种类型的故事。我喜欢作一份好简报。

但愿每个人都有机会去体验这类美妙故事。这不仅仅是平时结构良好且表达到位的简报,而是那些真正出色的简报。从第一张幻灯片开始,人们就被深深吸引住,使人们迫不及待地询问下一个问题;直到翻到下一张才能找到答案。在整个幻灯片中,问题就像是一捆缠绕不清的绳索,而它会在我们眼前将之奇迹般解开,以一种显而易见的方式,揭示答案。它以一种创新的方式,将人们从妥协或无奈的黑暗中解救出来。

令人吃惊的是,这类故事难得一见。尤其令人惊叹的是,这些故事在塑造我们从事的事业中起到多么重要的作用。简报的作用是兜售某个想法或产品,决定企业走向。对大多数人来说,过去在高中辩论队为一个奖杯和一点集体团队荣誉而辩论的时代一去不复返了。相关决策攸关大笔投资,攸关获得还是失去这笔投资。相关决策还关系到战争的成败。而好的故事恰能影响上述决策。

人们回想过去听到的美妙故事时,很容易将一个美妙的故事讲述者与一个美妙故事混为一谈,或把一个难忘的故事主要归功于讲故事的人。显然,故事讲述者作用不可小觑。个人魅力以及与听众之间的交流沟通(也有人称之为临场发挥)很重要。但是,尽管说一个糟糕的故事讲述者可以毁掉一个美妙故事,但即使最优秀的讲述者若是讲述一个糟糕的故事,也只能有平庸的表现。作简报也是一样。缺乏表现力的报告人足以毁掉一个美妙故事,但即使是最优秀的报告人,哪怕状态上佳,一个糟糕的故事也不会讲成美妙故事。

那么,缘何失败的简报比比皆是?缘何众人难以提升讲美妙故事的水平?

最惨重的失败莫过于简报表述了错误答案。有些错误对听众来说过于显而易见，有些错误即便不那么明显，但足以导致听众对整个故事将信将疑。尽管人们都希望这种低级错误事先能被发现并得到纠正，但由于诸多原因，却无法做到这点。第一个常见原因是分析方法不当或数据失误导致整个故事出错。这种失误通常与分析方法关系不大，反而与分析过程中的某些错误假设有关。尤其当报告简述者对问题的了解有限时（或听众对该问题更加了解时），错误的假设就会导致经验欠缺的叙事者最终给出一个肤浅或误导的答案。

很多时候，报告简述者会得出一个错误答案，然而他们对此却浑然不知。这种偏差会时常在不知不觉中出现。叙事者在给出各种选择方案后，他（或她）就会锁定一个自己最钟爱的方案，这种偏爱会蒙蔽他的双眼，让他看不出所选方案的缺陷，与父母对孩子的溺爱如出一辙。更为极端情况是（可能也是更为普遍的情况），这种偏差是有意而为之。叙事人只不过是个推销员，兜售的货物或解决方案是为了最大程度地实现项目或组织机构的利益。叙事人先是假定了正确答案，再试图编造一个多彩的故事予以佐证。听众往往能明察秋毫，看穿橱窗的摆设，找出漏洞所在。在这种情况下，故事讲述者还面临着更大的考验：因为讲述者本人也不真正信服所讲故事，犀利的听众很容易戳穿这种表演。

比错误答案略胜一筹的另一种常见的失误是，通过一种不清晰或不相关的途径给出正确答案。这里存在的问题是无法说服听众。叙事者指着绳子的末端大喊："我找到了！"，但是听众看到的仍是乱作一团的绳子。最糟糕的情况是，传递的信息本身就模糊不清，甚至完全没有任何有效信息。

因此，讲述一个美妙故事的秘诀是避免上述两种错误。整个过程中必须充分理解问题，避免偏见，克服起初知识或信息的不足，并创造性地探寻可选择的解决办法。所有这一切都是为了到达正确的目的地，即正确的答案。叙事人必须对整个过程有充分了解，将之浓缩为一个简单易懂的故事，按照逻辑引领听众到达同一目的地。但是如何才能满足如此之高的标准呢？答案就在于系统分析。

对于简报故事而言，系统分析等同于小说创作。这是一个发现主题、人物和故事情节的过程。其中包括部分研究和部分创新或创造性思维，也包括部分严谨的建模和数学分析以及部分逻辑思维。整个过程清晰明了，然后巧妙地编织成一个富有戏剧性且令人信服的故事。

少数人可能会对这种致胜故事的编写方法有点犹豫。首先，需要拟定"正确"答案。如果这个答案没有提供一种有利可图的方法或没有充分利用你自身特有的业务能力,出于商业动机,可能会对该答案投反对票。其次,这种方法需要运用系统分析。从以上简述来看,好像有些神秘莫测。对读者的这些关注,笔者将一一加以阐述。

首先,系统分析确实更像是一门艺术,而不是科学。系统分析没有任何固定公式。事实上,需要通过系统分析解决的每个问题都具有很强的独特性,最终使之成为一种独特的艺术化身。然而,各类系统分析应用中也有一些属于常见方法和成熟经验,了解它们至少能够消除对系统分析这门艺术的某些神秘感。此外,某些类型的问题适合采用更为公式化的结算方式。其中一类问题涉及对明确定义问题的解决方案提供相关建议,这也将是本文讨论的重点。我将此类问题的解答方式称为蓝队过程。该过程的相关框架和成熟做法至少给出了系统分析所需的初始模板,围绕这一模板可编写出最终的故事。

尽管完善系统分析这门艺术并非一日之功,但能聊以自慰的是,些许的系统分析能力就足以应对许多工作任务。关键需要一个正确的开端并制定恰当的路线图。与计划的执行相比,路线图的设定通常不需要过多人员和时间。事实上,对于大型机构而言,受过高级系统分析训练并具有制定发展路线能力的一组人可以产生显著的倍增效应。从某种程度看,这个精英团体与许多组织机构创建的业务开发部门并无二致,只是运作方式极为独特,即在下述蓝队流程的指导下运行。这一流程的关键在于,蓝队应与组织机构之间保持充分的独立性,以便能够以不带任何偏见的方式寻找答案。

当然,最后这一关注也给我们带来了另一个问题:如果正确答案无法最大限度地符合企业利益,又该怎么办?我在此给出以下两条建议。首先,最好能将赌注押在会赢的马身上,但是退而求其次,如果知道哪匹马不会赢,不在这匹马身上下注,也是不错的选择。商业策略不仅涉及如何押对赌注,而且还要明白如何避免与企业的资源和能力不相匹配的问题和市场。因此,本文提出的系统分析方法可以事前更好地确认获胜方,使企业了解其与获胜方法之间存在多大差距,以此协助战术和战略决策。

其次,这种系统分析方法如果运用得当,就能获得相应的竞争优势。许多时候,系统分析所提供的清晰洞察力能令人了解可能会出现问题的领域,以及未来需要何种资源、能力或方法。那些不曾进行过清晰而不偏不倚的系统分析的竞争对手,通常难以获得上述洞察力。随着时间推移,对具有洞察力的机构而言,令人猝不及防的问题会越来越少,即便出现问题,亦有充分的预案准备。

本章旨在详尽阐述系统分析这门神秘艺术,并为读者提供一些必要工具,以引领他们走向成功之路,乃至辉煌之路。当然,和许多事物一样,在系统分析中,任何东西都无法替代经验。阅读一本高尔夫球运动方面的好书并不代表你可以成为一名职业高尔夫球手,但对于一位高尔夫新手来说,一定不无裨益。本文的目标也在于此。为了进一步加强早期改进效果,本文讨论的重点将围绕蓝队方法论。对于某些问题而言,蓝队方法论可被视为运用指南,以便简化整体系统分析方法。

7.3 蓝队判研的威力

在数年前某个星期二的下午,我坐在自己的办公室,像平时一样浏览电子邮件,此时我接到了一位同事的电话。近日她接到了一位 X 机构管理人员的来电。这家大型机构正面临着紧急状况,一个我称之为"大海捞针"的问题。他们需要一根特殊的针,以便能在一个复杂的大背景(大海)下能被辨认出来。显然,X 机构向我们寻求帮助,就是要我们在大约一周内找出解决方案。这家机构拟定的时间表,我一笑置之。当我意识到同事并非戏言时,我表示会尽力帮忙。这个问题中涉及的这根针以及如何找到它,我知之甚少,但是这个问题听起来很有趣。有趣的问题总是能引发我的好奇心,因此"蓝队"主动投入到这场危机。

我很快发现,X 机构并不是只向蓝队寻求帮助。它们还联系另外两个团队,在此姑且将其称为典范之针和"R"之针。如你所料,这两家竞争对手对针都了解颇深,据悉是寻针专家。事实上,他们中至少有一家从事该领域的具体问题研究已颇有时日。

尽管如此,上述两个团队的观点截然不同。一直致力于该问题研究的"R"之针认为,该问题几乎不可能解决。他们的分析表明该问题难度颇大。基于分析结果,他们建议 X 机构用更大"武力"解决这一问题,但实施代价高昂,且会衍生出一系列其他问题。

相反,典范之针则认为问题十分简单。他们提出不仅能解决这个问题,而且还能解决一系列更棘手的问题。他们为此组织了一场论证会,邀请了"R"之针和蓝队共同参加。这次论证糟糕透顶。典范之针无法表现出他们有任何寻针能力。但重要的是,这次论证为蓝队提供了一次深入了解问题实质的机会,推动了蓝队分析流程的启动。

大约一周(或两周)后,蓝队给 X 机构作了一次简报,给出了正确答案。这次成功的简报,不仅弥补了典范之针与"R"之针之间的差异,同时还提出一个可行的解决方案。蓝队克服了最初在该问题上经验和知识的欠缺,迅速成为同行中的领导者,而上述两个团队基本上被淘汰出局。按照我们提供的解决方案,蓝队最终获得了实施和测试的机会。在这个故事中,蓝队获得了最终胜利,成为了英雄,同时成功帮助了 X 机构。

在此,让我们讨论一下蓝队如何针对上述问题找到了一个成功的解决方案。这个过程恰是实至名归的蓝队过程。如图 7.1 所示,该过程中包含了若干步骤。通过对这些步骤的分析,你会发现解决方案的一些通用开发流程。整个过程可分为两大部分:了解问题和找出解决方案。第一部分要理清待解决问题的详细内容,并掌握解决方案面临的各种可能障碍;第二部分即对各种备选方案的可行性进行创新性评估,即从物理学或工程学角度以及客户可用资源的角度,评估方案的可行性。

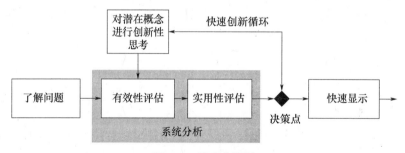

图 7.1　蓝队流程图

乍看之下,上述步骤可能与解决问题普遍方式并无差异。蓝队过程到底有什么独到之处呢? 正如通常情况一样,关键是细节。良好、平庸与欠缺之间并不存在难以逾越鸿沟。正是每个步骤每个细节的完美整合,才赋予蓝队过程如此强大的能力。

此外,形成解决方案的第二部分似乎才是蓝队过程中的关键所在。这一部分确实更具创造性。大多数擅长解决问题的人,喜欢头脑风暴并锻炼自己的创造性思维能力。然而,在找到创新解决方案之前,整个过程可能会在问题形成阶段出错。充分了解问题不仅能够为研究指明方向,而且还能提供一些关键性细节,是创新思维的素材。鉴于此,本章以下部分将着重说明如何建立一个良好开端——如何了解问题是成功解决问题的关键第一步。

7.4 了解问题

整个过程的第一步看起来似乎应顺理成章,但对于许多问题,这恰是最艰难的一步,其中充满各种陷阱,令你误入歧途,并令蓝队分析整个过程偏离正轨。在这一阶段,蓝队了解所提出的问题,并加以梳理。在此阶段,常常需要开展背景研究以充分了解问题提出的背景,例如曾进行的相关研究或思考,甚至包括如何定义成功。这一步通常包括询问各种问题,被询问者应该是最了解情况且是解决方案的最终实施者。因此,这一步骤与营销部的市场调研有许多相似之处,市场调研的目的是为了确定新产品能满足哪种市场需求,以及新产品存在哪些替代品。然而,这种了解问题的典型市场营销过程失败率极高。克里斯坦森[①]指出:"每年有3万种消费产品上市。但其中90%以上都以失败而告终,而在新品上市之前,市场营销人员均已耗费大量财力以了解客户的需求。"他继而假定,导致这种情况原因是市场营销人员没有正确了解消费者购买产品的"用途"。例如,在一个著名案例中,一家快餐店为提高奶昔销量进行了各种尝试。这家快餐店作了广泛的客户调查,调查主题是客户希望奶昔口味有何种改善(例如,浓度再大一些,多点巧克力味,等等)。此后快餐店进行了相应改变,但奶昔销量并没有见长。相反,当询问顾客购买奶昔的目的时,快餐店对问题有了更深入的理解。调查发现,40%的奶昔销量发生在早上,大多数购买者是上班通勤族,他们要经历漫长而无聊的通勤路程,而且通常在半上午会有饥饿感。奶昔正好满足了这种需求。它的黏稠度适中,通过小吸管吸食很费时间,在通勤旅途中这恰是一种有趣的消遣。通勤者还可以单手吸食奶昔,另一只手开车。它还能填饱肚子,解除半上午的饥饿感。了解到上述目的后,对奶昔产品便能采取更有利的改进措施。例如,增设自动贩卖机,加快赶班车的顾客购买奶昔的速度,或者在奶昔中加入小块水果,为奶昔增加一点乐趣,使通勤旅途不再那么无聊。

在奶昔案例中,启动蓝队分析过程时如果没有了解用途,接下来的创新举措往往会走向错误的方向。在某些案例中,假定的问题是完全错误的;还有些案例中,假定的问题要比实际问题容易得多或困难得多。其中一类典型的错误,即沙袋错误。此类错误是指相关问题被曲解为一种更简单且不切实际的

---

① C. M. 克莱顿(C. M. Christensen)、S. 库克(S. Cook)和 T. 霍尔(T. Hall):《品牌价值和颠覆性创新》,出自《哈佛商业评论》,2005年第12期第83卷。

问题;而实际问题则困难得多。这种错误一般出现在对事情认知不足的情况。分析人员设定了一系列定义,最终得出的结果往往要比实际问题更简单,忽略了各种现实存在的制约条件。我有一位为军方工作的同事,曾经分享了他在图像上自动识别军事目标方面的经验,也许是上述错误的最好诠释。他给我展示了停泊在野外草丛中各种军用车辆的图片,利用其技术顺利识别了一辆辆车。在对他的技术表示赞赏之后,我情不自禁提出一个问题:实战中,是否很容易辨别隐蔽在草丛中的车辆? 不出所料,答案是不容易;现实情况是,车辆通过各种手段进行隐蔽。同样不出所料的是,向我展示的这项技术实战中表现欠佳。上述给出的目标问题是"如何才能识别出军用车辆?",但是完成的却是上述问题的沙袋版本:人们没有认识到现实中上述问题存在的挑战性(或人们忽视了这种挑战性)。

当然,某些情况中,当实际问题难度过大、无法直接加以解决时,第一步可人为引入一个较为简单的沙袋问题。尽管这种方法有时可行,但应注意,不能回避现实问题,或者不要选择一条死路,即在解决现实问题时必须放弃的那条路。在较为简单的第一步,必须着手处理一些令现实问题看起来难以解决的因素,才能使这一手段发挥最大效能,否则就难以取得实际进步。

与沙袋问题相对的是"热雪荷载"错误。这个错误是指夸大了实际问题的难度。这种失误通常仍归咎于分析人员了解的信息太少,对所述问题设想了可能发生的各种情况。然后,分析人员针对可能发生的各种情况试图寻找一种通用的解决方案。事实上,许多假设的情况对用户来说并不重要或极少发生,因此没必要予以考虑。例如,爆胎问题,你可能不仅担心有一个轮胎爆胎,而且还考虑在去修理第 1 个爆胎的路上存在第 2 个轮胎爆胎的可能性,或两个轮胎同时爆胎的可能性。你甚至试图证明这些考虑的合理性,设想了一旦发生上述情况的各种场景。事实上,尽管存在上述可能性,多数司机也不会考虑准备两个备胎从而牺牲货运能力,亦不会使用自助补胎工具更换备胎,虽然这种工具实际上可以修补无数个爆胎。针对这一问题,他们认为仅需考虑一个爆胎即可。在此类问题中,判断哪些情况重要和哪些情况不重要并非难事;你只需询问司机,他们就会告诉你。将问题涉及范围设定过大的错误,只会在分析人员缺少询问的情况下才会出现。

更棘手的情况是,用户表达出希望处理各种情况(包括极少发生情况)的愿望。用户可能已对问题有了充分了解,并充分思考了各种情况。尽管有些情况发生的可能性极小,但一旦发生,就会付出高昂代价。例如在上述爆胎案例中,如果在无法取得救援的偏远荒野地区使用车辆,为应对极端情况,相关需求就可能发生改变。在此情况下,将多次爆胎纳入考虑应该有其合理性,同时也是客户的现实需要。然而许多情况下,用户要求知悉各种无关因素,表明用户根本不了解自己的问题。用户如果不了解哪些情况重要,自然会要求知悉所有情况。这样就增加了问题的难度,因为此时分析人员不仅需要自己明确问题,而且要帮助最终用户了解问题所在。除非存在一种应对各种情况的简单解决方案,否则分析人员必须判断哪些情况重要,并在后续步骤中解决重要情况,以免使问题过于复杂化。分析人员必须能向用户说明缩小问题范围有令人信服的依据,否则你提供的解决方案可能不会被客户所采纳。在对上述情况进行分类时,真正的难题不是上述案例中用户对无关情况的询问,而是重要的情况有时表现得却不那么明显。通常在进入创新阶段以后,才发现问题涉及的范围过大,以至于难以得出一个合理解决方案时,才重新回到问题定义这一步,研究这种广度是否必要,或针对缩小后问题提出的解决方案是否能够接受。因此,许多时候,为了实现蓝队过程,系统分析中一个非常重要部分是了解一个现实问题的实际内容,并向没有充分了解问题的用户清晰阐述该问题定义的依据所在。

另一个导致问题定义难度过大的重要情况是,用户虽了解问题但却选择增加并不重要的附加需求,因为他/她不清楚这些需求需要多大的成本,或者是追求完美的解决方案。对第一种情况,用户仅仅天真地认为满足所有有益的但无关紧要的要求并无不妥,并抱有"为什么不十全十美呢?"的态度。对后一种情况,用户类似于买车顾客,更关注奢华车或运动型车,在展示厅参观过后会带回全车系中最高端的那款车型。在城里办事或是去学校接送小孩,并不需要用到加热真皮座椅和运动车饰,但是购买者却爱上了这款花哨的车型,所有不必要的选项则变成了无理要求。只要购买者有能力承担,购买金质餐具并无不妥。但普通人还是需要了解自己是否真正需要以及什么才是我们的真实需求。伏尔泰曾经这样说道:"好的反义词是完美"。在许多问题上,分析人员要向用户解释为什么没有充足的技术或资金去做到"最好"。通常80%的解决方案既已足够可行,并且是可以做到的,获得100%答案所花费的成本、努力、风险和技术要远高于80%。分析人员的困难在于如何确定这80%的构成内容,并说服用户接受不太豪华的车型。

最后一类值得一提的错误,我将其称为问题平淡的定义。正如上述许多案例所示,这种错误源于缺乏详细的信息或对实际问题缺乏了解,但是这种缺陷在此处是一种模糊的描述。这种错误对后续创新阶段的影响是极大拓宽了问题的定义,继而出现同样的难题。但是,平淡或模糊的问题描述还会造成另一个问题;如果缺乏细节,则几乎无法为创新思考过程的开启提供助力。某些细节描述有利于引发创新,而平淡的问题描述中则缺少这类抓手。例如,请思考如下两者的区别:"解决饥饿"以及"在某个夏季意外遭受旱灾的地方解决饥饿"。在后一种情况下,你可能已经想到:"如何才能利用其他灌溉资源呢?"或者"是否能够安排运送一些食物来熬过这个夏天,直到降水增多月份的到来?"反之,在第一种情况下,你可能会想:"我到底该从哪里入手呢?"事实上,在创新解决方案时不清楚从哪里入手,这恰说明了你对问题的定义平淡模糊,需要挖掘更多的细节以更好地描述真正的问题。当然,也许有人真正让你思考世界饥饿这一问题,但即便如此,你在开始构建新的解决方案之前,仍会希望了解更多有关信息(例如,导致饥饿的原因是什么,有多少人饱受饥饿折磨,以及目前已采取了何种措施以抑制饥饿等)。

造成上述各种错误的一个常见原因是缺少问题的相关信息、详细内容或对其缺乏足够了解。只要多问问题就可以避免出现上述缺陷,似乎就是这么简单。然而,现实中与最终用户的互动几乎不会如此直接简单。例如,在大多数商业经营环境下,市场营销部门负责与客户互动沟通和询问问题,而负责开发新产品或解决方案的团队则会听取市场营销部门转化过来的客户想法。用户与分析人员之间存在着一层或多层传译解读,从而导致实际问题被严重曲解。以一个简单的儿童游戏为例。几个小孩子排成一行,一位大人在第一个孩子耳边悄悄说一句话。然后,第一个孩子再将这条信息悄悄说给第二个孩子,以此类推,直到传到最后一个孩子。然后,最后一个孩子会大声复述出他/她听到的这句话。几乎可以肯定的是,这个复述极度曲解了原来的那条信息(很好笑)。只要几个孩子互传,即可使信息失真。尽管在这种游戏中大人比小孩也许表现得更好,但是转达自己并不了解的事情,仍然存在一定难度。在很多情况下,用户和分析人员之间的信使并没有充分了解问题,或至少对问题的了解程度不足以令分析人员满意。即使信使能正确复述用户所描述的问题,但仍无法做到回答分析人员后续可能的提问。因此,信息传递者在信息不足的情况下描述相关问题,并将错误描述转达给分析人员。避免这些问题的关键是让分析人员与问题提出者直接沟通。尽管这种直接沟通的好处显而易见,但实际中却很少有人采用这种方式。

除直接沟通外,还有一点也很重要,即在蓝队分析过程中始终保持沟通。尽管图 7.1 中只显示了前两个步骤(如了解问题和创新解决方案)之间的线性过程,但实践中产生的迭代过程要比图示的复杂。正如以上所述,在整个蓝队流程中,经常需要重新回到了解问题这一步,必要时调整问题的范围以实现解决方案。或者重新了解对特定解决方案的实施变得更为重要的问题的细节。

在许多情况下,实用性问题会进一步迫使人们重新回到系统定义这一步骤。尤其针对高科技问题,分析人员通常会关注解决方案中的技术层面,无论这种解决方案在理论上是否可行。在此类案例中,用户自身的制约条件决定了某个解决方案的采纳与否,至于该方案是否真的可行,却不予过多考虑。这些问题同样是问题定义的一个组成部分,但是除非已经准备好了候选方案,否则很难回答有关这些方面的所有问题。因此,只有当分析人员与用户就具体方案进行交流沟通后,才能对问题有更多的了解。

7.5　小结

好的故事具有强大的力量,逻辑清晰且具有说服力,但是首先它们应传递正确的信息。由于需要统筹考虑各种复杂性、制约条件和偏见,获取正确信息并非轻而易举。为得到一个令人信服的正确答案,人们并没有任何死板公式可用。但是对某些问题,蓝队分析过程提供的这种指导思路至少可以令我们保持在正确的轨道上。这条轨道应始于对问题的详细了解。本章重点讨论了第一个步骤,这也是人们最容易犯错的一步,这类错误会导致后续研究偏离正轨。完美的系统分析过程才能引导听众发现正确答案。

▷ 作者简介

罗伯特·G. 阿特金斯是麻省理工学院林肯实验室的先进技术部主任。在担任该职之前，他还先后担任过情报监视侦察和战术系统部副主任、国土保护和战术系统部副主任、先进能力和系统小组组长等职。

起初，他以合作教育的学生以及防空技术小组研究助理的身份在实验室工作，专注于研究电磁散射建模以及雷达散射截面预测。完成博士学位后，他成为林肯实验室的一名技术员，于1999年担任系统分析小组副组长，2000年出任传感器开发利用小组副组长，后于2003年返回系统分析小组。

阿特金斯博士在雷达散射截面建模、自动目标识别以及防空和地面监视系统的系统分析等领域拥有丰富的专业知识。目前他正致力于领导零部件以及子系统颠覆性技术研发工作，为各种重大国防挑战提供可行的新一代系统级解决方案。他拥有麻省理工学院电气工程专业学士、硕士和博士学位。

第8章
真相和系统分析

艾伦·D. 伯纳德

　　不管你是在研究什么问题,还是在思考任何观点,只要问问你自己,事实是什么,以及这些事实所反映的真相是什么。永远不要让主观愿望或良好的社会动机左右自己的判断,而是要纯粹地审视事实是什么。

　　　　　　　　　　　　　　　　　　　　——伯特兰·罗素,1959 年

8.1　简介

　　1972 年,我开始了在麻省理工学院林肯实验室的第一份工作,从事飞行测试研究,并对以马赫数 23 速度进入地球大气中的物体周围环境进行建模,这已经是多年前的事情了。这份工作与我的物理学专业背景完全契合。当我开始从事系统分析研究时,我发现几乎无需使用到我在学校学习的各种数学和物理学知识,这令我非常震惊。尽管在系统分析中通常需要具备深厚的数学背景,但大多数实际系统分析过程仅需用到代数学或初等微积分知识。对拥有数学高等学位的自己,却用加减法、代数和微积分知识去分析问题,连自己都充满好奇。就在那时,我偶然发现了一本书,书名为《生命中不可错过的智慧》,这种情感是如此真实,可能里面确实存在一定道理。

　　核心在于,系统分析不仅仅是计算变量和逆矩阵,还需要思考。为解决定义模糊的问题,需要大量的技巧和流程,这些均无法事先作出预测。系统分析是对所关注的、重要的、可以解答的问题进行定义:这绝非易事。一旦获得了结果,你还需要勾勒一个故事,以一种连贯、容易理解且令人信服的方式呈现调查结果。

最后,你会希望同时听到"这看起来并没有那么难"和"这就是理所当然答案"这两句话。有了这些,你就可以宣告大功告成了。

那么,系统分析人员的招聘广告可以这样写:"需要数学、物理学、工程学和政治科学等专业的高等学位(尽管不怎么会用到相关知识)。需要花费较长时间解答那些不确定且似乎无解的问题。会发现投资方、利益相关方自身所在的管理层存在分歧,付出额外努力所得到的回报几乎微不足道。"这种描述看起来并不像是诱惑一流人才加入,也不像是一条晋升之路。然而我注意到,迄今为止,我所领导的系统分析小组已为实验室培养出了 8 位小组组长和 3 位部门领导,算上我本人就是 4 位。林肯实验室似乎发现系统分析是训练管理的一种好办法。大西洋理事会的史蒂夫·古德曼则认为,这是最有价值的一种训练方法,他表示:"与发现一名好的系统工程师相比,建造一座工厂要相对容易一些。我不确定的是,这种观点在 20 年前是否会像如今这样被广泛认同。"

8.2　真相和系统分析

系统分析作为一门学科,旨在从迥然不同并且定义模糊的数据中发现主要"真相"。我的经验是,系统分析人员的主要任务便是找到这些真相。在某些组织机构,系统分析部门是市场营销臂膀。如何对各种市场营销手段进行权衡与保持系统分析的客观性,两者都值得进行深入研究。

在林肯实验室,系统分析这门艺术已得到了进化发展,并拥有各种重要特性。

第一,系统分析应该讲述一个有始有终的连贯故事。故事的开头说明我们为什么关注以及我们正在讲述的是一个什么故事;中间部分叙述我们研究方式与研究发现;结尾部分则论述整个故事的意义以及我们为何应该予以关注。

第二,分析需要有透明度。我们不仅应该能看到结果,而且应了解导致结果的原因。因此一些分析人员对大规模的计算机模拟运算持正当的怀疑态度,因为这些模拟模糊了内在的分析工作过程。

第三,分析中使用的模型应与可验证的测试数据相关联。当没有此类数据时,应建立测试程序,这是进行有效的系统分析的重要基础。正因如此,林肯实验室分析和测试这两门学科之间才会频繁地进行人员交流(本书的其他作者均强调了验证的重要作用)。

第四,在进行分析时,不仅仅是对事实以及数学运算的正确处理;分析所获得的调查结果应有助于揭示有关"真相"。这种对真相的渴求,是思考和判断遇到的最大困难,也是本文的叙述重点,即在探索真相的过程中辨别虚幻真相所应遵循的原则。

8.3　客观性

世界上有三种谎言:谎言、该死的谎言和统计数据。

——马克·吐温

一个首要问题是,在探索真相的过程中系统分析作用何在? 除排除谎言之外,能做的还有很多很多。除彻头彻尾的谎言外,整个骗局还可包括真相、一半真相、不经意的谎言乃至善意的谎言。

每位系统分析人员都力求以一种自己中意的主观视角去描述产品;但是,人们需要对每位分析人员的实际客观性加以评估。这并不是说分析人员实际上在撒谎;根据我的经验,在系统分析研究界公然撒谎是非常罕见的。但仍存在两类谎言:隐瞒和有意遗漏。系统分析人员很少会承认自己进行了隐瞒;他们讲述的故事通常为事实,但也许并非是全部事实。毕竟,系统分析就是一个讲述故事的过程:通过讲述故事,帮助读者了解复杂的多维问题,但通常都会陷于惯性思维的泥潭。

根据我对众多系统分析人员的成果的观察经验,通常系统分析不属于谎言范畴,但也许并非全部指向事实真相。我们将通过部分示例,阐释这种对真相的延伸,并通过我们观察到的一些事实,帮助揭示故事背后的真相。

通常谎言甚至弥天大谎的出现本质上并非是为了欺骗,而是由于系统分析人员不够勤奋:往往仅解答了客户所提问题,而非应该解答的问题,或是作出的假设歪曲原有意图,甚至对结果的解读方式误导了人们得出真实的结论。上述缺陷几乎足以导致错误结果,而不是人为的谎言,因为按照定义,谎言是在无视事实的情况下陈述某件事情,并企图让人们信以为真。

在接下来的内容中,我们将阐述系统分析中使故事偏离真相的某些问题。并从以下三个方面加以论述:提出的问题、作出的假设以及所讲述的故事。

8.4　问题

要找到确切的答案,首先必须提出确切的问题。

——S. 托宾·韦伯斯特(S. Tobin Webster)

系统分析人员讲述的故事通常是对某个问题的回应,或者故事本身就隐含了其欲回答的问题。至关重要的是,相关问题正是人们需要了解的问题,且通过详细的系统分析可以给出合理答案的问题。通过评估武器系统过程中出现的几个示例,我们对问题的重要性加以论述。

8.4.1 战斗机的比较

如何对比外国战斗机(我们将之称为红队战斗机)与美国当前空中优势战斗机(蓝队战斗机),这一问题无疑对美国空军极为重要。在所进行的分析中,蓝队战斗机的表现并不十分出众。分析人员对战斗机的各项属性进行了研究,并对每架战斗机的特性进行了如下评估:

(1)最高时速:对于介入和脱离战斗而言很重要。

(2)最大雷达显示范围:对尽早探测而言很重要。

(3)武器荷载:对获得多次射击机会而言很重要。

(4)最大高度:对获得"击落目标"的制高点而言很重要。

(5)转弯速率:对于避开导弹以及进入开火区域的战机机动而言很重要。

与蓝队战斗机相比,红队战斗机的最高时速更高,且其雷达可探测距离更远的目标。红队战斗机携带的武器更多(机体更大),并可以保持一个较高的飞行高度。但蓝队战斗机的持续转弯速率远远高于红队。因此,我们可以看出,除了最后一项转弯速率,红队战斗机80%的参数"获胜",一般认为拥有更高的性能。那么,在回答"在上述五项特性中,哪种战机表现更好?"这一问题时,我们应该诚实回答,红队战斗机表现更好。

如果进行空战分析,可能故事的发展另有不同。分析发现,最高时速并不是衡量战斗机性能的一项有效指标。战斗机很少在最高时速飞行状态下交战,因为补燃器会消耗大量燃料,反而会在跨声速以及中空飞行状态下交战。最大雷达显示范围并不代表最大探测范围,后者是一项更为重要的衡量指标。武器的作战范围可能比携带的武器数量更为重要。因此分析人员可能选择另外5项作战指标:

(1)最大跨声速加速度:对于近距离作战而言很重要。

(2)最大雷达探测范围:对于尽早探测而言很重要。

(3)最大武器作战范围:对于首杀而言很重要。

(4)最大武器荷载:对于获得多次射击机会而言很重要。

(5)最大转弯速率:对于近距离作战而言很重要。

根据这一衡量标准,除最大武器荷载以外,蓝队战斗机有80%的参数胜出,因此被认为拥有更高的性能。

如果将问题改为"哪种战斗机作战性能更好?",人们当然会使用第二个包含作战性能的典型列表。因此,通过对问题的细小改动,就能给出一个符合提问者真实意图的答案。并且,答案接近"真相"。事实上,蓝队战机确实要优于红队。而随后两种战机之间的交战记录也为上述观点提供了更有利的佐证。蓝队战斗机拥有较好的作战相关特性,其在实际作战相关交火率方面有优越性就是明证。

8.4.2　先进战机损耗率

当人们刚刚提出隐形这一概念时,林肯实验室获得任务,要求计算隐形战机面对未来防空系统时的预计损耗率。这一分析过程涉及大量的建模。我们需要对未来20年可能出现的各种威胁进行假设。对防御地形建模,以确定雷达信号与地面之间的交互作用对雷达造成的干扰,并改变雷达通过空间的路径信号传播。将未来地空导弹(SAM)系统能力作为先进战斗机的能力,对其进行建模。然后,将上述所有建模结果整合到一起,以确定隐形战机的预计损耗率。

上述分析最终得出了一系列图表,说明飞机在受到各种威胁及执行各种任务情况下的损耗率。令人惊讶的是,先进飞机在面对未来高级威胁下完成任务时将面临相当大的损耗。我们进行了数学计算核查,并没有发现任何错误可解释这种作战时预计造成的大规模消耗。

当然,回顾一下前述的讨论点,我们怀疑这是否为事实的真相。幸运的是,我们的建模过程坚持了公开透明的原则,因此可以轻松核查所有建模效果,以了解它们对总体结论的影响。

为验证我们的分析,我们查阅了近年来先进飞机和传统飞机在对抗当代防御系统的作战中实际达到的性能。我们发现自己大大高估了防御系统对作战飞行中的实际传统飞机型号的作用!先进战斗机在面对这些实际防御系统模型时损耗非常少;然而,由于模型并没有适当给出传统飞机的已知损耗量,所以在设定飞机对抗当代或未来防御系统的损耗量时,模型看起来并不可靠。我们所能看到的是,对抗任何假设的防御系统时,先进飞机的生存能力要远大于传统飞机。

在所谓的防御杀伤链的每个阶段,防御系统都要连续取得成功。防御系统中如有任何阶段存在缺陷,都会削弱防御系统的有效性。如果忽视或降低模型中存在的这些缺陷,将会令建模结果出现偏差,夸大防御系统的能力。由于人们(包括防御方)对防御系统存在的各种缺陷了解不够全面,通常会导致在分析中夸大防御系统的能力。这种效应常被视为战争迷雾,正是我们无法对过去的作战历史作出预测的原因所在。

我们遇到的一个示例是地空导弹宣称的效果值与作战结果之间存在差异。人们普遍认为,地空导弹系统具有较高的单发击杀概率(P_k)——一项由系统飞行测试生成的数值。该数值随系统不同而有所变化,但是一般认为大于0.5甚至常常高达0.9。即便一个系统处于上述值的下端位置,发射两枚导弹亦可补偿这一缺陷。两枚0.5 P_k导弹(假设误差之间彼此独立[①])将构成0.75的P_k,而两枚0.7导弹则构成0.9的命中率,两枚0.9的导弹将构成0.99的命中概率! 因此,只要简单选定假设的P_k值,便能得出较高的命中概率。

然而实战数据却呈现出另外一幅景象。在巴尔干战争期间,塞尔维亚人向联军部队发射了815枚地空导弹。基于上述P_k值,联军被击落飞机数量应该在 $407(P_k=0.5)$ 和 $734(P_k=0.9)$;但事实上却只有2架飞机被击落,整体P_k为0.002! 这与宣称数值相去甚远。

P_k值不是静态数值,而是会随战术和设备的不同而变化,从而增大了系统分析人员的工作复杂性。例如,越南战争期间,美国学会对抗地空导弹系统以后,P_k值发生了急剧变化。"滚雷"行动期间,导弹的P_k值为0.092。在后续的"后卫1号"行动期间,P_k值为0.016,而在"后卫2号"行动期间则为0.014。

最终,我们承认无法将每种可能削弱防御系统能力的微小因素均纳入考虑,因此实在无法解答所提出的问题。我们转而解答一个新问题:"与传统飞机相比,先进飞机生存能力如何?"通过对各飞机谨慎建模,并对其特定能力制定的战术进行优化,这个问题是可以求解的。假定条件是,尽管实际算出的损失率可能不正确,但仍可以进行相对性能对比。我们使用这种方法得出的结论是:先进飞机的生存能力要远远好于传统飞机。

8.5　关于假设

欧几里得告诉我,没有假设就没有证据。因此,在任何讨论中都要核查假设。

——E. T. 贝尔(E. T. Bell)

---

① 尽管高斯分布与独立性的推定经常错误百出,但因为这类推定过于常见,一般情况下人们并不会进行脚注。本书为了完整性,我们特提醒读者注意那些重要的常见错误。

有一位从事金融事务的专家朋友曾告诉我,要看懂一份损益表,应该首先看懂脚注。所有事实真相都在这里。同样道理,欲了解各种系统分析,应该首先查看假设条件。我们常常开玩笑说:"系统分析人员除责任以外,会对一切事物进行假设。"当然,我们知道真实情况并非如此。但正如各种箴言所述,陈述中总蕴含着某种真相。以下示例表明对假设条件核查的重要性。

雷达覆盖范围示例

评估雷达能力时,便捷的方法是展示一张雷达覆盖示意图,仅显示雷达具备特定性能水平的位置,在高度－地面范围图中为一条曲线,如图8.1所示。可以看出,在10kft高度飞行的飞机被探测范围为180mi,而在40kft高度飞行的飞机(被探测范围)则为170mi。还应注意到,在60kft高度飞行的飞机根本无法被探测到。根据此图可以推断,如飞机需要穿越防御系统上空,飞行高度超过防御系统的能力具有非常大的价值(这种情况下即指防御系统的监视能力)。假定人们无法探测到高空飞行是人们期望部署U-2飞机的原因之一。

在人们坚持认为飞机在特高空飞行时需要使用大机翼之前,让我们核查一下我们的假设条件。图8.1中隐含一条注释:曲线代表的是P_{DSS},或单次扫描探测概率,该值为0.5。此值表示,曲线内部P_{DSS}高于0.5,而外部要低于0.5,但无需到零!

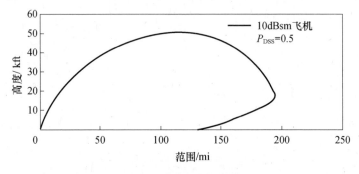

图8.1 高度与地面范围

图8.2显示除P_{DSS}为0.5曲线外,还有P_{DSS}为0.9和0.1的曲线。如果核查其他P_{DSS}数值,如图8.2所示,我们会发现飞行高度60kft、探测距离180mi的飞机P_{DSS}值仅约为0.3,(约在0.5曲线和0.1曲线之间的中间位置)(相比之下,在40kft高度飞行时P_{DSS}为0.5)。这种情况下,探测概率较低,但肯定不会是零。

另一个更有用的衡量指标可能是累进侦测概率,表示飞行器在进入某一设定范围之前被探测到的概率。图 8.3 显示了飞机在每小时 500mi 飞行时的累进侦测概率。通过核查这一累进侦测概率发现,2 ~ 6kft 和 60kft 高度之间实际差别不大,用单次扫描指标 P_{DSS} 为 0.5 表述雷达覆盖范围的假设极不理想。

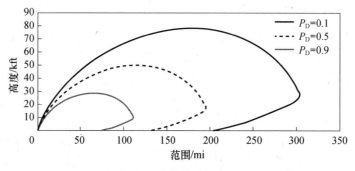

图 8.2 多次侦测概率 P_D

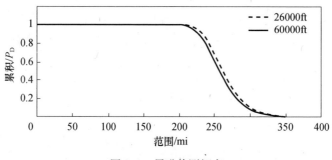

图 8.3 累进侦测概率

人们还对飞机的雷达反射截面(RCS)进行了进一步假设。如果将该值从图 8.1 中设定的 $10.0m^2$ 改为 $1.0m^2$(或许是巡航导弹而不是有人驾驶飞机),那么雷达探测距离则为 80mi,而不是先前估计的 180mi!

由此可以看出,修改假设条件,可以改变图表结果。我们需要做的就是确定什么样的假设条件比较接近真实,这绝非易事!如前所述,人们所进行的假设必须反映真实,同时提问者的角度也很重要。例如,如果对上述雷达在预警任务中的表现进行评估,那么对敌方飞行器的探测范围概率为 90% 可能是恰当的。如果问题是敌方雷达对我方飞机的探测能力,那么探测范围概率为 10% 可能是恰当的。这两个数值反映了防御者(需要高防御概率)和攻击者(需要高穿透防御概率)的不同视角。

8.6 考虑敌方反应

每一个作用力都有一个大小相等、方向相反的反作用力。

——艾萨克·牛顿（Isaac Newton）

许多情况下，我们从不同的任务目标和军队规模方案中，确定我们当前或未来武装力量配置，并衡量其有效性，以此作为研究任务的结束。然而我们常常忽略了敌方会对我们的方案作出反应，从而改变各种推算结果。这种反应可能是间接的，也可能是不对称的，弹道导弹防御系统即是一个例子。在此案例中，敌方存在几种攻击方式，每种攻击方式都会引发不同结果，同时防御系统可以以不同方式作出回应，同样会改变结果。

弹道导弹防御资产部署的价值，通常被认为增大了攻击方部队的"成本"。在某些情况下，攻击方军队的规模足以进行饱和攻击或压倒防御系统；然而，弹道导弹防御系统也许会令此方式的成本高到无法承受。弹道导弹防御系统对攻方造成的成本可以表示为，与没有弹道导弹防御系统相比，实现同样结果所需的额外攻击导弹的数量。我们将在下一小节中探讨这种成本如何随敌方对部署作出的反应而出现的重大变化。

8.6.1 导弹防御示例

为阐述作用与反作用的重要性，我们将考虑弹道导弹防御系统的一个特殊角色：保护己方弹道导弹（例如放置在"坚固"发射井内），以威慑敌方。我们假设弹道导弹防御系统保护 10 枚弹道导弹。那么，在理想情况下，如果没有弹道导弹防御系统，攻击方要耗费 10 枚弹道导弹去摧毁我方隐匿的弹道导弹（图 8.4）。如果防御者希望改变这种情况，则其可以采用弹道导弹防御系统，迫使攻击者配置更多的导弹，使攻击代价极为昂贵，从而不再作为合理选项。

初期的防御系统可包含 10 枚位于两处拦截基地的拦截导弹以及引导防御拦截器的两部雷达。现在，防御系统可以为每枚弹道导弹分配一个拦截器，保证在遭受攻击之后所有导弹均能生存（再次假定为理想系统），攻击者除因为发射 10 枚攻击导弹极度激怒防御者以外一无所获。

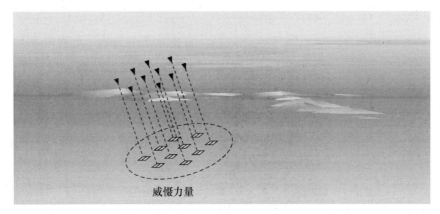

图8.4 针对弹道导弹的攻击

在此情况下,攻击者意识到图 8.5 所示形势,可将攻击规模增加至 20 枚导弹。上述防御后,还有 10 枚导弹攻击和摧毁防御者所有的导弹,从而达到防止反击的目的。在此情况下,可以认为弹道导弹防御系统耗费了攻击者 10 枚导弹(20 枚导弹减去无防御条件下所需的 10 枚)。

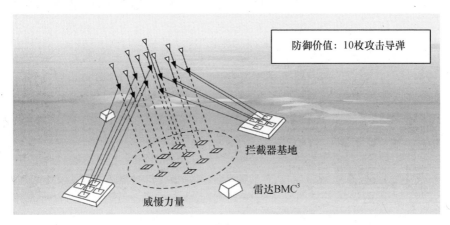

图8.5 弹道导弹防御(BMC[3] 指战场管理、指挥、控制与通信)

8.6.2 优先防御

上述情况假设防御者没有作出战术反应。然而,防御系统无需进行全面保护,可以优先保护一半甚至一枚导弹,就能保留有反击力量。防御者可以保护其一半导弹,其中每一枚导弹带有两枚拦截器。这种情况下,攻击者不得不使用 3 枚导弹攻击每一枚受到保护的导弹(2 枚攻击拦截器,剩下 1 枚攻击导弹)。由于攻击者不清楚哪一半导弹受到了保护,因此需要对所有导弹均使用 3 枚攻击导弹,总计 30 枚。此时防御价值为 20 枚导弹,即 20 枚用于攻击可能存在的拦截器,而另外 10 枚则用于攻击目前未受保护的导弹。这一假设场景如图 8.6 所示。

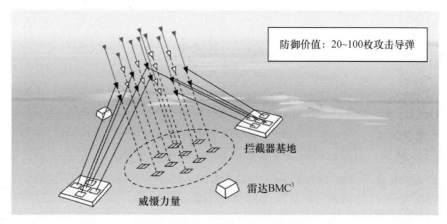

防御价值:20~100枚攻击导弹

拦截器基地

威慑力量

雷达BMC[3]

图 8.6　防御者作出优先防御反应

在上述情况下,我们考虑对半数导弹加以保护。我们可以任意选择想要保护的导弹数量,也许仅有一枚,在这种情况下防御价值可达 100 枚导弹!如果防御系统仅保护一枚导弹,针对每一枚导弹需要 11 枚攻击导弹,总计价值 100 枚攻击导弹。

8.6.3　基地攻击

面对如此高昂成本,攻击者可能会放弃攻击,选择与邻国和平共处。攻击者还可能会寻求另一种不同的方式,或许会攻击拦截器基地,迫使防御者为攻击导弹耗费拦截器。防御系统必须与攻击拦截器基地的导弹开战,否则防御导弹将被消灭在地面。10 枚攻击拦截器基地的导弹则会消耗掉拦截器(否则就会坐以待毙)。防御者不得不使用所有 10 枚拦截器来保护整个基地,因此就没有剩余的拦截器保护其本应保护的导弹。然后,另外还有 10 枚攻击导弹,总计有 20 枚。导弹防御系统价值又回到了 10(20 枚攻击导弹减去没有防御系统保护情况下所需的 10 枚导弹)。

但是防御者对此作出的反应可以仅仅是防御其中一个停放所有拦截器的基地。现在,攻击者不得不使用 10 枚攻击导弹去攻击每一处基地,然后再用 10 枚攻击导弹去攻击 10 枚受保护的导弹,总计需要 30 枚。那么,弹道导弹防御系统的价值是 20 枚攻击导弹。这一假设情景示例见图 8.7。

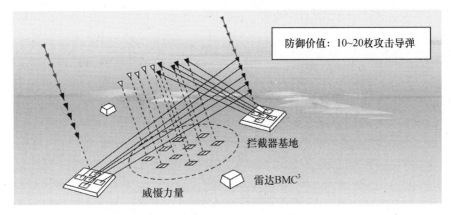

防御价值：10~20枚攻击导弹

拦截器基地

雷达BMC^3

威慑力量

图8.7　机场攻击之后转向发射井

8.6.4　雷达攻击

攻击者同样还可以攻击两处雷达阵地,所获效果与攻击基地相同。攻击者担心的是,尽管向两处雷达发射 20 枚攻击导弹可以将之摧毁,但是防御者的雷达可能具备足够的探测范围在攻击他们的雷达时,临近基地的雷达可能会用来引导从战斗中返回的拦截器。当然,对雷达的攻击也将终结弹道导弹防御系统 20 的价值!

8.6.5　小结

我们看到,在一个简单的弹道导弹防御系统部署示例中,如果攻击者或防御者没有作出任何反应,该弹道导弹防御系统价值为 10 枚攻击导弹。应对 10 枚或 20 枚攻击导弹时,改变策略可使系统价值变为 10 枚、20 枚、100 枚。事实上,无论任意一方采取何种行动,只有 20 枚攻击导弹价值是可行的。因此,针对每枚防御拦截器,会耗费攻击者两枚攻击导弹。那么,很显然,要真正确定某一特定战略(此处为弹道导弹防御系统)的价值,必须明确对手可能作出哪些合乎逻辑的回应以及我方对其策略会如何应对。

8.7　不仅正确而且真实

"但问题是",爱丽丝说,"你能不能让词代表那么多不同的含义。"

——路易斯·卡罗尔《爱丽丝梦游仙境 2：镜中奇遇记》

"讲述真相及全部真相"并非易事,但却是各种系统分析中普遍接受的做法。也许真相和美丽一样,只是对观察者而言。一个人的真相可能对另一个人来说就不是真相。法庭宣誓时的一项要求是不仅要讲述事实,而是要讲述全部事实,且只能讲述事实。这也是系统分析界内人士必须承担的一种责任。在下一小节中,我们将探讨一些案例,说明这种不仅要讲述事实而且要讲述全部事实的要求。

8.7.1 不充分的陈述

图8.8展示了对某一系统的评估,在理想情况下该系统可满足95%的要求。然而,按照设计,其仅能满足82%的要求,到构建完成后,其仅能满足42%的要求。这一结论给出了底线:"系统没有满足所有要求。"假设各项要求均有效且正确执行了分析过程(算术计算正确),那么这一结论说的就是真实情况。然而,这种陈述方式可能会误导人,让人们认为所有要求都没得到满足。让我们对此进一步加以探讨。

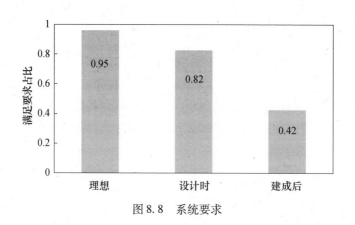

图8.8 系统要求

那么,什么是全部的事实?如果上述结论表示"系统甚至没有满足50%的要求",或表示"已满足的要求显示,系统在构建期间存在重大问题",那么这种陈述是否属实呢?如果真相是"该系统满足了所有重要目标,但仅满足全部要求的42%",又会出现何种情况呢?人们可能会问:以上哪种陈述表达了全部事实,换言之,哪种陈述更为真实?我们可以将图8.8中所示信息称为对事实的不充分陈述,但应注意,尽管陈述的均为事实,但实际上图表中的数值具有误导性。

首先,众所周知,所有的要求并非同等重要。"在战斗中存活"这一要求的重要性不能等同于"将采购申请发布到网上"这一要求。我们(从幼儿园起)接受的教导是不能把苹果数和橘子数加在一起(这是两个不同的要求)。然而在这张表中,我们却将不同的要求加到一起。满足42%的要求则引发了一个问题:都是哪些要求呢? 是否是人们关注的要求呢?

此外,另一种可能存在的情况是,某些要求几乎得到满足,但有些要求远远没有得到满足。例如,也许所需高度仅差10ft,但续航能力却低于要求500mi。在审查满足要求的情况时,我们必须考虑到各项要求的有效性和权重以及每项要求的满足程度,然后就各项要求的总体满足情况给出经过加权的总体意见。这种累计的要求图表无法做到这一点。

从图8.8可以看到,不出所料,并非所有的要求都得到了满足。我们特意加上不出所料一词,是为了提醒读者不要靠这种图表得出结论,因为我们的要求可能存在(也可能不存在)问题。事实上,这种图表以及其他类似图表不应该出现,因为尽管它们可能是真实,但容易误导人们得出错误结论。相关要求也可能存在问题,但这类图表中仅显示百分比数据,并没有提示其他可能存在的情况。

8.7.2 误导人的比例尺

当然,误导人的比例尺并不是真正的谎言。有人可能会辩称,只有人们不认真阅读图表的情况下才会导致误导。然而我认为,更为常见的现象是,图表显示的结果与其说给人以提示不如说给人以欺骗(这在新闻媒体中屡见不鲜)。图8.9给出了一个误导人的比例尺示例。我们看到,飞机的预测总成本2007年出现大幅上涨。在该年度,我们可以得出如下结论:"2007年成本出现巨幅上涨"。当然,巨幅至多只是一个含义模糊的词汇,在某人眼中的巨幅,其他人未必认同。然而,我们应使用同一种语言,为传递真实的信息,人们对词汇的意义应具有基本相同的理解,而不是一个武断的定义。

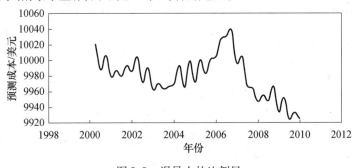

图 8.9 误导人的比例尺

图 8.10 与图 8.9 显示的是同样的数据,通过观察上述两个图表,我们或许会得出不同的结论,最大的不同是飞机总成本 2007 年并没有出现显著变化!且预测成本也肯定不会出现巨幅上涨。这一结论与之前结论完全相反。此外,在本案例中,不存在上述两个结论孰对孰错的问题。

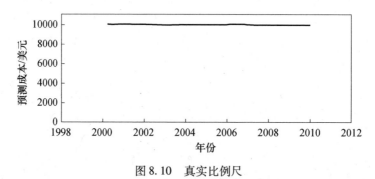

图 8.10　真实比例尺

在系统分析中,避免误导人的比例尺是明智之举,因为比例尺可能误导读者。当人们必须采用误导人的比例尺呈现图表时,应该以一种非常清晰醒目的方式显示这一比例尺,以此提醒读者。同样道理,对数比例尺也能产生误导,甚至在某些情况下不采用对数比例尺同样可以产生误导,这点尤其应该引起人们的注意。"对数"比例尺压缩了差值,很容易误导读者对"线性"变量(如金钱)的印象。某些变量需要采用对数比例尺对其"真实情况"加以示例,如道琼斯工业平均指数历史数据。因此,系统分析人员在其研究工作中,对广告图像的真实性应该格外警觉。

8.8　系统分析就是讲述一个故事

人类与真相之间最短的距离是一个故事。

——安东尼·德·梅罗(Anthony de Mello)

系统分析的精彩结尾是报告结果:讲述好一个故事,这也是整个过程最重要的部分。如果隐去了系统分析过程,其价值就大打折扣。我们已探讨了系统分析的本质,现在讨论如何进行陈述。当然,故事必须要有开头、中间和结尾部分。你可能会说"当然",我就是这样做的。然而如何安排三大部分并非易如反掌。许多系统分析的故事违反了这一规则。正如史蒂夫·斯皮尔伯格所说:"人们已忘记了如何讲述一个故事。通常故事只有没完没了的开头,却没有中间或结尾。"

开头部分说明问题是什么以及接下来要如何做。中间部分叙述我们做过什么，结尾部分则陈述上述做法的意义。接下来的 3 个小节重点论述：责任、简洁和清晰。

8.8.1　责任

8.5 小节曾提及责任这一概念，因为责任非常重要，所以此处着重加以论述。分析人员有责任确保故事的真实性，并让听众听懂故事。

我们已花费一定篇幅对真相进行了论述，但此处论述的重点并不是如何避免故事误导听众。相关故事、与故事相关的各种图表以及带给听众的印象等均不得背离系统分析发现的事实。系统分析人员有责任使故事能够讲述真相。

报告相关工作时，系统分析人员必须针对听众调整故事的讲述方式。很多情况下，系统分析工作之所以不被认可，是因为听众并不理解结论或得出结论的相关证据。分析人员常如此评价听众：是他们自己"没弄明白"。事实上，这并不是听众过错，而是分析人员的失误。系统分析人员的责任是针对听众量体裁衣，而不是让听众削足适履。

最后，系统分析人员还有责任在故事中包含例外证据，即与所述故事不符的证据。为向听众呈现一个公正、不偏不倚的故事，必须包含各种例外情况、其他备选项以及合理的替代方案。只有真正承担上述各项责任，人们才会认可系统分析人员故事的真实性，不仅要讲述事实，还要讲述系统分析过程中的相关发现。

8.8.2　简洁

讲述故事时，最大的挑战往往是如何在短时间内讲述一个完整的故事。长篇大论的故事诚然简单，但也容易令听众昏昏入睡。我们的目的是令听众喜欢了解这个有趣的问题、我们求索过程中的考验和磨难，以及各种死胡同和冤枉路。

我们无需介绍导致结论的每个推论过程，仅需让听众了解我们得出结论的依据就已足够。有时，可用结论开始故事，然后再回到引言部分。在此过程中，应谨慎推敲每个步骤，确保其是导向结论的必不可少的步骤。最重要的是结论及其依据，而不是得出结论的过程。

但首先必须确保在规定时间讲完故事，否则就没有人喜欢听。始终围绕故事轴线，丢掉自己的偏爱，坚持保持故事的简洁性。

8.8.3 清晰

讲述的故事脉络必须简洁清晰。使听众可以立即捕捉到系统分析人员表述的事实真相。在某些情况下,一张图表就能传递完整讯息。可以通过两种完全不同的图表加以展示:一种简单到无法使人产生误解的图表,另一种复杂但不失典雅,且也同样无法使人产生误解的图表。

图8.11对比了美国及敌方第四代和第五代战斗机。F-15s和F-35s分别为第四代及第五代战斗机。不难发现,美国的第四代战斗机与敌方几乎势均力敌,但美军第四代与敌方第五代战斗机相比,劣势相当明显。美国第五代战斗机则不存在类似的性能削弱情况,且稍早的分析表明,各种条件下美军第五代战机均占据优势。

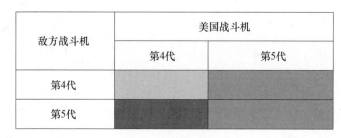

敌方战斗机	美国战斗机	
	第4代	第5代
第4代		
第5代		

图8.11　简洁故事示例

图8.12为查尔斯·米那德于1861年绘制的经典战役图,完整展示了拿破仑向莫斯科的东征行动。该图显示内容包含东征横跨的地理区域、向莫斯科进发及从莫斯科出发的军队沿途不同地点的人数变化以及沿途的环境温度(俄罗斯的"秘密武器")。尽管这张图乍看起来复杂异常,但稍加留意便能发现简约之雅。棕褐色线的宽度表示拿破仑军队向莫斯科东征途中的规模;黑线的宽度则表示撤退军队的规模。法军到达莫斯科时已完全筋疲力尽,当初的"宏大军队"已名存实亡。温度的下降进一步使军队减员,几乎没有一支军队在灾难性的莫斯科战役中得以幸存。在我看来,这是在一幅图表中展示整个故事的最佳示例。

上述两个示例表明,系统分析中并不存在固定的模板,应视具体情况灵活应用。

演讲遇到的另一个挑战是原定时间被大大压缩,因此需要准备一个短小精悍的故事和一分钟的"电梯演说"。

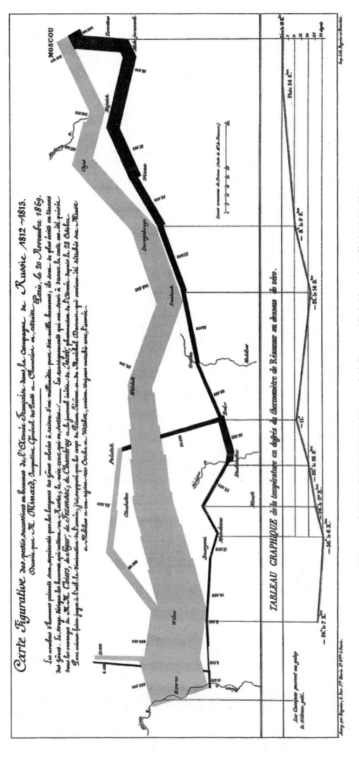

图8.12　拿破仑东征图(图片来源：爱德华·R.塔夫特，定量信息的视觉呈现，
康涅狄格州柴郡：Graphics出版社，1983年，2001年再版)

8.9 结论

当你作了充分研究以后，故事几乎会自动呈现。

——罗伯特·麦基（Robert McKee）

我必须承认，对本章内容并没有作好"充分"的研究。因此，故事并没有"自动呈现"，而我还是得对故事进行总结，以保持其简洁性。本章内容也许可视为一个警示录，阐述了系统分析人员常犯的一些简单错误。

说真话是我们最重要原则，这就意味着系统分析人员不仅有责任讲述真相，而且要讲述全部真相。这就要求应确保正确的数学计算，还要还原真相存在的必要条件（谈何容易！）。同等重要的是，讲述故事的方式应令听众正确理解并信服故事结论。

▶ 作者简介

　　艾伦·D. 伯纳德自 2004 年起，担任麻省理工学院林肯实验室首席实验研究员。他全面负责实验室的技术问题，向实验室主管汇报工作。伯纳德先生负责的领域包括空间系统、航空、通信和电子设备。

　　2000—2004 年，他担任部门副主任，从事现代军事飞机生存能力和杀伤力等方面的技术研究。在此之前，作为实验室系统分析小组组长，他带领 60 名研究人员对应用于现代武器系统的各种先进概念方案进行建模、综合和评估。他领导空军红队的研究活动，以评估对飞机的隐身性、对抗措施和各项性能。

　　伯纳德先生于 1972 年加入林肯实验室。在再入物理学小组从事研究活动，主要研究包括对重新进入大气层的物体与大气之间的相互作用进行建模，并利用瓜加林岛导弹场的飞行测试数据对模型加以验证。他还开发和评估了弹道导弹进攻和防御等概念。

　　1963—1972 年，他作为一名科学家，在爱沃科航空公司（Avco Corporation）工作。在此期间，他参与了阿波罗计划，负责评估指挥舱隔热板的热力和运动性能。他还成为一名飞行测试项目工程师，负责电子反制措施和其他飞机突防辅助工作。

　　伯纳德先生就读于康涅狄格大学（学士学位和硕士学位）和波士顿大学，主修物理学，辅修数学。他入选美国物理学会荣誉协会"西格玛 π 西格玛"（Sigma Pi Sigma）成员。

第三部分 面向特定领域的
国防系统分析

第 9 章
防空领域的系统分析

戴维·J. 埃贝尔

9.1 简介

笔者拥有物理学学士学位和数学博士学位,做一名系统分析人员似乎顺理成章。1985 年刚加入林肯实验室时,笔者并不理解究竟什么是系统分析。事实上,笔者早期工作中只是在一个又一个地解决问题,似乎每个问题都迥然不同,而很少思考解决问题的过程。笔者随后加入了充满活力的空军红队,工作非常忙碌。

几年后,笔者开始指导新加入项目的同事,也开始更多地思考有关系统分析过程的规范、程序和缺陷问题。一路走来,每隔几个月就会出现新问题新挑战,有机会协助解决防空领域的重要问题,还有幸与非常权威的高级决策层进行交流,笔者非常享受这个过程。

笔者希望本章观点对这门艺术领域的其他从业人员特别是新入行者能够有所裨益。

9.2 系统分析与防空

根据笔者实践经验,防空系统分析的目标是全面掌握美国飞行器所面临的威胁,并协助设计和采购可提升飞行器生存能力和有效性的系统。系统分析工作包括开发能够表征真实战争的数学模型,对模型进行计算机仿真,并分析仿真结果对现实世界的启示和意义。数学模型和计算机仿真必然会极大简化现实世界,而现实世界与仿真域之间往往存在差距。为弥合这种差距,通常采用现场和实验室的试验在简化且受控条件下验证模型,以发现和修正模型的不足。上述不同域及其关系,如图9.1所示。

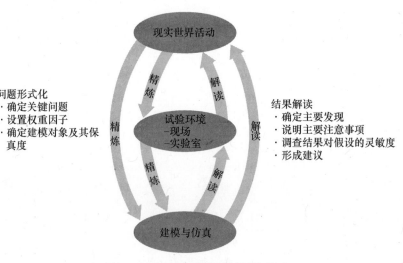

图9.1 系统分析的各种域及其关系

本书部分作者曾主张,仅用笔和纸就能在分析领域披荆斩棘。笔者在防空领域也有与史蒂夫·韦纳在导弹防御领域类似的经验:"粗略"估算确实是比较重要的首要步骤,但如果这一过程是足够明确的,那么完全可以利用计算机建模更全面、更精确地模拟真实场景。

将真实问题形式化为适宜计算机仿真的形式,具体步骤包括确定关键问题、确定建模对象及其保真度、设置权重因子以及开发计算机程序运行模型。准确解读模型试验结果,需要了解模型的精确度、理解模型对假设条件和未知因素的灵敏度、分析随机或未建模效果的影响,最后利用工程评价方法确定这些影响程度是微不足道是适度还是显著。

进一步的挑战可以通过防空系统的作用与反作用循环加以说明,如图9.2所示。能力并非一成不变,因而国防系统分析不仅要考虑当前能力,还要结合近期、中期、长期能力发展情况。出色的系统分析必须考虑到分析结果对未来各种潜在威胁反作用的灵敏度。只有这样,分析结果才可用于识别那些对演进的威胁能力具有鲁棒性的,或者需要威胁开发昂贵对抗技术的技术和系统架构。

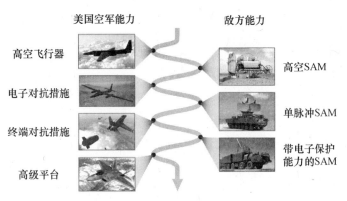

图 9.2　防空系统的作用 – 反作用循环

9.3　试验与仿真验证

　　检验系统分析的根本方法是搭载测试设备的飞行试验。飞行试验可用于"逐一排查",确保系统模型可提供适当精确的响应。然而意外情况经常发生,导致出乎预料的试验结果出现。在这种情况下,分析人员可通过追踪飞行测试设备来"调试"系统模型,识别遗漏的现象学或物理学问题。另一种情况是,无法通过一个参数预测某种现象发生与否,只能借助试验数据进行经验估算,如雷达地面杂波和红外背景杂波数据。分析人员会发现,面对千变万化的地表和环境,很难用一个数学模型对其效应加以表述。

　　20 世纪 80 年代,为了理解杂波现象并建立模型对其进行估算,林肯实验室开展了大规模(史无前例的)雷达地面杂波测量[①]。同样,还对红外线杂波进行了类似测量。以雷达地面杂波为例,一旦确立了其现象学理论,问题即演变为一个地形可视性建模和入射余角确定的简单问题。同时,基于已有数据库,还可以定性判断地表植被或其他覆盖物。因而,建模任务就可分解为两部分内容:对于可计算部分,建立一个数学模型,而对于不可计算部分,则建立一个经验模型。最终,通过脉冲多普勒或移动目标指示器(MTI)处理后的剩余雷达杂波,可以基于模型输入杂波和已测定或已知的雷达参数(如频率稳定度、定时抖动和天线移动)进行估算。

---

　　① 　J. 巴里·比林斯雷(J. Barrie Billingsley):《低仰角雷达地面回波》,纽约州诺维奇市,威廉安德鲁科技出版社,2002 年。

9.4 防空系统交战链(Engagement Chain)

任何防空系统分析的起点都是交战链(有些作者也称之为"杀伤链","kill chain")要素的识别和建模。用于一体化防空系统建模的一个通用交战链,如图9.3所示。交战链可涉及各种地面或空中装备交战组合。基本功能是监视单元,负责目标的探测和跟踪;指挥和控制单元,负责将多个不同监视源的监视信息融合,然后分配给一个火力控制单元以打击目标。火力控制单元必须对监视信息提供的不确定性区域进行搜索,然后引导武器配合火力控制单元自主或半自主接近目标并引爆。

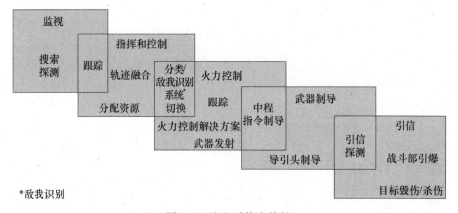

*敌我识别

图9.3 防空系统交战链

整个防空体系的能力包络,构成了防空系统有效防御的一个区域或覆盖区。交战链中的每个要素都有各自的覆盖区,可结合其他要素通过卷积或其他数学算法,综合确定整个系统的覆盖区。因此,分析人员必须开发多个层级的探测、跟踪和交接程序,以衔接一系列不同的潜在系统单元。决定两个相邻单元之间交接成功与否的关键参数是探测范围、跟踪指标精度以及每一级的数据延迟。简单来说,判定交战链是否有效,涉及到判定一个特定传感器所面临的任务是类似于从草垛还是几根干草中找针。在接下来3个小节中,我们将对用于以上判断的最常用工具加以讨论。

9.4.1 雷达测距方程

雷达测距方程是确定交战链中每个射频(RF)元件探测范围的基本方法。该方程适用于监视雷达、火控雷达、导弹导引头,稍加修改后还可用于其他有源和无源探测系统。该雷达方程的许多变型都是基于能量守恒定律的表达,也因此试验结果必须遵守这一方程!如果试验结果出现与雷达方程不符的情况,则应对不符原因进行查证,包括对方程式每一项进行仔细的独立分析,并为其分配误差范围。如果上述方法不起作用,则应使用更好的测试设备和更加严格控制的测试变量,重新组织试验。

雷达测距方程众所周知但已被滥用,笔者曾花费几小时甚至几天时间来查证使用这一方程时所犯的错误,以下是一些建议。笔者更习惯使用一种雷达测距方程形式(第10章中,史蒂夫·韦纳从基本方程推导出的方程变型与笔者稍有不同),如图9.4所示。因为该变型等式明确消除了频宽,明确表明频宽对于雷达探测没有影响(在噪声有限条件下),这也是笔者对这一方程式情有独钟的原因。

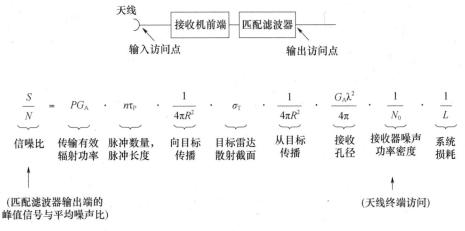

$$\frac{S}{N} = PG_A \cdot n\tau_P \cdot \frac{1}{4\pi R^2} \cdot \sigma_T \cdot \frac{1}{4\pi R^2} \cdot \frac{G_A\lambda^2}{4\pi} \cdot \frac{1}{N_0} \cdot \frac{1}{L}$$

图9.4　雷达测距方程

在使用雷达测距方程时,应特别注意信号和噪声项在信号处理链中的哪个节点被访问。此处介绍的方程中,输出信号的信噪比在匹配滤波器输出端进行测量,代表峰值信号与平均噪声之比,接收机噪声功率密度则在另外一个点(即天线终端)被访问。如果我们现在考虑干扰对雷达探测距离的影响,则此方法的效用显而易见。包含干扰因素的雷达方程,如图9.5所示。J_0项,即干扰噪声功率密度,在天线终端很容易计算。然而,在这一天线终端节点,J_0项与接收机噪声难以区分,不应附加任何信号处理损失。如果考虑附加信号处理损失,那么将导致对干扰器损耗的重复计算。匹配滤波器输出端的信噪比或信号与$J+N$之比,可通过图9.5中所示雷达测距方程正确得出(试验数据也必须遵守这一能量守恒的形式)。

$$\frac{S}{J+N} = PG_A \cdot n\tau_P \cdot \frac{1}{4\pi R^2} \cdot \sigma_T \cdot \frac{1}{4\pi R^2} \cdot \frac{G_A\lambda^2}{4\pi} \cdot \frac{1}{J_0+N_0} \cdot \frac{1}{L}$$

| 信噪比 | 传输有效辐射功率 | 脉冲数量，脉冲长度 | 向目标传播 | 目标雷达散射截面 | 从目标传播 | 接收孔径 | 接收器噪声功率密度 | 系统损耗 |

（匹配滤波器输出端的峰值信号与平均噪声比）　　　　　　　　　　　　　　　　　　（天线终端访问）

图9.5　包含干扰因素的雷达测距方程

9.4.2　度量的准确性——误差估算

一组雷达系统度量误差的估算公式，如图9.6所示。最常估算的两个参数分别为角度和范围。此处为脉冲到达时间公式的简单启发式推导，到达角度推导与之类似。到达脉冲包线的斜率约等于其振幅除以半峰宽度。附加噪声影响将使脉冲横向移动，移动距离等于附加噪声的振幅除以未受干扰脉冲的斜率（对于大信噪比情况而言）。此公式可用于对脉冲前沿到达时间估算量进行误差估算，由于脉冲后沿具备独立噪声样本，因而整个公式还有一个平方根除数，以得到最终结果。

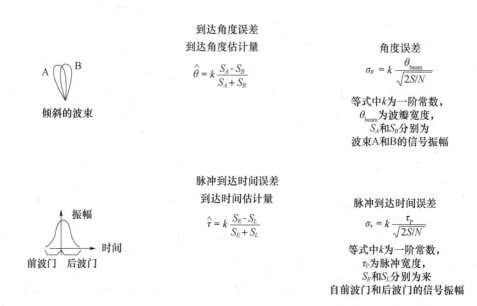

到达角度误差
到达角度估计量

$$\hat{\theta} = k\frac{S_A - S_B}{S_A + S_B}$$

A　B
倾斜的波束

角度误差

$$\sigma_\theta = k\frac{\theta_{beam}}{\sqrt{2S/N}}$$

等式中k为一阶常数，
θ_{beam}为波瓣宽度，
S_A和S_B分别为
波束A和B的信号振幅

脉冲到达时间误差
到达时间估计量

$$\hat{\tau} = k\frac{S_E - S_L}{S_E + S_L}$$

振幅
时间
前波门　后波门

脉冲到达时间误差

$$\sigma_\tau = k\frac{\tau_P}{\sqrt{2S/N}}$$

等式中k为一阶常数，
τ_P为脉冲宽度，
S_E和S_L分别为来
自前波门和后波门的信号振幅

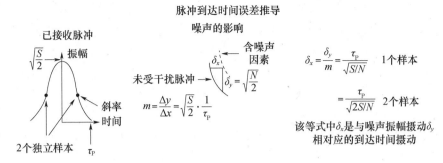

图 9.6 度量误差的估算

9.4.3 数据延迟

对系统分析人员而言,对延迟影响进行估算是最简单的模型估算。任何数据延迟都可以利用"距离 = 速度 × 时间"简便转换为距离误差。对于地面移动目标或空中目标,时间延迟可转换为距离误差,与其他测量产生的距离误差很容易进行综合。对于地面固定目标而言,任何测量方法,无论多原始的方法,都很有效。

通过对探测范围、度量指标误差和数据延迟等三个数值的估算或建模,国防系统分析人员可以确定杀伤链每一个连续过程的转移成功概率,并大致描绘出一个系统综合效能模型。

9.5 模型层级结构

对于新入门者而言,主要采用哪种算法以及采取何种保真度是两大难题。如何解决这两大难题,则需要具体情况具体分析。例如,如果建模的是高超音速导弹拦截,则采用相对简单的探测过程模型即可,工作重点可集中在拦截导弹制导和各种系统延迟的精细模型开发上,以确保最关键的影响因素具有最高的仿真度。另一方面,如果考虑一个干扰器的影响,则需要特别注重对雷达电子防护进行建模,并采用一个简单的弹出时间模型对导弹拦截进行建模就已经足够。非常重要的一点是,应确保将珍贵的计算机执行时间和分析人员的建模时间用于最重要的问题。

系统分析人员处理问题的模型和试验层级结构如图 9.7 所示。该层级结构的起点是防空杀伤链关键环节中各子系统要素的粗略估算。接下来,应对那些估算结果介于成功或失败边界的子系统进行下一个层级的建模。在某种情况下,若模型中存在不确定因素,则可进行该模型的试验验证,以改进对某参数的估算。接下来可继续沿层级结构向上进行建模和试验,直至确定子系统是否成功。由于在此试验层级结构中每向上执行一个层级,所需试验成本就会急剧上升。因此,在建模和试验工作中需考虑尽可能从较低层级实验中获取最多信息。

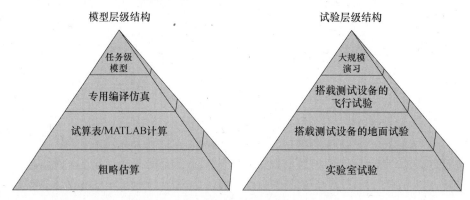

图 9.7　系统分析的模型和试验层级结构

　　一旦分析人员解决了所有主要的不确定因素,即可参考综合各层级建模和试验的经验教训,采用混合方法对多种情景和条件进行端到端(end – to – end)的系统性能评估。

　　图 9.8 展示了如何整合各层级模型,综合评估旁瓣对消器这一特定雷达抗干扰技术的影响。旁瓣对消器的概念基于如下事实,当存在噪声干扰时,雷达天线末端一段时间内接收到的平均功率大多来自干扰器,而非数量有限的被探测目标。因此,如果将高增益主天线输出与来自低增益辅助天线自适应权重的输出相结合,以使整个系统的总输出功率最小化,结果将在干扰器方向形成一个自适应零点。在最低层级,该问题可形式化为将主天线和辅助天线波束的协方差矩阵转置,确定正定二次型的最小值。下一层级,可根据主天线和辅助天线的实验室或现场测量数据以及限制取消的其他雷达参数来开发组件模型。最后,在场景层级,利用雷达子系统的组件模型、干扰器波形和靶机信号确定监视雷达的系统综合覆盖区。

　　旁瓣对消技术是众多潜在的对抗干扰措施之一。通常情况下,可能需要结合多种方案以对抗干扰。抗干扰的分层防御方案,如图 9.9 所示。首要目标是防止干扰信号进入雷达的信号接收器。这一目标可通过多种方式实现,例如,破坏干扰器识别雷达存在的能力以防止干扰响应,阻断干扰器的信号识别功能,诱发延迟或无效响应,或从根本上使雷达工作频段避开干扰器。如果上述措施均不奏效,则可采用旁瓣对消或旁瓣消隐等信号处理技术,减少进入雷达接收器的干扰信号数量,或采用匹配滤波器技术将所需信号从干扰信号中辨析出来。如果基于接收器的技术均告失败,还可对干扰信号本身加以利用,即采用三角追踪或三角测量技术定位干扰器,并最终利用武器将干扰器摧毁。最后一项措施依赖于大量训练和战术开发,才有望获得成功。综合考虑潜在的干扰技术或应用,分析人员会发现上述对抗措施研究极具价值。

数学模型

雷达平均输出功率

$$P_{\text{out}} = \left\langle \left| s_{\text{main}} - w \cdot s_{\text{aux}} \right|^2 \right\rangle$$

式中，<>表示一段时间内的平均值，w为自适应权重

确定最佳权重

$$\frac{\partial P_{\text{out}}}{\partial \overline{w}} = -\left\langle s_{\text{main}} \cdot \overline{s}_{\text{aux}} \right\rangle + w \cdot \left\langle \left| s_{\text{aux}} \right|^2 \right\rangle = 0$$

$$w_{\text{opt}} = \frac{\left\langle s_{\text{main}} \cdot \overline{s}_{\text{aux}} \right\rangle}{\left\langle \left| s_{\text{aux}} \right|^2 \right\rangle}$$

确定最佳权重

$$CR = 1 - \frac{\left| \left\langle s_{\text{main}} \cdot \overline{s}_{\text{aux}} \right\rangle \right|^2}{\left\langle \left| s_{\text{main}} \right|^2 \right\rangle \left\langle \left| s_{\text{aux}} \right|^2 \right\rangle}$$

雷达组件模型

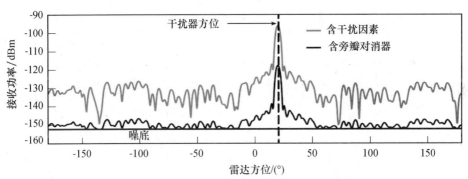

场景模型

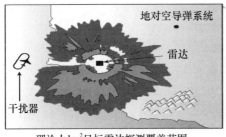

理论上1m^2目标雷达探测覆盖范围

图9.8　旁瓣对消器的三层模型层次结构

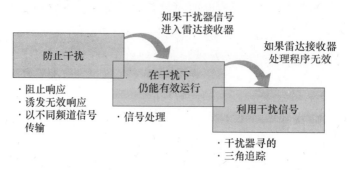

图 9.9　抗干扰的分层防御措施

9.6　战争迷雾

国防系统分析中最困难的问题之一就是所谓的"战争迷雾",也就是实际军事行动中所面临的未知因素或不确定性。如果冲突双方之中有一方能够确定未来影响作战结果的"战争迷雾"形式,则可采取先发制人的补救措施。如图9.10所示,可能引发"战争迷雾"的影响因素数量庞大,因此,几乎不可能预先确定哪个特定因素是主要影响因素。图9.10给出了人和机器的能力互补特性,以及两者引发"战争迷雾"的方式。例如,某些形式的饱和攻击或干扰可能会超过人类的应对能力,而计算机则可轻松应对高流通量问题。另一方面,如果攻击拥有某些出乎预料的特征,则人在回路的设计就能适应这些特征并寻找应对之策,若软件工程师事先并未设计此类攻击情境,计算机就可能一败涂地。当前,感知、计算和自动化能力显著增强的趋势,也使得战争迷雾问题更加扑朔迷离。

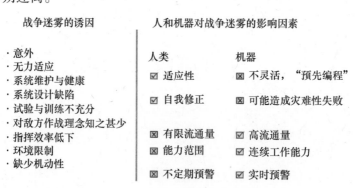

图 9.10　战争迷雾的诱发因素

系统分析这门艺术借助主要分析结论,可以拨开部分战争迷雾。例如,对比方案 A 和方案 B 的优缺点时,分析人员通常假定战争迷雾对上述两种情形具有相同影响。然后,可以假定敌方在某一方面拥有最强技术实力就已足够。然而,在某些特定情况下,并无法分析导致战争迷雾的因素,或许某个方案相对另一个要进行更大调整,这就需要对某些作战环境有更精细的了解。在此种情况下,重要的是要研究随着对环境认识的减少,调整方法的效果如何随之衰减。应对"战争迷雾"问题,是作战人员和分析人员均无法简单地交给计算机处理的很多案例中的一个。

9.7　案例研究:牧羊人平原风力涡轮机分析

本节,我们将回顾林肯实验室 2010 年实施的牧羊人平原风力涡轮机杂波抑制研究。牧羊人平原研究详细说明了防空系统设计和建模中面临的挑战,即确定一个折中方案,以最大程度地增大雷达目标探测范围,同时最大程度地降低雷达虚警。雷达虚警的干扰源包括地面杂乱回波、交通车辆、雷达接收器热噪声、天气以及我们将谈及的风力涡轮机。确定雷达设计或运行最佳方案所面临的挑战是确定一个目标探测阈值,该阈值应足够低以尽可能探测到真实目标(飞行器),但与此同时,还要预防雷达接收器过多虚警。由于无法预测所有可能引发虚警的信号源,大多数雷达运行在恒虚警率(CFAR)的自适应探测阈值下,以确保探测的初始目标总数维持在一个易于管控的水平。探测到的信号随后转至后续数据处理,从而从虚警中筛选出符合要求的真实目标轨迹和类型。

牧羊人平原风力涡轮机杂波抑制研究,是国防部 2010 年 4 月委托林肯实验室实施的一项为期 60 天的评估项目,研究现有的和拟安装的风力涡轮机对航路监视雷达 ARSR-3(位于俄勒冈州福斯尔市,识别标识为 QVN)的影响。抑制风力涡轮机对 QVN 雷达影响的方案有待确定和评估。QVN 雷达附近现有的和拟安装的风力涡轮机在俄勒冈州地图中的大致位置,如图 9.11 所示。

现代风力涡轮机可为像 ARSR-3(图 9.12)这样的监视雷达,提供一个极具挑战性的雷达杂乱环境。雷达后向散射的主要来源是涡轮机(图 9.13)的长叶片(通常长达 150ft 或以上)。在旋转过程中,叶片会产生很大的雷达回波(单向反射),而且由于叶片尖端以 100mi/h 的速度高速运动,上述反射会产生大量多普勒频率分量。这些多普勒频率回波传播频率较宽,多普勒雷达处理器很难将其过滤掉。

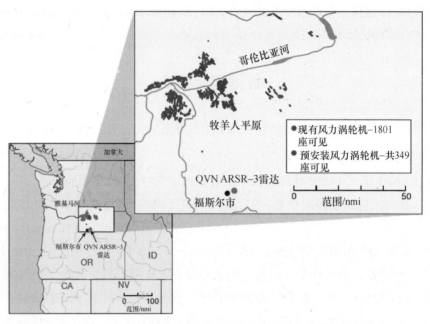

图 9.11　QVN ARSR–3 雷达附近现有的和拟安装的风力涡轮机

图 9.12　美国俄勒冈州福斯尔市的航路监视雷达 ARSR–3

图 9.13 QVN 雷达视距范围内的风力涡轮机

在牧羊人平原 1801 座现有涡轮机的基础上,在哥伦比亚河谷附近增设 349 座风力涡轮机的提案,引起美国空军奥勒冈州福斯尔市一座山顶上的 ARSR－3 雷达操作人员的极大关注。他们担心涡轮机数量的增加将引发更多的虚警。而支持方则认为,风力涡轮机可带来丰富的可再生能源和丰厚的经济利益。

林肯实验室受委托快速评估这一局势并对由此而引发的问题提出补救措施。实验室组建了一个评估团队,由 3 个特别小组组成,分别承担建模、现场测量和数据分析。建模小组根据联邦航空管理局(FAA)提供的 ARSR－3 文件和空军研究实验室先前的风力涡轮机雷达测量数据,创建了一个性能预测模型。现场测量小组携带 2 项试验活动的测试设备,进驻 QVN 雷达所在地,其中包括通用航空飞机专用飞行试验。现场试验设备包括一套多通道高速数据记录系统,用于测量本地 ARSR－3 信号处理情况,以及一个可与本地处理器并行运行的现代化数字"辅助"接收器设备。

数据分析小组利用 QVN ARSR－3 雷达记录的试验数据对性能模型加以验证,并评估备选的抑制方案。在现场测量开始之前,根本无法确定能否在指定时间内成功完成这一任务。然而,测试设备进展顺利,第二项测量活动完成时,收集到的实地试验数据已经远超预期。

鉴于 QVN ARSR－3 雷达探测范围内已有约 1800 座风力涡轮机,这些风力涡轮机为确定风力涡轮机对雷达的影响提供了大量宝贵数据。这些多通道数据为表征风力涡轮机对 ARSR－3 雷达的影响,以及进一步对潜在备选抑制方案进行详细定量分析,奠定了基础。在项目的最后阶段,除了填补数据分析后遗留的个别漏洞外,几乎无需再进行建模工作。

测试设备数据显示,除风力涡轮机外,QVN ARSR - 3 雷达的性能还受多种干扰源引发的杂波影响,如道路交通、地形、鸟群和降水。这些杂波虚警仅有部分能够通过 ARSR - 3 雷达的本地杂波过滤技术加以抑制。如图 9.14 所示,风力涡轮机引发的虚警次数约占 QVN 雷达虚警总数的 10% ~20%,道路交通、鸟群及其他杂波干扰源占绝大部分比例。然而,QVN 雷达视距内 1800 座已有风力涡轮机只占雷达地面可见物体总数的 2.5% 左右,因此,涡轮机显然是最具挑战性的杂波干扰源之一。

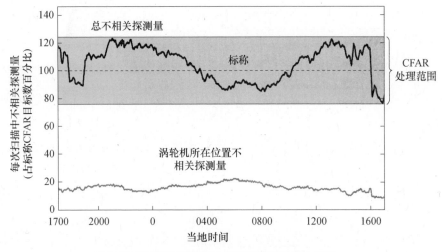

· 风力涡轮机引发的探测量占不相关探测量的10%~20%
· 道路交通、鸟群及其他杂波干扰源占大部分比例

图 9.14　QVN ARSR - 3 雷达虚警

所收集数据的分析结果显示,通过适当调整雷达设置,便能减少 QVN 雷达视距内拟装和现有风力涡轮机产生的虚警数量。本研究给出了优化雷达设置的具体建议。通过对 QVN 探测历史数据和脉冲级现场试验数据进行分析表明,可通过改良 QVN 雷达进一步降低虚警总量。可为雷达增设一个辅助处理器,进行现代化自适应杂波绘图,以删除虚警目标,防止其被传递给下游显示系统。研究项目结束后不久,联邦航空局和美国空军即采纳了 QVN 雷达设置优化方案。结果表明,通过适当调整雷达设置,其性能改善就足以满足要求,而无需对雷达进行其他更多变更。

此项研究的主要结论来自对 QVN ARSR - 3 雷达的高速测试设备数据进行

的直接分析。收集的数据足以对风力涡轮机降低虚警和探测目标的折衷方案加以精确量化,此外,相关数据还能用于确定需要调整的雷达设置。牧羊人平原风力涡轮机研究项目是一个绝佳案例,表明高质量的仪器测量数据可以较好地避免详细的电磁与传播建模,而这些模型天然具有不确定性。

9.8 对有抱负的系统分析人员的最后建议

在本章结束之际,笔者基于多年系统分析经验,总结出一些简单的指导方针:

(1)充分了解试图解决的问题,并以此指导分析工作。不要把脑细胞、咖啡和计算机 CPU 浪费在错误的问题上。

(2)进行端到端第一层级的分析,找出关键因素。如果无法确定某些设想是否可行,则可对其进行估算,物理学基本原理可作为一个良好的指导原则。工程系统本质上不可能过分偏离物理学或计算结论。

(3)利用更高保真度模型研究关键因素。利用第一层级分析确定值得进行高保真度建模分析的系统单元,找到广度与深度的权衡,通过与第一层级分析期望值进行对比,理性检查高保真度结果。毕竟,高保真度的计算机运行仅仅是对问题理解的辅助,而非问题的"答案"。总之,不要将分析人员的真正工作交给计算机代劳。

(4)注重未来趋势,考虑系统对于未来抑制或应对措施的有效性,避免后发制人。

(5)确保报告或简报简明、清晰、透明。讲述一个美妙的故事并且准时提交。

▶ 作者简介

戴维·J. 埃贝尔，1985 年进入麻省理工学院林肯实验室，是实验室系统分析小组的联合组长，也是美国空军红队的活跃成员；红队小组与空军和林肯实验室有长达 30 多年的合作历史，主要为美国空军和国防部决策者提供飞行器生存能力和防空技术等方面的独立分析服务；拥有衣阿华州立大学物理学专业学士学位和威斯康星大学数学博士学位。

第 10 章
弹道导弹国防系统分析

史蒂夫·D. 韦纳

诊断师提示：

本章介绍了弹道导弹国防系统分析的具体方法。① 导弹防御的分析过程需要非常详细，这样才能较清晰地理解导弹防御和导弹攻击的目标与能力。

自 20 世纪 50 年代末奈克－宙斯反弹道导弹系统（Nike Zeus）问世以来，人们对导弹防御系统进行了成百上千次分析研究。因此，与本书其他章节相比，本章对防御的分析更全面，因为对其他章节问题的研究还未如此深入。读者可随意浏览本章内容，对于自己感兴趣的部分可详细阅读。但如果你志在成为一名导弹防御分析人员，最好通读本章并作到透彻理解。

10.1　成为一名系统分析人员

1965 年，笔者从麻省理工学院博士毕业后加入林肯实验室，喜欢自称为"低能物理学家"。笔者曾加入到弹道防御先进雷达技术研究小组，之后便痴迷于研究导弹攻击威胁物体的宽波束雷达电磁反向散射，自己的一些物理学知识也有了用武之地。

笔者所在的小组有两位从事导弹防御系统和结构广泛分析工作的人员，分别是乔尔·雷斯尼克和比尔·德兰尼（Bill Delaney），他们趾高气昂又派头十足。

---

① 本章涉及的所有弹道导弹防御系统（BMDS）和威胁信息均属于概念性，并不代表导弹防御局（MDA）BMDS 武器系统或传感器的真正能力和性能。书中观点仅代表个人，并不代表也不应该被解读为国防部（DoD）观点。

他们似乎很享受这类工作,也很享受在实验室和华盛顿获得的更开阔视野。后来,第三位同僚约翰·菲尔丁也加入了该小组,他的性格与前两位"快枪手"的风格极为吻合。

对我来说他们所从事的工作似乎非常初级。但陆军负责导弹防御的那帮人以及他们的技术代理商——大名鼎鼎的贝尔电话实验室——竟然从未涉足这类分析工作,这令笔者大感意外。

当我被分派去辅助他们的工作时,并未意识到自此开启了我长达45年的导弹国防系统分析职业生涯。在这45年中,国家导弹防御目标和需求一直处于改变中,而攻击和防御技术也在飞速进步。在林肯实验室(与贝尔实验室类似),我们的大量实时数据主要来源于美国各地每周开展的全尺寸导弹试验,导弹最终都在马绍尔群岛夸贾林环礁的国家试验场着陆。早年的工作包括分析拟开发的系统、建立新的架构,以及尽量解读我们在太平洋所作试验的所有结果。有关导弹防御的争论持续了很多年,总有大量工作要做。在此过程中,笔者依靠系统分析过上了安逸的生活。

10.2 引言

弹道导弹防御(BMD)与本书的其他主题既有相似也有不同之处,大概是最适合采用数学博弈论分析法的课题。从基础层面看,弹道导弹防御包含两个步骤:第一是攻击行动,选择用多个可能携带突防装置的导弹攻击防御森严的目标;第二是防御行动,防御方利用传感器跟踪并识别威胁目标,并用拦截器摧毁选定的目标。弹道导弹防御具备博弈论问题的全部基本特征。攻击方和防御方的目标完全相反,均不能完全了解对手的能力或计划。此外,战斗中存在双方都无法预见的随机因素。此类随机性包括导弹可靠性、反制措施的有效性、传感器测量误差和拦截器的可靠性等。双方在制定计划时均须考虑上述随机性以及对手的策略。

尽管有诸多不确定性,弹道导弹防御系统分析大体仍算一个简单过程。大多数时候,弹道导弹防御均涉及携带用于攻击主要城市的热核弹头的导弹。因此,成功与否的界定就相当简单。若有一个导弹突破防御,则防御失败;若所有导弹均被拦截,则防御成功。在分析弹道导弹防御性能时,我们通常考察2个有效性度量标准,即覆盖范围和疏漏率。上述指标用于定性和定量评价防御系统能力。通过投入更多资金,两项标准均能得到提高。大部分弹道导弹防御分析的焦点是希望以最低成本达到覆盖范围和疏漏率的要求。

覆盖范围和疏漏率均可用简单数学进行分析。我们常说，弹道导弹防御的2个基本方程仅用代数或算术就能求解。覆盖范围通常利用时间线进行分析，该时间线考察防御系统必须执行的一系列功能，并标出系统执行这些功能的时间和空间点。计算覆盖范围的基本方程之一是：

$$距离 = 速度 \times 时间 \tag{10.1}$$

如果我们观察某一攻击弹道轨迹，可以发现该轨迹上存在一个最早时间点，防御系统可在此时探测、识别目标，并足够精确地跟踪目标，从而分配一个拦截器进行拦截。同时，轨迹上还存在一个最迟时间点，在此之前，防御系统可在不对防御区域造成任何破坏的情况下拦截目标。拦截器在最早发射和最迟拦截时间段的飞行距离决定了防御覆盖范围，此计算取决于拦截器的平均速度。如果此覆盖范围不足以覆盖整个需要防御的区域，则需部署更多拦截器点，研制速度更快的拦截器，更早地安排发射，或同时采用上述几种方案。大部分弹道导弹防御系统分析旨在以最高效费比满足防御覆盖区域的要求。

疏漏分析基于同样简单的方程式：

$$防御成功概率 = (探测概率) \times (识别概率) \times (杀伤概率) \tag{10.2}$$

疏漏概率等于1减去成功概率。若任一关键防御功能失败，则整个战斗失败。再次重申，为一个或多个功能提供冗余或为改善某项功能而购买更好的传感器或拦截器，可以减少疏漏。本章接下来将分别研究哪些因素会影响上述计算。

在我们对各类弹道导弹防御进行详细系统分析之前，有必要回顾美国过去约50年间的弹道导弹防御项目。图10.1以二维视图的方式展示了所研究的攻击规模和可接受的最大疏漏比，反映了各种不同弹道导弹防御系统或概念。攻击规模为攻击参数，而疏漏比例属于防御参数。

此图中，军事目标防御系统用五边形表示，平民及军事目标防御系统用圆形表示。已部署系统以饱和色标识，而研究与开发（R&D）中的系统以柔和色标识。最后，使用核弹头拦截器的系统以红色标识，而采用非核拦截器的系统以蓝色标识。背景颜色表示弹道导弹防御的工作难度：红色代表系统以极低的疏漏率防御极大规模的攻击，绿色代表系统可容忍高疏漏率、防御较小规模攻击。弹道导弹防御系统随时间的演变攻击和防御系统之间不断变化的权衡关系，也代表了乐观主义与现实主义之间的平衡。

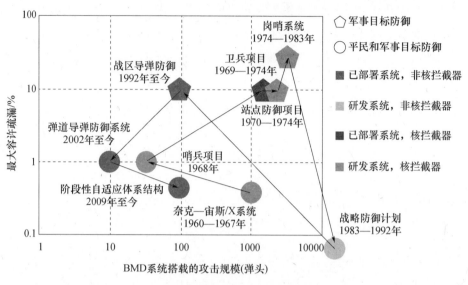

图 10.1　弹道导弹防御任务和系统的发展历程

奈克宙斯和奈克 X 反弹道导弹系统最初设计目的是保护美国大城市免受苏联的大规模攻击。随着苏联威胁的不断发展,美国意识到在防御大规模攻击时难以获得较低疏漏,且系统无法覆盖全美,使许多小中城市无法受到保护。在此情况下,美国的防御态势转变为一种威慑态势,即我们无法阻止苏联的大规模攻击,但即便我们先遭到攻击,我们仍拥有给敌方以毁灭性、报复性反击的能力。

20 世纪 60 年代后期,中国研发了核武器和弹道导弹,为了应对这种较为有限的攻击,有人建议美国开发"哨兵"系统。这是比较容易实现的,因此美国开发远程大气层外拦截器"斯巴达",如此一来,仅凭借 12 个拦截器部署点即可覆盖美国全境,包括夏威夷和阿拉斯加人口稀少的地区。在部署"哨兵"系统之前,应对大气层外突防装置的有限能力进行分析,苏联威胁的进一步增长(以及政府的更迭),使美国重新考虑该系统的部署问题。弹道导弹防御领域的关注转点移至苏联对美国威慑力量的潜在威胁,尤其是精确洲际弹道导弹(ICBM)对美国"民兵"洲际弹道导弹的攻击威胁。很明显,保护"民兵"洲际弹道导弹的弹道导弹防御系统有能力消除这种对美国威慑力量的威胁。"哨兵"系统组件(雷达和拦截器)将部署在重命名为"卫士"中,用于保卫"民兵"洲际弹道导弹。如图 10.1 所示,尽管"卫士"的攻击规模超过"奈克"系统,但其容许疏漏率将增大一个以上数量级。因为只有 20% ~30% 的"民兵"得以幸存,幸存的洲际弹道导弹将仍能构成有效的报复力量。此外,由于"民兵"仅部署在有限的地理区域,

"卫士"所需的覆盖面积将远远小于"哨兵"。尽管"卫士"的设计目的并非为保护洲际弹道导弹，但仍部署使用并继续研发专用改良型系统"站点防御"和"岗哨"。"岗哨"或许是弹道导弹防御历史上最为独特的系统，因为在疏漏率高达30%～50%的情况下，其仍可成功实施防御。

1983年，里根总统提出战略防御计划（SDI）后，上述一切都发生了改变。如图10.1所示，战略防御计划的目标是防御苏联针对平民的大规模攻击而开展的全美范围的防御，并规定不得使用核弹头拦截器。战略防御计划着眼于进攻威胁轨迹的所有阶段：推进阶段、弹道中段和再入阶段。该计划设想了天基、空基和陆基防御传感器和武器。但是从未有任何关于此系统的部署计划，虽然下面我们将讨论战略防御计划中曾作的一些项目分析。战略防御计划带来的持续性结果之一是将核弹头拦截器转变为非核拦截器。随后的所有弹道导弹防御系统均采用了非核拦截器。这种转变要求拦截器导引头和制导技术非常先进，但这类技术一直是一个挑战。

20世纪90年代初海湾战争结束后，弹道导弹防御的重点转移至战区导弹防御（TMD）领域。陆军和海军研发了爱国者和宙斯盾防空系统的增强版，以应对近程和中程弹道导弹。爱国者导弹被用于防御伊拉克近程导弹，成败掺半。由于该系列导弹未使用大规模杀伤性武器（WMD），因而很难评估弹道导弹防御的成功率。无论是否引爆弹头，重型高速导弹打击造成的损伤都大同小异。而如果这些导弹携带了大规模杀伤性弹头，成功的弹道导弹防御成效将会明显得多。

20世纪90年代末期和21世纪初，朝鲜研发并试验射程更远的导弹，有人预测，朝鲜不久之后将会拥有射程可达阿拉斯加和夏威夷的洲际弹道导弹，最终导弹射程可覆盖美国本土。防御此类威胁的需求再次推动我们发展如图10.1所示的低疏漏、小规模攻击系统。2004年部署的弹道导弹防御系统（BMDS）目前仍在运行。当前所做的工作是扩展该系统，以便为美国友方和盟国提供中程导弹防御能力。为此，我们必须在维持低疏漏率的情况下，同时还能应对更大规模的攻击。我们可使用更小（意味着更便宜）的传感器和拦截器防御较短射程的导弹。现在的概念称为"分阶段自适应架构"，其最终架构仍在不断演变中。

弹道导弹防御系统及其技术的多年发展过程中始终贯穿一个共同主题：我们总希望利用当前或近期技术解决当下的弹道导弹防御问题。当初我们曾试图解决苏联针对平民的大规模攻击，但发现很难解决这一棘手问题（在战略防御计划时期,我们重新研究了该问题并得出了相同结论)。但经过这个时间窗口后,我们面临的重要问题似乎相对更容易解决,包括防御针对平民的有限攻击,以及对军事目标的防御可容许更高的疏漏率。

接下来我将介绍针对以上所述许多系统的样本分析案例。有些分析的重点是以最低成本实现最大覆盖范围。绝大多数分析项目的重点是减少由各种各样原因引起的系统疏漏。人们针对各种弹道导弹防御系统所作的各种分析表明,疏漏主要原因是由防御传感器识别拦截目标能力不足造成的。此功能即为所谓的辨别力,是弹道导弹防御系统存在的最大不确定性之一。笔者将阐述鉴定辨别力性能的若干方式。

以下内容以矩阵结构呈现,以此讨论主要弹道导弹防御任务(平民保护、仓库防御和战区防御)中弹道导弹国防系统分析的不同要素(覆盖范围、疏漏率和辨别力)。各部分内容涵盖了各项防御功能或要素,具体示例涵盖了各种弹道导弹防御任务。本章最后一节将介绍系统分析的一般原理,以及针对弹道导弹国防系统分析的应用实例。

接下来几节包含一些数学公式,但这不是本文最关键的。对数学含义及样本结果的文字描述应可以让读者了解我们试图分析的问题。方程式呈现出分析问题的数学方法,尽管本文省略了大量数学公式,但对一些对数学分析感兴趣的读者,上述方程式或能有所启发。

10.3　覆盖范围分析

本节讲述如何计算弹道导弹防御系统的覆盖范围。首先介绍如何权衡传感器覆盖范围和拦截器速度,以覆盖预定防御区域。接下来我们分别讨论防御系统的独立组件,即拦截器和传感器。在拦截器部分,将介绍为何说拦截器覆盖范围取决于其速度和飞行至拦截点所需时间。在传感器部分,将讨论传感器覆盖范围与几何(地平线问题)、地理(何处部署设备)和设计相关问题。我们通过公式推导出使用多大或多贵的雷达或红外传感器可使传感器探测多远距离。如果你不想了解详细的推导过程,那就只需要知道为实现更大的覆盖范围,必须耗费巨资制造大型拦截器和大型传感器。

什么因素决定着弹道导弹防御系统的覆盖范围?有些情况下,人们需要防御某些具体地点,例如导弹发射井、舰船或军事基地。有时则需要对全美提供防御。我们曾研究仅防御某点的要点防御系统,也曾研究了防御某特定区域每一点的区域防御系统。区域防御系统还可以覆盖一系列离散点。弹道导弹防御系统可防御的一片区域称为其覆盖范围或覆盖区。以下简单分析展示了主要问题，以及分析的简单性和复杂性。图 10.2(a)所示为一个传感器和一个拦截器构成的防御点，防御区位于该点的上方。如果该点位于所能防御的最远点，则该点称为向前覆盖区。

该示例适用于近程导弹，在研究近程导弹防御时，可假设导弹轨迹为直线，假设地球为平面。后面几节，我们将讨论远程防御时导弹的情况。

弹道导弹防御系统覆盖范围取决于拦截器覆盖范围和传感器覆盖范围，以下分别讨论这两个问题。

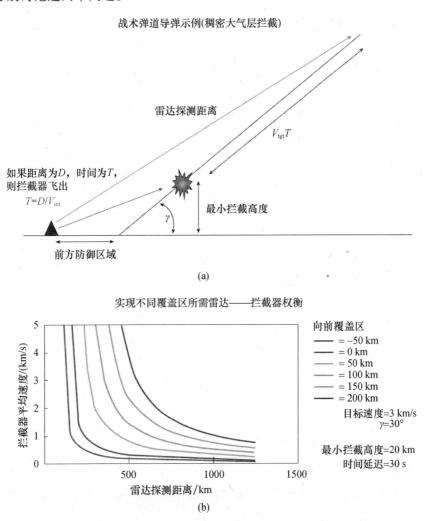

图 10.2　雷达拦截器权衡示例

10.3.1 拦截器覆盖范围

我们从拦截反向推导出图 10.2(b) 所示的权衡关系曲线,我们找到向前覆盖区域所对应的打击点,观察以特定目标速度 V_{tgt} 和再入角 γ 打击该点的导弹运动轨迹。该轨迹在图 10.2(a) 中以红色线表示。根据拦截器能力或为避免地面损伤,我们确定了最低拦截高度。然后,可据此计算拦截器飞到该点所需时间,以防御点到拦截点的距离除以拦截器平均速度即可得该时间近似值,图 10.2(a) 中该时间以蓝色线表示。此外,在实施拦截之前,还需在上述时间的基础上再加探测、辨别、决策以及确定目标位置所需的时间。然后据此计算出可在此时间前发现目标所需的传感器探测范围。图 10.2(a) 中该探测范围以绿色线表示。我们可设定不同拦截器速度,重复上述计算,即得到图 10.2(b) 中所示的权衡关系曲线。据此可知,为了达到特定向前覆盖区,可选择一个速度较快的拦截器和一个探测距离较短的传感器,或一个速度稍慢的拦截器和一个探测距离较远的传感器。欲防御更大覆盖区,必须使用更好的传感器或拦截器(或两者同时优化)。同时还应注意,我们对负向向前覆盖区也很感兴趣。这种情况相当于一个防御炮位不能为自身提供防御,但可以防御其后方的目标,此功能对于机动防御较为有利,这意味着在机动防御过程中攻击弹头无法打击防御部队本身。

这种权衡关系曲线的重要应用之一是最大程度地减少防御成本。探测距离较长的传感器和速度更快的拦截器费用较高。如果需防御较大范围,则需要更多能够覆盖小范围区域的防御单位,而如果防御系统的覆盖区较大,则所需防御单位数量较上述情况更少。所以从根本上讲,此权衡关系曲线是弹道导弹国防系统分析中常见的数量和质量的权衡。此外,与此次权衡关系相关的另一个考虑因素是攻击规模。通常情况下,传感器可重复用于探测攻击中的所有导弹,而拦截器只能一次性用于一个攻击弹头。假设拦截器摧毁率百分之百,则在一次含 N 枚导弹的攻击中,我们需要一个传感器和 N 个拦截器。根据 N 值大小不同,图 10.2(b) 中权衡曲线上的最低成本点可能向速度更慢或更快的拦截器区域移动。

上述类型的分析适用于防御点目标或小区域目标的弹道导弹防御系统,如发射井或军事目标。此类型弹道导弹防御系统通常同位配置传感器和拦截器,成本是非常重要的考虑因素。对于较大区域的防御,如平民保护,分析过程将更加复杂,各拦截器可能离为其提供目标信息的传感器非常远。

对于远程攻击导弹,必须对上述分析过程加以修改,将地球表面曲率以及目标和拦截器各自轨迹的曲率纳入考虑因素。该分析过程更为复杂,但本质与图10.2所示原理相同。我们简要介绍此分析过程,以及在此情况下弹道导弹防御系统的新特点。

在远程导弹的防御中,人们更倾向于将传感器和拦截器设置在不同位置。以下分析将阐明其原因。我们将把拦截器分析和传感器分析分开。首先讨论拦截器覆盖范围。图10.3显示了拦截器飞往其覆盖范围内任何一点所需时间。该图称为拦截器飞出位置图,此图沿竖轴旋转对称。

图10.3的上图表示远程拦截器飞出等时线。最大高度和最大地面距离均在拦截器覆盖范围内。通常拦截器到达覆盖范围边缘所需时间比到达顶端时间更长。图10.3的下图中,我们在同一以拦截器为原点的坐标系中添加攻击弹道轨迹,以便能确定各种可能的拦截点位置。每个潜在的拦截点都有一个拦截器飞行时间和对应的拦截器发射时间,在此时间段发射拦截器可使拦截器在目标到达拦截点时同时到达从而实现拦截。(弹道导弹的此类计算非常简单,因为弹道导弹在大气层外通常不会机动。)告知拦截器目标位置是传感器网络的职能。传感器需在发射拦截器之前充分准确地预测目标弹道轨迹。

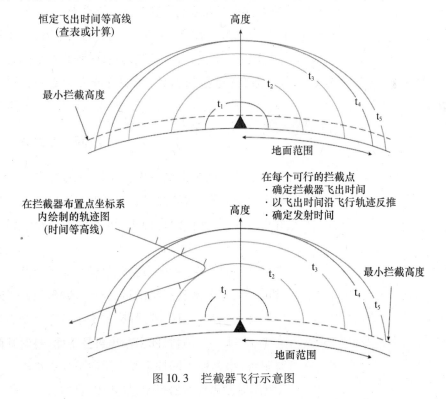

图10.3　拦截器飞行示意图

在很多情况下,目标导弹的飞行时间足够长,防御系统可拥有多次发射机会,以补救拦截失败的拦截器。此过程称为"射击 – 观察 – 射击"(SLS),在实现所需的性能水平前提下,可显著减少拦截器数量。图 10.3 中所示的分析过程可扩展应用于上述 SLS 的情况,如图 10.4 所示。

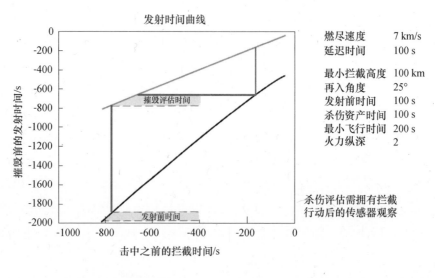

燃尽速度	7 km/s
延迟时间	100 s
最小拦截高度	100 km
再入角度	25°
发射前时间	100 s
杀伤资产时间	100 s
最小飞行时间	200 s
火力纵深	2

杀伤评估需拥有拦截行动后的传感器观察

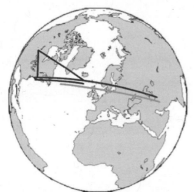

	纬度/(°)	经度/(°)
发射	36	56
冲击	42	-71
拦截器	48	-97

事件发生时间	最早/s	最迟/s
发射	-1994	
发射	-1883	-462
拦截	-814	-38
击中		0

——— 弹道轨迹
——— 拦截时间窗口
——— 发射时间窗口

图 10.4 拦截器时间轴

此处我们考虑从中东到波士顿的洲际弹道导弹轨迹。美国北达科他州有远程拦截器。图 10.4 给出了拦截器发射时间点(发射窗口)以及实现拦截的时间点(拦截窗口)。如果我们考虑沿弹道轨迹上的不同点实施拦截,图中的黑色曲线显示了拦截器发射时间随拦截时间的变化情况(两者均为撞击前时间)。图中绿色曲线为结构曲线,可简化对独立射击机会次数的决策。在上述计算中,我们假设整个弹道轨迹均被传感器范围所覆盖。我们考虑第一次拦截应在 – 1883s

时发射,在 −814s 时实现拦截。如果拦截成功,则任务完成。如果第一次拦截失败,则仍有时间进行第二次发射。如果我们等待 100s 后,在 −714s 发射备用拦截器,则拦截器将于 −714s 实现拦截。此时,已没有时间进行第三次拦截。"射击 − 观察 − 射击"机会的次数称为火力纵深。如果火力纵深为 3,即可认为具备 SLSLS 能力。稍后,会发现 SLS 能在显著节约拦截器的情况下,降低系统疏漏。然而,为实现 SLS 能力,我们就需要快速、远程拦截器,传感器覆盖范围应涵盖绝大部分弹道轨迹,同时,还应具有评估第一次拦截成功与否的能力。与前述方案类似,我们所面对的又是一个数量 − 质量之间的折中方案。

接下来,讨论实现拦截器有效覆盖范围所需的传感器覆盖范围的问题。图 10.5 解释了为什么运用逆发射方向的传感器可以最大程度地提高远程导弹防御的覆盖范围,从而为距离防御区域较近的拦截器提供目标信息。

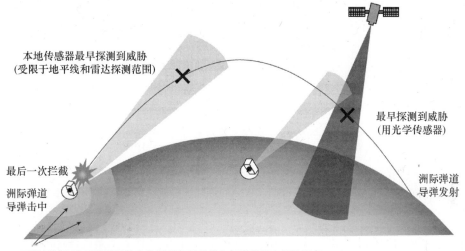

图 10.5 防御覆盖区的确定

如果我们在防御区域同时部署传感器和拦截器,传感器在威胁接近其弹道轨迹末端之前就无法探测到该威胁的存在。探测时间受限于目标越过地平线以及进入传感器探测范围两个时间点。就洲际弹道导弹而言,通常在威胁到达其弹道轨迹的最后 1/3 时传感器才能探测到威胁。防御覆盖区受限于拦截器发射至实际拦截期间拦截器的飞行距离。该距离在图中用绿线表示。然而,如果在导弹发射点附近部署传感器,即可提前较长时间确定导弹弹道轨迹,可供拦截器飞行的时间几乎为此前的 3 倍,从而大大提升防御覆盖区。此覆盖范围在

图 10.5 中以粉色区域表示(为使拦截器覆盖区域计算结果更加精确,我们会考察防御区域内所有点的弹道轨迹。此过程甚为繁冗,但得到的结果与利用公式"距离 = 速度×时间"的计算结果类似。)实际中,拥有 3 倍的拦截器飞行时间不一定等于覆盖区半径变为原来的 3 倍,因为无论拥有多长的飞行时间,拦截器都无法飞行太远的距离。想要以单个拦截器部署点获得全美的覆盖范围,既需要飞行速度很快的拦截器,也需要可在威胁性目标发射后不久即可探测到目标的传感器。实现更大的覆盖范围,必须早在本地传感器探测到目标之前,便能获得基于逆发射方向的传感器数据。系统操作员可能需要一段时间才能确认这些来自远端传感器的数据,但如欲实现防御范围覆盖全美,则别无他法。下面将讨论传感器覆盖范围。

10.3.2　传感器覆盖范围

本节讨论决定雷达或红外(IR)传感器探测距离的相关因素。雷达探测距离可用雷达方程式计算,该方程式将雷达的性能与若干雷达设计参数联系起来。雷达方程式的推导可参见附录 10A;本节主要介绍该方程的应用。我们使用的雷达方程形式为

$$PA/kT\,L = 4\pi\Omega R^4(S/N)/\sigma t \qquad (10.3)$$

式中:P 为雷达平均功率;A 为天线有效面积;Ω 为雷达在时间 t 中须搜索的立体角;R 为雷达探测距离;S/N 为信噪比;σ 为目标雷达截面;T 为接收机噪声温度;L 为总雷达损耗;$k = 1.38 \times 10^{-23}$(公制单位)为玻耳兹曼常数。事实上,由于玻耳兹曼常数非常小,远程雷达才得以实现。(搜索立体角 Ω 是对我们必须搜索的球面部分的度量,如果我们搜索整个球体,Ω 即等于 4π)。在式(10.3)中,我们重新排列雷达方程,等号左侧为设计参数,右侧为性能参数。

等式右侧数值越大意味着雷达性能越强,即可以在更远距离更快地搜索更大扇区和/或针对更小的目标实现更高的信噪比。等式左侧数值越大意味着雷达成本越贵,即要求更大功率、更大的天线和/或更低的噪声和损耗。与拦截器的情况类似,我们可选择部署更多性能较低的雷达或数量更少但性能较高的雷达,这是数量和质量之间的又一次权衡。

在笔者初学雷达方程时,有人说它很简单,任何人都可以学习应用,但同时又很复杂,任何人都可能犯错。在继续系统分析和得出结论之前,进行完整性检查(如第 10.5.6 节所述)至关重要。

雷达方程一个有趣的方面是,所有重要因素均以乘数的形式存在。如果我

们在双对数坐标纸上绘图,即可在一张图上研究 6 个变量之间的相互关系。图 10.6 所示即为一个搜索雷达图(在林肯实验室,笔者因善于将所有元素塞进同一张图而小有名气)。

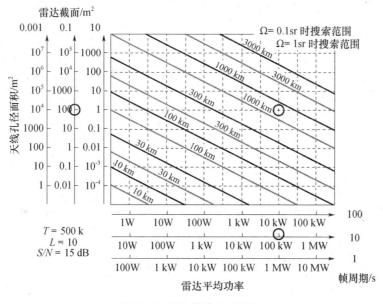

图 10.6　雷达搜索方程标度

图中,我们所绘搜索范围为雷达平均功率和天线面积的函数,并根据搜索帧周期设置了不同功率数值,根据目标雷达截面设置了不同孔径尺寸。我们还用不同颜色绘制不同范围以表示不同的搜索扇区。或许还可以通过虚实线再增加一个维度,但这可能降低图表的易用性(玩笑而已)。作为图 10.6 的应用案例,假定平均功率为 100kW、雷达孔径为 100m²,在 10s 内搜索球面,寻找面积为 0.1m² 的目标(假设图中已给定 T、L 和 S/N 值)。我们可通过相应的 P 和 A 标度,利用黑色曲线确定最大探测距离约为 700km。

我们可以对红外传感器进行一个间接的对比分析。假设传感器是无源传感器,对来自目标和来自传感器内部与外部的背景信号源发射的辐射进行响应。为确保探测和跟踪结果,来自目标的信号强度应明显超过来自背景的噪声。信号和背景均取决于红外辐射物体的温度。为探测处于室温水平的目标,传感器需要具备一系列冷却的光学器件和焦平面,并在空间背景下观测目标。我们不打算在此推导红外信噪比的精确计算方程式,但将阐述诸如搜索立体角、搜索时间、范围、传感器孔径、焦平面尺寸以及背景和信号水平等参数之间的比例关系。

在光推导学方程式时,可在角空间中考虑多个分辨率或视场(FOV)变量。图10.7给出了这些变量。光学方程式的实际推导过程可参见附录10B。

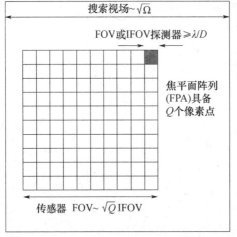

图10.7　角空间中的视场(FOV)变量

我们使用的光学方程式如下:

$$QA/LI_b \sim (S/N)^2 \Omega R^4/t \, I_t^2 \qquad (10.4)$$

与雷达方程一样,我们将设计参数放在左侧,性能参数放在右侧。在等式(10.4)中,A 为望远镜区域,Q 为焦平面中像素点数量,I_b 为背景强度,I_t 为目标强度。Ω、R、t、L 和 S/N 与雷达方程含义相同。

在此形式的方程中,方程左(设计)侧的 QA 表示传感器功率和孔径的乘积,I_b 表示噪声。同样道理,左侧数值增大将导致传感器成本增加。方程右(性能)侧的 Ω、t 和 R 的形式和关系与雷达方程中的相同。与雷达方程式相比,此方程右侧对目标强度 I_t 和 S/N 的关系为二次方而非线性关系。这种差异并不奇怪,因为传感器类型差异很大,如果两者之间无差异反而奇怪。

下面讨论弹道导弹防御系统疏漏率的建模问题。以下分析过程将运用上述分析得到的大量覆盖范围结果。

10.4　疏漏率分析

本节介绍了弹道导弹防御系统必须实现的主要功能:探测、识别和摧毁。每个功能的性能均取决于威胁对象和防御传感器与拦截器的多个属性。在防御组件上投入更多资金或购买更多组件,均能提高上述功能的性能。如上所述,探测受制于传感器覆盖范围,但同时还受制于由传感器灵敏度不足而难以以克服的噪声或无用背景信号。传感器也受隐形或波动目标的影响。本节将推导各种情况下的探测疏漏率,但一个重要的结论是,提升性能通常花费不菲。识别性能取决于弹头和诱饵之间的测量差异。在进攻与防御之间的博弈中,失败的一方将采取新的对抗措施或反制措施。本节并不讨论具体的目标或技术,而是给出一个统计模型,以确定为避免向假目标发射过多拦截器,识别功能必须达到何种水平。最后,将讨论如何不断提高对目标轨迹的估算能力和使拦截器持续跟踪目标的能力,确保目标始终在其覆盖范围内,并为摧毁功能建立模型。本节内容基本上较为独立,因此读者可只选择阅读感兴趣的内容。

疏漏率是防御质量的度量标准。如果防御系统滴水不漏,则疏漏率为零。如果防御系统毫无作用,则疏漏率为1。下面讨论所有可能的防御失败情况,并阐述导致疏漏的最重要因素。由于疏漏率为概率值,所以许多计算具有概率性质。

欲了解弹道导弹防御系统如何产生疏漏,需考虑成功实现防御时所需要的功能顺序。该顺序通常可以杀伤链表示,如图10.8所示。

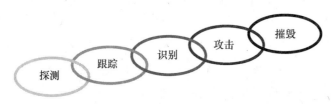

如果此链当中任何环节受损,防御将无法成功

图10.8 弹道导弹防御系统杀伤链

我们在此杀伤链中引入与识别相关的2个的功能和2个与杀伤相关的功能。其中,跟踪功能可确定目标位置及其目的地,识别功能可确定目标的属性;攻击功能可判定拦截器是否可及时抵达目标,杀伤功能可确定拦截器是否可以摧毁目标。本节对杀伤链进行了简化,只讨论探测、识别和杀伤(DIK),如式(10.2)所示。我们逐一讨论各功能可能发生的易导致疏漏的错误。还将讨论防御一方可采取哪些措施以减少上述疏漏。此时,我们再次面临数量和质量之间的权衡问题,以降低疏漏率。在分析造成疏漏的原因之前,有必要先了解疏漏所导致的后果。

图10.9指出防御目标生存概率取决于弹道导弹防御系统的疏漏率和攻击规模。由于仅一个疏漏即可导致防御目标被摧毁(假定攻击为核武器攻击),因

此仅当所有攻击弹头均被摧毁时,防御目标才能生存。表述此关系的公式为

$$目标生存概率 = (1 - 疏漏率)^{攻击弹头数} \qquad (10.5)$$

在进行疏漏率计算时,可利用防御成功率等于 1 减去疏漏率的等式关系。利用此关系可简化方程和计算。

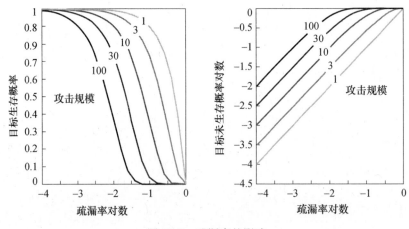

图 10.9 疏漏率的影响

图 10.9 中左侧为生存概率线性图,右侧为生存概率对数图。从左图中可以看出随着疏漏率和攻击规模增大,防御目标的生存概率急剧下降。从右图中可以看出欲实现较高目标存活概率,容许的疏漏率有多低。下面讨论导致探测、识别和摧毁等主要防御功能发生疏漏的一些因素。探测和识别功能主要由传感器实现,而摧毁功能主要由拦截器完成。

10.4.1 探测

如果攻击弹头未被探测到或太晚被探测到,则无论识别和摧毁功能多么强大,攻击者都会突破防御。

可通过地理、几何和概率等综合方法确定探测过程中的疏漏。10.2 节讨论了防御性交战所需执行的时间轴。该时间轴假定目标探测每个潜在的攻击弹道轨迹需要特定时间。如果探测未能在此时间点之前完成,即会导致防御疏漏。探测失败的原因包括:

(1) 传感器距威胁目标位置太远。

(2) 威胁目标位于传感器所在地平线以下。

(3) 传感器探测错误方向。

(4) 传感器灵敏度不足,无法发现目标。

（5）目标数量太多,超过了传感器处理能力。

（6）目标较预设值更微弱。

（7）噪声较预期值更高。

上述故障模式中有些是确定性的,另一些则是概率性的。地理和几何问题通常导致 0 或 100% 疏漏率,而灵敏度和信噪比问题可导致概率性疏漏。地理和几何问题案例如图 10.10 所示。图中所示为通过位于地中海东部的单面阵列雷达观察到的从中东到美国的两条轨迹。此雷达只能探测到地平线以上和 90°扇区内的目标,此称为雷达的视场。

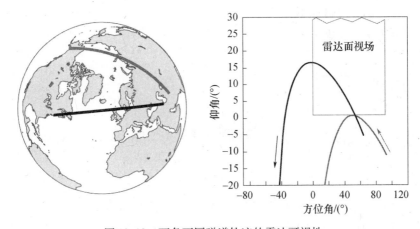

图 10.10　两条不同弹道轨迹的雷达可视性

对于图 10.10 中所示的到达美国东海岸的轨迹,威胁会在很长一段时间内处在雷达视野范围内。而对于打击目标在阿拉斯加境内的轨迹,威胁则始终位于雷达地平线以下。无论雷达能力多强,都不会探测到雷达视场以外的目标。这就需要用更多的传感器站点来探测上述威胁。对于雷达视场内的目标,探测概率取决于雷达灵敏度、目标范围和目标雷达截面。在此情况下探测概率计算如下。

对于雷达视场之外的目标,有许多处理方案来解决疏漏。可部署更多雷达以覆盖部分此雷达探测范围的缺漏。在这种情况下,地理位置就能发挥其作用。为更早覆盖所有到达阿拉斯加的弹道轨道,需在苏联境内、飞机上或太空上部署传感器。另一种方法是等待攻击弹头进入阿拉斯加或北冰洋传感器的可见范围。在此情况下,或需要更多拦截器部署点或飞行速度更快的拦截器,以弥补由于探测疏漏而失去的时间。通常情况下,为探测到所有威胁轨迹的覆盖区域,须部署多个防御传感器。由于我们无法事先得知哪些传感器将探测到威胁,因此有必要将所有传感器相互连接形成网络,以便任何一个传感器均可提供发射拦截器所需信息。这种部署对于负责防御较大区域和/或针对较大攻击国家的系统尤其必要。防御小型高价值目标,使用同时部署传感器和拦截器的点防御即可。

下面将讨论弹道轨迹穿透传感器视场的情况,并探讨探测概率、目标信噪比与防御系统所采取的探测方法的相互关系。图10.11所示为各种情况下信号水平与噪声水平的对比。图中显示了信号水平与概率密度之间的函数图。传感器最有可能发现曲线顶端附近的信号水平,但传感器也有较小可能会在目标存在时发现较弱信号或目标不存在时发现的较强信号。正是这些小概率事件导致了传感器探测疏漏和虚警。

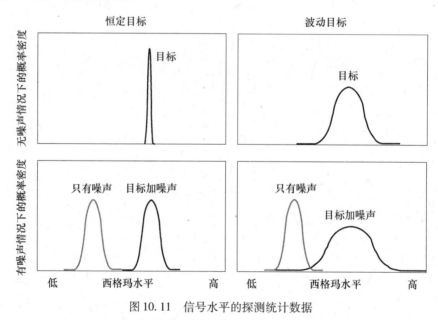

图10.11　信号水平的探测统计数据

我们分别考虑有无噪声干扰两种情况,以及具备恒定和波动信号水平的目标。在每种情况下,均存在有目标的分辨率单元信号水平的概率分布和只有噪声的所有单元信号水平概率分布。探测过程中,搜索量中或包含数百万个分辨率单元,尽可能维持较小的探测噪声概率非常重要。传统做法是设置一个远高于平均噪声水平的阈值,将虚警率 P_{fa} 降低至 10^{-6} 或 10^{-8},因而每个搜索帧中仅存在极少次虚警。由此,探测概率即为高于此阈值的目标回波的概率。因此,我们可将探测概率作为 S/N 水平的函数进行计算,图10.12所示为不同虚警率条件下,雷达传感器的样本结果。

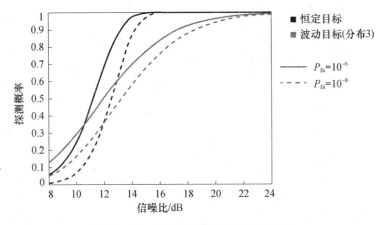

图 10.12　恒定目标和波动目标的探测

注意，S/N 标度以分贝(dB)为单位。这是一个对数标度，其中相差 10dB 即系数为 10，因此 0dB = 1，10dB = 10，20dB = 100，30dB = 1000，以此类推。我们可以看到，S/N 值增加时，探测概率 P_d 稳定增加。如果我们要求更低的虚警率，则探测概率因 S/N 值而同样降低。我们还可看到，波动目标的曲线比恒定目标曲线更平缓。在 S/N 水平较低时，目标的波动可能导致测量信号偶尔超过探测阈值，而对于恒定目标而言，只有噪声可能导致此现象发生。然而，在 S/N 水平较高时，恒定目标具有比波动目标更高的探测概率。在该区域中，目标波动可能导致测量信号低于探测阈值。在最高的探测概率下，我们可以使用不同策略探测波动目标，从而显著节省大量的雷达能量。我们注意到，实线红色曲线显示，在 S/N 为 17dB 时，P_d 值可达到 0.9，但要使 P_d 值达到 0.99，则需使 S/N 达到约 23dB。如果使用 2 个独立的、S/N 值均为 17dB 的脉冲代替额外 6dB 能量，且接受对任一脉冲的探测，则其中一个脉冲未探测到的概率为 0.1，2 个脉冲均未探测到的概率为 0.0。由于因数 2 表示 3dB，所以我们仅用 20dB 的能量即可获得基本相同的 $P_d(0.99)$。在更严谨的目标波动模型中，这种回报甚至更大。

通过上述讨论可知，探测概率随着信噪比水平提高而增大。式(10.3)表明，对于特定雷达，如需增加信噪比，则雷达可探测范围将降低。而可探测范围降低将导致雷达探测覆盖范围减小。除了数量与质量之间的权衡关系，还需要在覆盖范围与疏漏率之间加以权衡。事实上，疏漏率将随覆盖面积的变化而变化，因此在防御区域内所有点都存在上述权衡关系。

虽然上述分析只针对雷达传感器，但对红外和光学传感器进行分析也可得到类似结果。基本结论是，P_d 会随 S/N 值和 P_{fa} 的增加而增加，且目标波动会导

致获得极高 P_d 时成本大增。接下来讨论杀伤链的下一个步骤:目标识别。

10.4.2 识别

目标识别过程需要回答以下问题:目标是什么? 目标在哪里? 目标要去哪里? "是什么"通常被称为识别,"在/去哪里"问题通常被称为跟踪,此问题相对较容易分析。对目标的每个测量数据都透露了其在空间中的位置或许还有速度等信息。综合一系列测量数据,即可增加我们对目标状态向量(包括任一时刻的位置和速度向量)的了解。当目标位于大气层外时,其运动遵守弹道轨迹,这一轨迹具有可预测性,因此一旦确定了目标在任一时刻的状态矢量即可确定其未来各时间点的状态矢量。每个状态向量均符合关联协方差矩阵关系,这决定着目标状态的不确定性。在预测目标未来轨迹时,目标速度的不确定性可转化为未来位置不确定性。不确定性程度为传感器测量准确性、跟踪时间和监测率的函数。传感器测量准确性是传感器偏移(未指向我们认为其应指向的位置)和传感器精度综合的结果。如果多个传感器跟踪一个目标,则其不确定性程度相较于单个传感器明显降低,前提条件是对同一目标的测量值正确关联。如果传感器发现空间密集分布着多个目标,则上述测量数据关联问题即变得非常棘手。

一般情况下,雷达传感器能非常精确地测量范围,而角度(方位角和仰角)测量相对较差。雷达的不确定性微乎其微。无源光学传感器恰恰相反,它们能相当精确地测量角度,而根本无法测量距离。无源传感器可以通过长时间跟踪并观察目标在重力场中的轨迹曲率来推测其距离。相反,我们可利用两个三角测量或立体模式下的无源传感器来确定距离。同理,此设置仅在两个传感器正确关联目标时有效。

对处在推进阶段或再入阶段的目标,由于其加速度未知,因而跟踪和预测的不确定性更大。加速度的不确定性会很快导致目标位置较大的不确定性。很多情况下,目标的加速度与速度矢量平行。这种情况适用于推进阶段和再入阶段目标。其中,推进阶段目标受到的推力与速度矢量方向相同,而再入阶段目标所受牵引力也与速度矢量方向相同。在上述情况下,我们可以用位置、速度和加速度的不确定性来表述未来某时间点 $\sigma_x(t)$,目标位置的不确定性:

$$\sigma_x(t)^2 = \sigma_x(0)^2 + \sigma_v(0)^2 t^2 + (\sigma_{acc}(0)/2)^2 t^4 \tag{10.6}$$

图 10.13 为该方程利用部分样本值在线性和对数坐标中绘制的图形。我们可以看出,在不同时间段,不同误差来源在预测误差中占主导因素。如果我们观

察导弹推进阶段的某个部分而未观察助推器熄火（此时为导弹轨迹中弹道飞行阶段的起点），且在弹道中段预测目标位置，则加速度的不确定性导致的预测位置误差动辄可达到数百甚至数千千米。如果在助推器熄火后观察到导弹，则加速度的不确定性为零，而速度的不确定性通常会成为误差的主要来源。

由于各种原因，这些预测误差可转化为拦截器疏漏率。对于单个目标，如果预测误差大于拦截器的变轨能力，则拦截器能够瞄准和击中目标的概率降低。如果在预定拦截位置或其附近存在多个目标，则拦截器有可能会选中错误目标，同样可能增大疏漏率。下一小节会进一步讨论各种疏漏原因。下面分析识别疏漏概率。当传感器将目标错误识别为弹头而未攻击真正弹头时，即为识别疏漏。

识别过程建模与上文所述探测过程建模类似。此时我们试图在传感器测量的基础上区分弹头和诱饵。此案例与图 10.11 所示情况类似，任何尺寸的诱饵和弹头都具备概率分布，可用于辨别二者。然而，诱饵不同于噪声，它们被故意设计成类似弹头的样子。识别问题有别于探测问题的另一点是，我们试图拒绝数量有限的诱饵（从几个到几百个），而不会试图抑制仅包含噪声的数百万分辨率单元。

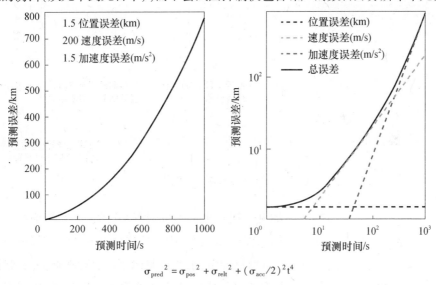

$$\sigma_{pred}^2 = \sigma_{pos}^2 + \sigma_{relt}^2 + (\sigma_{acc}/2)^2 t^4$$

图 10.13　雷达对不同弹道轨迹的可视性

发现诱饵和弹头外形区别的能力取决于诱饵和弹头的设计、关于这些设计的军事情报信息和防御传感器的测量能力。当轻型诱饵在大气层外的弹道上飞行时，其飞行轨迹与重弹头基本相同。如没有具体细节，对二者进行区分的能力取决于弹头和诱饵的信号，该信号是时间、空间和波长的函数。信号与时间的相互关系表征了目标的角运动。空间相互关系描述了目标的尺寸和形状。对雷达而言,波长描述了目标的形状和表层材料。对于红外波长而言,波长相互关系表明了目标温度和表层材料信息。通常情况下,一旦拥有潜在威胁对象的测量数据,便可开发在真实攻击中区别目标的识别算法。然而,如果存在我们从未见过的威胁对象,就需要更强大的识别技术。下文将不讨论具体的辨别技术,而是阐述辨别性能建模方法和不同作战场景下对辨别的要求。

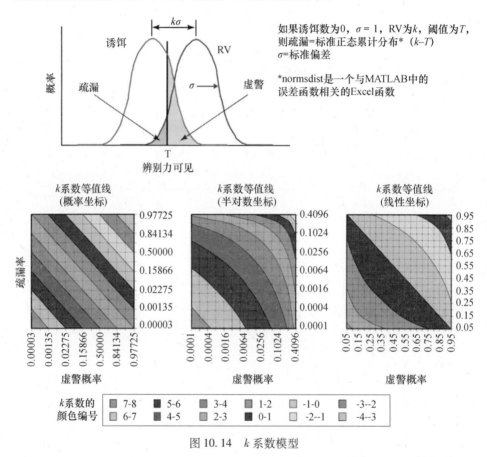

图 10.14 k 系数模型

图 10.14 给出了一个简单实用的辨别力性能模型,该模型与上文所述的探测模型相似。我们用高斯曲线模拟弹头(我们称之为再入飞行器,简写为RV)和诱饵的分布情况,两者在辨别力维度上具有相等的标准偏差。两种分布平均值之间的差值为此共同标准偏差的 k 倍。因此,我们将辨别力性能降低为一个单数。k 系数越高,防御性能越好(较好的辨别力和较低疏漏率)。在一次攻击中,先为防御系统设定一个阈值,然后将所有超过该阈值的目标分类为弹头,其他所有目标分类为诱饵。如果防御系统将诱饵误认为弹头(虚

警）或将弹头误认为诱饵（疏漏），则防御系统发生错误。下面讨论如何根据诱饵数量、防御拦截器数量和可容忍辨别疏漏率设置此阈值。疏漏、虚警和 k 系数之间的权衡关系参见图 10.14 中所示的 3 个等值线图。每对疏漏率 P_{L} 和虚警概率 P_{fa} 对应一个具体 k 系数。反过来讲，每个 k 值对应一个特定的疏漏率和虚警权衡关系。如果将疏漏率和虚警概率绘制在概率坐标上，则常数 k 的图形为笔直、等距直线。而在线性或半对数坐标上绘制的图则更复杂。请注意，图中显示了 k 为负值时的情况。这些数值对应现实攻击中诱饵比弹头更像弹头的情况。如果防御系统获得的有关威胁目标形状的情报信息不正确，则可能发生上述混淆情况。

下面，我们研究如何利用更多的拦截器弥补辨别疏漏。图 10.15 展示了疏漏率的计算方法。

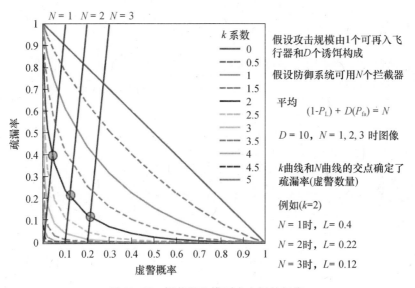

图 10.15　拦截器和辨别力之间的权衡

我们在此假设的攻击对象包含 1 枚可再入飞行器和 10 个诱饵。根据鉴别 k 系数，我们将在其中一条曲线上进行操作。如果在此次攻击中可使用 N 个拦截器，则我们只能在其中一条上升直线上操作。这些直线分别对应使用 1 个、2 个或 3 个拦截器的情况。拦截器曲线与 k 系数曲线的交点为操作点，我们可直接读出识别漏洞率，此即为防御系统将可再入飞行器分类为诱饵、且不向其发射拦截器的概率。从图中可看到，可通过提高 k 系数或使用更多拦截器以降低疏漏率。图 10.16 显示更广范围参数条件下的权衡关系。

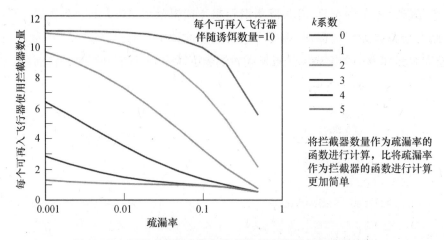

图 10.16　以更大范围参数权衡拦截器和辨别力之间的关系

我们可以看出,对较高疏漏率,可增加少量拦截器以弥补较低 k 系数,但要实现低疏漏率,则需要更高的 k 系数。本章接下来介绍如何综合应对因辨别力导致的疏漏和因拦截器不可靠引起的疏漏。

本节需要注意的最后一点是辨别力性能与一次攻击中诱饵数量之间的关系。欲了解这一权衡关系,我们必须从攻击者的角度考虑。图 10.17 考察了攻击者所拥有部分选择。

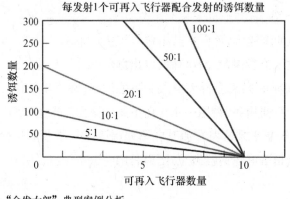

图 10.17　攻击者的有效负载选项

148

攻击方使用诱饵是有成本的。如果诱饵无法吸引拦截器,则是资源的浪费,攻击方不应使用。图 10.17 阐述了部分这些观点。为便于说明,图中所示案例为一枚导弹可携带 10 个可再入飞行器。如果攻击方想要使用诱饵,则必须卸下部分可再入飞行器。我们分别考察攻击方用 5 个、10 个、20 个、50 个或 100 个诱饵代替 1 枚可再入飞行器的情况。攻击方可以选择使用何种类型的诱饵和将多少可再入飞行器替换为诱饵,并且可在图中任一曲线上进行操作。很明显,攻击方不想卸下所有可再入飞行器,因为诱饵不具备任何杀伤力。轻型诱饵较容易辨别,但数量众多可使防御传感器过载,此类诱饵称为交通诱饵。较重的诱饵更难辨别,但防御系统或有能力将其全部击落。攻击方必须评估上述所有可能性,选择一种特定的威胁方案。

图 10.17 是"金发女郎"典型案例分析,攻击方选择了中等尺寸的诱饵作为其最佳选择。防御方或受此诱饵的诱骗,将该诱饵视为真实威胁并改变设计以战胜这一威胁。两种特例是,防御系统可能会得到一个判断式,忽略上述诱饵而仅向可再入飞行器发射一个拦截器;或防御系统完全不对探测到的目标加以辨别,向可再入飞行器和 4 个诱饵同时发射拦截器。如果攻击方使用最优攻击策略,则上述两种策略均能凑效。但如果攻击方采用一种次优策略,则上述两种防御策略均将失败。如果防御方使用的判别式是忽略中等尺寸诱饵、而非重型诱饵,则其必须使用 2 个拦截器(与最佳攻击策略下使用 1 个拦截器相反)拦截左图所示攻击中的 1 个可再入飞行器和 1 个重型诱饵。相反,在图中含 15 个交通诱饵的攻击中,如果防御系统选择拦截所有诱饵和弹头,则防御系统将不得不使用 16 个拦截器(与最佳攻击策略情况下使用 5 个拦截器相反)。如果要应对攻击方发射过来的所有目标,防御方必须拥有充足的拦截器以射向其无法辨别的诱饵,还必须拥有足够的辨别力以忽略其无能力发射拦截器的目标。上述要求将大大增加防御系统的成本(但稳健性也更强)。

通过对图 10.17 的详细分析,可以确定需要何种 k 系数才能消除攻击方使用诱饵造成的损失。下面借助一个实例说明该流程。假设攻击方使用 40∶1 诱饵,并卸下 2 个可再入飞行器。则攻击中包含 80 个诱饵和 8 个可再入飞行器,即图 10.15 和 10.16 中每个可再入飞行器配备 10 个诱饵的比例。如果拦截器性能完美,我们将需要 10 枚拦截器应对所有可再入飞行器威胁。如果攻击中仅包含 8 个可再入飞行器,则我们还能负担向 80 个诱饵中的 2 个发射拦截器,此时的虚警率为 0.025;此时拦截器与可再入飞行器比例为 1.25。如图 10.16 所示,在此情况下,k 系数为 4.5 左右或更高,可以实现低于或等于 1% 的疏漏率。

使用 10∶1 诱饵并卸下 5 个可再入飞行器重复上述分析,可以得到每个可再入飞行器配备 10 个诱饵的比例(5 个可再入飞行器和 50 个诱饵)。然而,由于我们有 10 枚拦截器,我们的拦截器与可再入飞行器比可达 2∶1。在这种情况下,可以 3.7 或更高的 k 系数实现 1% 或更低的疏漏率。在 10∶1 诱饵情况下达到 3.7 的 k 系数是否比在 50∶1 诱饵情况下达到 4.5 的 k 系数更加容易尚不明确,但这些数据可以指导诱饵设计和辨别人员,了解何种性能才能带来不同结果。我们仅在此处讲述了 2 个非常具体的方案。为确定辨别力面临最大压力的情况,还必须研究图 10.17 中的整个威胁空间,并考虑实际诱饵和判别式,而非仅仅假设 k 值。当然,如果要简单表述弹道导弹防御系统性能,确定 k 系数是极好的第一步。下一节将讨论如何权衡辨别力和拦截性能,使总体系统性能最优。首先,我们研究一些重要的杀伤功能问题,以及如果杀伤功能不足将会导致的疏漏率。

10.4.3　杀伤

为全面了解拦截过程中所有可能出错的事项,现将整个弹道导弹防御交战过程分解为多个步骤,通过研究这些步骤,确定何时需要发射拦截器。向拦截器传递目标方位信息的任务由多个安装于拦截器上和位于其他位置的传感器完成,每个传感器从上一个传感器处取目标信息,进行修正、并将其传递给后续传感器。每个传感器产生的误差和传感器之间的目标关联失败均会导致疏漏。随着信息修正和精炼,我们对拦截器发射目标认识更加清晰。在交战中,拦截器展开确保其可以覆盖最终拦截点的剩余不确定因素。随着时间的流逝,我们获得的最终拦截点坐标信息越来越精确,但与此同时,使拦截器转向以覆盖上述不确定因素的时间也越来越少。一旦剩余不确定性大于拦截器剩余的转向覆盖率,则有可能发生疏漏。图 10.18 展示了这一过程。

下面讨论对未来拦截点估算的准确性如何随时间流逝和更多传感器发挥作用而发生的变化。我们将准确性与拦截器转向以覆盖不确定区域的能力加以对比。注意,以对数标度绘制未来拦截点估算准确性图像,该准确性变化区间可达 8 个数量级。两条曲线分别表示我们对拦截点估算的不确定性(绿色线)和拦截器剩余转向能力(蓝色线)。这两条曲线取决于特定的弹道轨迹以及传感器和拦截器的位置与能力;图中曲线应视为范例而非分析结果。我们从图中右侧开始分析,看看随着弹道轨迹的变化将会出现哪些情况;在威胁目标发射之前,我们对在什么位置进行拦截具有很大的不确定性,与之对应的是攻击导弹射程限制了我方防御区域面积。现假设该距离为 10000km,此时,拦截器有充分的时间从地下井发射以覆盖任何飞往防御区域的弹道轨迹,蓝色曲线在绿色曲线之上。一旦导弹发射,红外卫星将跟踪推进器并提供更多有关导弹未来航径的信息。随着导弹燃料燃尽,其未来弹道轨迹越来越明确。只要导弹尾焰足够明亮,卫星跟踪系统(利用两个卫星便能确定单个无源传感器无法确定的射程)才可测出导弹位置随时间变化的函数。图中该量度以粉色部分表示。在最后一级火箭燃料燃尽后,导弹即进入一个确定的弹道。卫星系统以相对较低的数据传输速度,或许无法确定精确的熄火时间,这就会导致导弹燃料燃尽时飞行速度的不确定性,此不确定性等于目标的加速度乘以熄火时间不确定性。就图中所示范例而言,上述速度的不确定性可能导致高达1000km的拦截点不确定范围。但是由于此时还有大量时间可应对威胁,因此无需在此时发射拦截器,蓝色曲线仍远远高于绿色曲线。接下来就进入没有传感器测量的空白区域。此时导弹很可能发射可再入飞行器和诱饵,并为其分别设置不同分离速度,形成一个半径可达100km的威胁综合体。由于此阶段不会进行任何测量工作,因此我们对拦截点的估算也不会有任何提高。

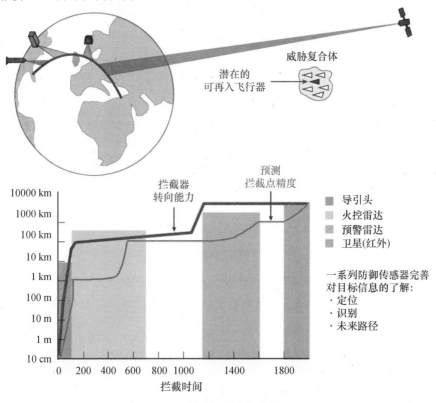

图10.18 弹道导弹防御情景演示

稍后,威胁进入预警雷达的覆盖范围(浅蓝色区),此时我们对目标位置的了解有了很大改进。由于雷达可以测量距离,因而可迅速改进卫星传感器产生的误差量。然而,由于雷达或无法确定威胁云中的可再入飞行器,拦截点不确定度将与云的大小相当。随着时间流逝,我们最终到达拦截器最晚发射时间点。如果此时再不发射拦截器,则其将无法抵达威胁所在位置。应在最晚发射时间点或之前向不确定的威胁中心发射拦截器。当拦截器的主要级燃料燃尽后,拦截器机动覆盖面积即取决于杀伤飞行器(KV)可达到的较小总转向速度 ΔV。随着剩余的拦截时间减少,剩余的机动距离也在减少。如果我们未能获取更多有关威胁的信息,则拦截器的机动能力将降低至拦截点不确定性以下,疏漏将显著增加。幸运的是在此范例中,威胁进入火控雷达的覆盖范围(用黄棕色表示),我们可以获得更多预定拦截点的信息。此信息包含两大内容。首先,也是最重要的,是火控雷达执行辨别功能,确定威胁复合体中哪些目标应当拦截。通常情况下,该识别过程需要占用一部分时间(图中约为 100s)。此外,火控雷达的跟踪准确性通常高于预警雷达。最后的结果是将拦截点不确定度降低至约 1km,而刚好落在拦截器剩余机动能力范围之内。在此节点防御系统有几个选择。过去,拦截器通常携带有杀伤半径可达数千米的核弹头。但对于上述系统而言,由于已经掌握了充分的准确性,拦截器可以直接飞到预定拦截点并引爆。然而,如果使用非核弹头,甚至用动能(HTK)拦截器进行拦截,拦截点的准确性预计需要增加 3~4 个数量级。这一级别的准确性可依靠携带红外导引头的寻的拦截器轻易实现。导引头通过两种方式实现准确性:利用红外功能而非雷达可获得更好的角度准确性,同时随着导引头到目标的距离减小,目标位置的准确性(角度准确性乘以距离)也降低。然而,随着拦截器到目标之间的距离减少,可用于拦截器机动的时间也减少。此处再次需要在提升准确性和降低利用该准确性的能力之间进行权衡。图中蓝色和绿色曲线交叉点为我们提供误差距离的估算值。如果该距离小于目标和拦截器的尺寸,我们将成功实现动能拦截。

充分了解上述各种讨论结果的统计学性质非常重要。通常情况下,目标不确定量是一个椭圆体,越靠近椭圆体中心的位置,目标概率密度越大,而越靠近椭圆体边缘,概率密度越小。若我们将此椭圆体投射到与拦截器目标接近速度矢量垂直的平面上,就会得到图 10.19 所示的椭圆。在这个平面上拦截器机动能力以圆圈表示。圆圈的半径按额定值变化,但该变化通常比半径本身小得多。为简单起见,将其认定为恒定半径。在此情况下,疏漏率即等于目标位置落在拦截器机动半径之外的概率。通过重新设置坐标系的标度,可以将目标分布成圆形并对椭圆面积进行积分得出疏漏概率。

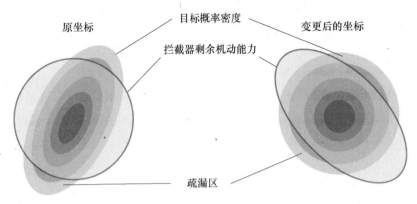

图 10.19　拦截器无法覆盖目标不确定性的情况下形成的疏漏

　　图 10.20 所示的疏漏概率通过拦截器机动半径归一化的目标不确定性长轴和短轴上不同值表示。疏漏概率由每条曲线右侧色块定义的颜色表示。

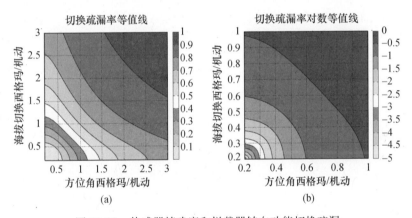

图 10.20　传感器精确度和拦截器转向功能切换疏漏

　　图 10.20(a)为疏漏率线性图,图 10.20(b)所示为疏漏率对数等值线;此方法适于疏漏率较低的情况。(疏漏率对数从 0 至 -4 相当于疏漏率从 1 至 0.0001。)图 10.20 所示为图 10.18 中蓝色曲线(拦截器机动能力)接近绿色曲线(拦截点不确定度)时疏漏率等值线。这些近似交汇点仅在新的传感器获得目标信息并开始发挥作用、或在拦截器调整位置并失去部分机动能力后可能出现。这些疏漏因素相互累加;假如在火控雷达获得目标信息之前,预警雷达预测目标在拦截器机动范围内的概率为70%,随后在导引头获得目标信息之前,火控雷达预测目标在拦截器机动范围内的概率也为70%,则防御系统成功拦截目标的概率至多为49%(70%乘以70%)。若要将疏漏率降低几个百分比甚至更小,需

将切换量调整至小于拦截器机动半径的 $1/3 \sim 1/2$。

当目标信息从一个传感器传递到另一个传感器(即从雷达传递到导引头)时,还可能产生更多复杂因素。两个传感器在尺寸、形状和朝向方面可能存在明显的不确定性。雷达传感器可能探测到红外传感器未能探测到的目标或杂波,反之亦然。在评估防御系统实现众多所需功能的能力时,有必要考虑以上所有因素和可能性。

拦截过程中最后一个测量是误差距离。这仍是导引头提供的不断改善的目标信息准确性与随时间流逝不断降低的拦截器机动能力之间的赛跑。要成功实现动能拦截,就需将误差距离控制在小于目标或拦截器尺寸的范围内。由于误差距离是一个统计量,因此我们可获得一个确定的杀伤概率 P_k,此数值是整体交战胜利概率中的又一个乘数系数。通常情况下,综合拦截过程中所有概率便能得出一个有效 P_k 值。

鉴于拦截过程中所有方面都可能出错,因此实现图 10.9 中所示的低水平疏漏率将非常困难。但是,我们可以选择发射多枚拦截器。如果一枚拦截器的杀伤概率为 0.8,则两枚拦截器中至少有一枚摧毁目标的概率为 0.96(一枚拦截器拦截失败的概率为 0.2;两枚拦截器均拦截失败的概率为 0.04)。如果有足够的作战时间,在确认第一枚拦截器拦截失败后,仍有机会再发射第二枚拦截器。在这种情况下,平均仅需 1.2 枚拦截器就可以达到 0.96 的成功概率,即在第一枚拦截器失败后,发射备用拦截器。回顾图 10.4 可以发现,这种射击 – 观察 – 射击(SLS)的策略仅在防御时间比较充裕的情况下才可以实施。通常可以在防御覆盖区域的中间部分实现 SLS,但在防御覆盖区域的边缘部分,必须连续发射多枚拦截器,才能将疏漏率降到较低水平。

下一节将讨论如何平衡由多种原因导致疏漏(如辨别和拦截),并提供其他平衡方案。

10.5　平衡各疏漏来源

本节介绍了应对不同疏漏原因的几种折中方案。主要理念是通过发射更多数量的拦截器弥补拦截疏漏。特别是可以通过向我们认为是诱饵但不敢确信的某些目标发射拦截器,以弥补识别失误。通过向每个目标发射多枚拦截器可以弥补拦截器不可靠造成的疏漏。本节介绍的模型可以平衡上述两个疏漏原因,以便最有效地利用拦截器。这种折中是弹道导弹防御系统设计和分析中常用手段。无需通过数学细节分析也能理解,拦截器的利用方式多种多样,通过系统分析有可能发现更为有效的利用方式。

前一节分别讨论了各种疏漏原因。如果各种功能中只有一种存在缺陷,则此由缺陷功能导致的疏漏率即为防御系统的总疏漏率。如果有数个功能存在缺陷,除了综合各种原因导致的疏漏之外,还可以采取更多措施。在此,我们举例说明了在综合考虑各种功能的情况下,如何降低辨别疏漏率和拦截疏漏率。

最大程度降低辨别疏漏率的方法之一是向我们认为是诱饵但又不能十分确定的目标发射拦截器。最大程度降低拦截疏漏率的方法之一是向我们认定为可再入飞行器的目标发射更多的拦截器。如果我们单独应对上述疏漏来源,则可能向可再入飞行器和 2 个诱饵发射拦截器,以最大程度降低辨别疏漏率,向每个目标发射 2 枚拦截器,最大程度降低拦截疏漏率,此方案共需发射 6 枚拦截器。如果我们综合考虑辨别和拦截功能,我们或可向非常确定为可再入飞行器的目标发射 2 枚拦截器,向每个我们认为是诱饵但并不十分确定的目标发射 1 枚拦截器。如此一来,仅需 4 枚拦截器即可实现与发射 6 枚拦截器几乎相同的疏漏率。如果已知拦截器 P_k 值和辨别力系数 k,则可以找到一种最佳发射策略,发射特定数量的拦截器以最大程度降低疏漏率,或尽量降低所需发射的拦截器数量,以实现某特定的疏漏率。图 10.21 展示了以 4 枚拦截器应对 1 枚可再入飞行器和 10 枚诱饵构成的攻击中。

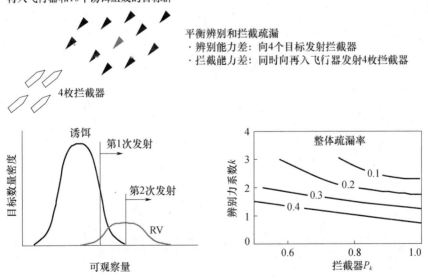

图 10.21 拦截器不可靠会发生什么情况

图 10.21 展示了向每个威胁目标发射拦截器数量的决策流程。我们有多个可观察辨别力阈值。如果目标显然是可再入飞行器,将向其发射 2 枚拦截器。如果目标是一个不确定对象,我们可向其发射 1 枚拦截器。最后,如果目标显然是诱饵,则不会向其发射拦截器。图 10.22 所示为经过上述优化过程发射不同数量拦截器可实现的整体疏漏率。

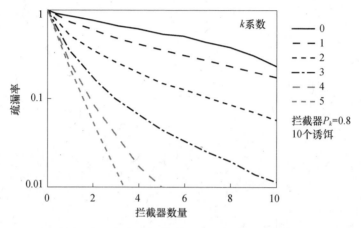

图 10.22　拦截器的辨别力和可靠性之间的权衡

此图类似于图 10.16,即假定拦截器可完全发挥作用。当辨别力和拦截器并不能完全发挥作用时,我们分别单独应对疏漏,将能节省一点拦截器。

第 10.3.3 节探讨了如何利用 SLS 法代替连续发射,以节省拦截器,并降低拦截器疏漏率。然而,只有当防御时间足够充裕,可以在第一次拦截失败后实施第二次拦截时,才能考虑使用 SLS 方法。但如果我们决定向无法确认的诱饵发射多枚拦截器(或因为攻击中包含多个可再入飞行器),则我们可通过交错发射拦截器获得 SLS 方法的许多优势,这样一来,较迟发射的拦截器即可将较早发射拦截器导致的结果作为依据,按照最新信息作出响应。

在图 10.4 中,共有大约 600s 的作战时间(即最早一次拦截和最迟一次拦截之间的时间),此时可采用 SLS 方法。图 10.18 中,在导引头发挥作用的最后阶段时长为 100s,仍有机会实施少数几次拦截。如果以 100s 间隔发射 3 枚拦截器,则仅需要 200s 作战时间即可拥有三次向不同目标发射拦截器的机会,此即称战略连续发射。以最简单的情况为例,假设一次威胁中包含 2 个可再入飞行器,每隔 100s 发射 1 枚拦截器,共发射 3 枚。第一枚拦截器射向第一个可再入飞行器,第二枚拦截器射向第二个可再入飞行器。如果其中任何一枚拦截器拦截失败,即控制第三枚拦截器转向错过的可再入飞行器。如此一来,仅用 3 枚拦截器即可达到与向每个可再入飞行器连续发射 2 枚共发射 4 枚拦截器基本相同的疏漏率。

同理,如果一次攻击中包含 1 枚可再入飞行器和 2 枚我们无法确定的诱饵,或需陆续发射 4 枚拦截器。如果以"确定的"可再入飞行器为目标发射的第一枚拦截器射偏,我们将控制第二枚拦截器转向该可再入飞行器。如果第一枚拦截器命中"确定的"可再入飞行器,但结果发现此目标只是一个诱饵,则我们将控制第二枚拦截器转向下一个最有可能为可再入飞行器的目标。此任务的目标同样是以一定数量拦截器实现更低的疏漏率。在这种情况下,我们实际采用与 SLS 相反的方法,即发射所有拦截器,即使其中部分拦截器并非必需。此方法的优势在于无需延长作战时间就能采用 SLS 方法。图 10.23 对不同情境下不同发射策略的疏漏率与所需拦截器数量关系进行了对比。图例所示为每条曲线的 k 系数、诱饵数量和拦截器发射准则。

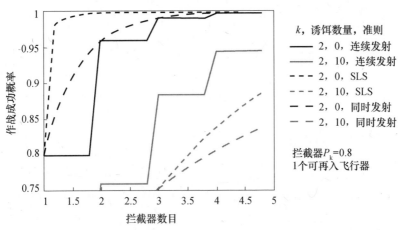

在没有诱饵的情况下,SLS 最优,同时发射次之,连续发射最差
在有诱饵的情况下,连续发射最优,SLS 次之,同时发射最差
顺序会随诱饵和可再入飞行器数量、k 系数和 P_k 值变化

图 10.23 拦截器发射原则对比

拦截器最佳发射策略取决于诱饵和可再入飞行器数量、k 系数和杀伤概率。有效的弹道导弹防御系统应可以采用上述所有发射策略。

至此,我们仅讨论了综合考虑辨别功能与拦截功能的情况。还可以将探测功能与上述两功能综合考虑,但过程非常复杂,在此,我们仅作讨论而不会给出任何结论。传感器探测角度和探测距离范围的局限性以及大量攻击威胁造成传感器过载,就会引发探测疏漏问题。传感器必须将执行任务的时间和资源分配给搜索、跟踪、辨别和拦截器切换等不同功能。平衡上述功能的总体经验法则即

"最末优先"。如果一枚拦截器正飞向某个目标,并需要获得更佳的切换量,则降低此切换量应为该传感器的首要任务。如果需对目标加以辨别,使防御系统不至错失发射拦截器的时机,则辨别应为传感器的下一个优先任务。如果其他目标已经被探测发现,但需在失踪前对其进行跟踪,则跟踪应为该传感器下一优先任务。最后,如果上述任务均已实现,传感器应利用剩余时间和能力寻找新的威胁目标。如果一个传感器减少其搜索所需资源,就可能削弱许多方面的能力,从而增加探测疏漏率。传感器如缩小探测范围,此举可能导致探测不到防御区域边缘的目标攻击。传感器如花费更长时间进行搜索,此举有可能导致部分目标被探测到的机会减少,反而导致疏漏率增加。最后,传感器如设置更高的探测阈值,可能漏掉目标。

对于一个实战的弹道导弹防御系统而言,防御系统必须平衡上述各种形式的疏漏,并制定各种策略,以应对各种潜在的攻击。如何制定这些策略并评估其效果已远远超出了本章讨论的范围。

本章最后一节讨论了弹道导弹防御系统和许多其他防御系统的系统分析的某些共同特性。此讨论是对基本原理和经验法则的综合论述。

10.6　基本原理和经验法则

本节介绍系统分析的一些经验法则,一些示例适用于弹道导弹防御分析。这是一个宽泛的主题,希望能说明一些重要问题。每个主题都单独讨论,但在许多情况下,分析人员必须将其中的几个或全部法则应用于分析。

10.6.1　系统分析需在性能、成本和时间三者之间进行权衡:选择其二

相对于许多其他系统,弹道导弹防御系统实现任务方案有很多,其效果、成本和所需时间却大相径庭。方案的最终确定取决于对各种变量基于最期望目的(或最不期望目的)加以权衡取舍。本节标题中"三者择其二"的说法表明,在完全忽略第三个变量的情况下,我们总是可以满足对其中两个变量的要求。例如,如果我们愿意再等 50 年,借助摩尔定律促进现有的电子学技术发展,我们就能以极低的成本获得性能优异的系统。如果我们愿为此项目投入政府巨资,现在就拥有具备突出性能的系统。最后,如果忽略系统性能,我们现在就可以获得低成本系统。实际上,我们必须在这三个维度中进行权衡和妥协,后续将分节对此进行讨论。

10.6.2　系统分析是一个可微分①过程

人们常说一个人的组件是另一个人的系统。通常,系统分析自上而下进行。我们先来看最高级别的权衡方案,以挑选解决问题的整体方式。然后,我们研究该系统的每个子系统、进一步进行权衡,接下来再研究单元、组件等。图 10.24 展示了总分析过程。通常情况下,系统设计或综合应用采用自上而下和自下而上的思维方式。如果我们了解目前工艺水平或不同系统单元或组件的物理局限性,即能运用这种知识构建整个系统。

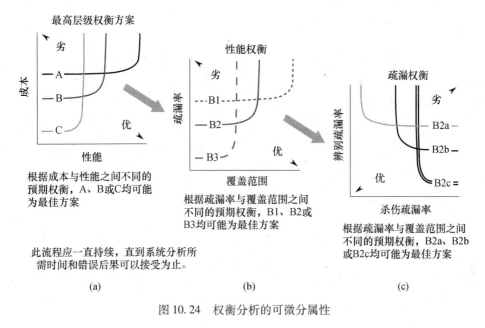

图 10.24　权衡分析的可微分属性

图 10.24(a)为最高层级的成本与性能之间的权衡。图中给出了 3 种不同的选择方案。每种方案均存在一条无论取得何种性能所必需的最低成本渐近线,以及一条无论投入多高成本所能达到的最佳性能渐近线。在此成本－性能坐标系内,每种方案均存在优于其他两种方案的一段区间。在两个维度内进行方案优化时,应谨记"田忌赛马"的策略。根据所欲达到的目的和需求,可以选择一种方案,例如方案 B。接下来看图 10.24(b),我们可以拓展前述性能因素,

---

① 我们使用术语分形的意义是,在系统性能设计时,观察到的细节越多,需要作出的权衡也会越多。分形是用来解释的事实,英国海岸线长度无限制增加时,测量所用尺子却越来越短。同样,对一个系统分析可以无限制地进行,除非受到时间或金钱的制约。

在疏漏率与覆盖范围之间进行权衡。这里,又出现三种选项,会产生不同的性能结果,同理,根据对性能的重要性,选择两项指标。假定这时我们选择 B2。图 10.24(c)所示为对疏漏率轴的详细分析,这里又出现 3 个辨别力疏漏和拦截器疏漏之间权衡。此流程还可以扩展至多个分析层级。在理想情况下,应将各层级分析中的所有选择方案和优化设计呈现在一个 20 或 30 维空间中,而非在最高层级选择一个方案,仅对该方案进行下一层级的分析。然而,这种综合分析法耗时过长,而且包含太多不确定因素,会令人们对整体优化效果存在质疑。系统分析本身也存在分析速度和保真度之间的权衡取舍。利用权衡关系树状结构确定最佳方案需要一定的经验和敏锐的判断力,同时还需要一点运气。雷达之父 Robert Watson - Watt 先生曾表示:"最优方案永远无法实现,第二优方案耗时太久,因此应选择第三优方案"。虽然这一建议并非系统分析的最高原则,但我们应当谨记在心。

10.6.3 最大程度地权衡各系统

前面几节介绍了许多权衡取舍的方案,表明我们能以多种方式实现任务要求。图 10.2 所示的传感器 - 拦截器权衡取舍是一个极好示例。为实现特定的区域覆盖,我们可以部署超远程传感器和速度很慢的拦截器,或超短程传感器和高速拦截器,或一个中程传感器和一个中等速度拦截器。考虑到超远程传感器和高速拦截器的成本和风险系数后,我们很快得出结论:选择中等级别执行单元好于依靠其中一个单元性能过高而另一个单元性能相对较弱的方案。此决策是图 10.17 所示"金发女郎"效应的又一案例。具体设计取决于不同单元的相对技术水平和成本,但总体而言,应设法避免将所有风险集中于系统的某一个单元。随着系统的发展,新的技术进步或开发风险或将令上述最佳设计发生改变,因此有必要维持系统及其单元的灵活性和性能扩展空间,以便需要时更新系统。

"金发女郎"原则的另一个用途是展示研究成果。在展示不同方案时,通常应有三个选项:其中一个成本过高;另一个性能不足;第三个则恰到好处。上述三种不同选项的思路还有助于人们的系统分析,甚至能引发一些灵感,以改善系统综合性能。

10.6.4 考虑子系统接口

第 10.3.3 节讨论了目标信息从雷达传感器传递至拦截器上的红外导引头过程中面临的一些潜在问题。这些是典型的接口问题,能影响系统的性能。在系统设计过程中，接口问题通常关系到通信协议，如确保两个单元使用同样的坐标系和单位，并拥有分割威胁及对目标分配传感器和拦截器的程序。分析中，我们试图找出传感器缺乏或因过载而无法实现预定功能时可能导致的问题。我们想知道如果威胁规模大于或小于系统预期，将会发生什么后果。图 10.25 揭示的信息更适用于系统设计而非系统分析工作，但该图展示了系统分析人员应注意的情况。

图 10.25　各种有效组件的组合未必能保证构成一个有效的系统

10.6.5　谨防假设错误

传感器或拦截器设计师可通过多种方式对威胁目标或环境进行假设，实现性能的大幅提升，而这些假设有时可能并不正确。我们谨在此给出一个案例，即单脉冲角的精度。每个雷达均具备一定的波束宽度，大小约等于波长除以天线直径。在此波束宽度内，雷达总能发现目标的位置。例如，在 X 波段的 2m 天线（波长 0.03m），其波束宽度约为 15mrad（或大约 1°）。在探测距离为 300km 时，此波束宽度即相当于横向距离精确度约为 5km。通过形成 2 个有微小偏置的接收波并比较此 2 个接收波的信号强度，雷达可将目标锁定至一小部分波束宽度。理论上，不确定度可降低为信噪比的平方根倍。信噪比通常为 100 或以上，即精度为波束宽度的 1/10 甚至更少。在上述案例中，利用单脉冲可使横向距离精度轻松达到 500m 甚至 250m。然而，单脉冲处理本身假定目标为单点散射体。如果分辨单元中包含多个目标，则该假设无效，单脉冲处理的结果可能产生较大波束宽度误差。在此情况下，我们预期的精度为 500m，而实际误差可达近 5km。此案例有力证实了马克·吐温的告诫："真正使你陷入困境的并非未知之事，而是那些你很肯定但事实却并非如此的事情。"不仅系统设计员须对此保持警觉，系统分析人员也必须对系统所有的隐含假设进行核验，确定这些假设在何种情况下成立，何种情况下不成立。

10.6.6　完整性检查

完整性检查是系统分析人员在研究各种问题时都必须考虑的最重要问题。

很多情况下,分析工作利用计算机模型或仿真完成,分析过程中许多功能或子程序合并在一起,却只输出最终分析结果。此种做法十分危险,因为任何一个程序出现误差都可能导致所有分析结果无效。分析程序设计在许多方面类似于系统设计。应该对每个子程序进行检查,并将大量参数值与人工计算结果进行对比,以验证该子程序的功能是否符合预定目标。每个子程序还应接受错误条件检查,即输入代表不可能发生情形的变量,检验子程序的输出结果。如果一个程序用输出数字 99999 以代表无限大,另一个程序用输出 0.00001 代表零输出,则二者结合即可能输出一个合理的数字(如 1),而实际操作则不可能出现这一结果。

在建立系统分析模型时,我们经常对系统性能和成本的比例作简化假设。如第 10.3.2 节中的雷达方程所示,在其他条件相同的情况下,将雷达功率增加为原来的 16 倍可使其探测距离增加 2 倍。我们可以得到比例规律,判断雷达成本如何随某些设计参数的变化而变化。尽管以上规律看似较为合理,但仍有必要将其与真实系统单元的实际数据加以对比。图 10.26 显示,数据与模型相结合优于单独使用数据或单独使用模型。

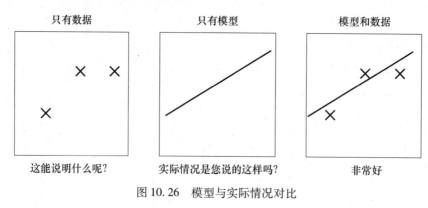

图 10.26　模型与实际情况对比

如果数据与所建立的模型不符,需查出其原因。可能因为模型未包含数据所代表的情况,也可能是数据点代表不同技术等级或受到与模型所仿真状态不同的约束,还有可能是模型错误。无论什么原因,你应该了解得一清二楚,并能在向外界公布模型之前,对原因给出清晰解释。这也是对分析工作进行完整性检查的一个重要内容。

其他完整性检查的案例如下。通常来说,完整性检查包含一系列计算,用以验证模型输出。计算过程应较为简单,以便听众能在听你演讲时就能亲手加以验证。如果完整性检查验证了模型结果,就为分析工作提供了可信度。如果完整性检查与模型结果相互矛盾,则可能造成麻烦。在此情况下,可尝试计算一下中间结果,不仅要验证雷达的探测距离,还应计算雷达的功率、波束宽度、脉冲重复频率、测角精度、信噪比和其他易于计算的参数。验证中间结果中是否存在不合理的部分? 例如,功率为 1W 的雷达竟然拥有 100m 直径的天线,或功率为 1MW 的雷达仅有一个 10cm 直径天线? 根据对搜索和跟踪任务的要求,有时可能导致上述极端的设计结果。至少在最终设计阶段,需要验证中间计算结果。

另一种形式的完整性检查是查看输出的比例法则。在提出的数个拦截器或传感器备选方案中,其性能和成本与其尺寸和功率成比例吗? 通常情况下,更大的传感器探测距离更远,成本也更高;更大的拦截器飞行速度更快,成本也更高。如果你的分析无法显示出该规律,你的结果就有可能出错。有时,鉴于所研究问题面临的各种约束条件,上述反常现象也可能符合实际情况,但你同样需要就此现象给出合理、易懂的解释。

10.6.7　始终保持对新知的渴望

系统分析工作的最大好处之一是你总会接触到新概念或新分析方法。分析工作常常也是一个学习过程,因为你需要与该领域专家讨论,还要设法将他们的知识经验提炼为某些要素,这些要素对了解新的领域如何影响系统性能、成本或风险至关重要。这一过程包括从众多概念中筛选对你的分析工作至关重要的一些概念,这也是此项工作的另一种乐趣所在。

附录

附录 10. A　雷达方程的推导

本附录讨论如何利用雷达方程确定雷达的探测距离,雷达方程将雷达性能与雷达设计参数相关联。雷达方程很容易推导搜索雷达的发射能量的变化。如果雷达在时间 t 内以平均功率 P 在 R 范围内搜索立体角 Ω,则雷达发射能量将分布于面积为 ΩR^2 的区域内,因而发射能量的密度为

$$Pt/\Omega R^2$$

雷达目标有效截面 σ 被定义为一个球体的等效面积,该面积向雷达天线反射的雷达照射能量与目标向接收天线方向散射的能量相等。由于球体向各个方向散射的能量相等,因此目标向雷达接收天线方向散射的能量密度为

$$Pt\sigma/ 4\pi\Omega R^4$$

截获的能量等于该能量密度乘以天线孔径面积 A,此项代表信号强度。系统信号损失倍数为 L,再除以噪声强度(通常表示为玻耳兹曼常数 k 乘以噪声温度 T),即得到信噪比

$$S/N = PAt\sigma/4\pi\Omega R^4 kTL \qquad (10A.1)$$

玻耳兹曼常数为 1.38×10^{-23} J/K,由于此数值极小,因此可以实现远程雷达。对式(10A.1)进行推导,将性能参数放在等式右边,设计参数放在等式左边,即可得到

$$PA/kTL = 4\pi\Omega R^4 (S/N)/\sigma t \qquad (10A.2)$$

等式右边的数值越大,雷达的性能越强;等式左边的数值越大,雷达价格越高。与拦截器的选择方案类似,人们可以选择部署更多性能较低的雷达,或数量更少性能更强的雷达。这仍是一个数量与质量的权衡取舍问题。

式(10A.1)还可以用来判断雷达的跟踪性能。跟踪雷达无需搜索立体角,只需向目标所在位置发射能量。天线最多可集中雷达光束的波束宽度为 λ/D,此处 λ 为雷达波长,D 为天线直径。雷达可作用于每个目标的时长为 1 除以探测频率或脉冲重复频率(prf)。在式(10A.1)的基础上推导雷达跟踪方程,需以波束宽度的平方替换 Ω,以 1/prf 替换时间 t,由此得到

$$S/N = PA^2\sigma/4\pi\lambda^2 \text{prf} kTL \qquad (10A.3)$$

或将性能参数与设计参数分列于等式两侧,得到

$$PA^2/\lambda^2 kTL = 4\pi R^4 \text{prf}(S/N)/\sigma \qquad (10A.4)$$

我们也可以将天线增益的定义 $G = 4\pi A / \lambda^2$ 带入式(10.4A),得到

$$PAG/kTL = (4\pi)^2 R^4 \mathrm{prf}(S/N)/\sigma \qquad (10\mathrm{A}.5)$$

功率、孔径面积及天线增益之积(PAG)常用于表示跟踪雷达的能力,当然也是衡量雷达价格的标准。

笔者最初开始研究弹道导弹防御系统时,比尔·德兰尼就告诉我,如果能真正理解雷达方程,就能凭此一技之长保证生活无虞,而如果能进一步推导雷达方程,就可以供孩子上大学了。他说得确实没错。

附录 10. B 光学方程推导

本附录推导一些光学或红外传感器的比例法则。这些传感器是无源传感器,可响应目标以及由传感器内外的背景信号源所发出的辐射。为实现可靠的探测和跟踪功能,来自目标的信号必须显著超过其背景噪声。信号与背景噪声均取决于红外辐射目标所释放的温度。为探测室温目标,传感器必须具备冷却的光学器件和焦平面,并以空间为背景进行观察。本附录不会推导红外信噪比的精确方程,但会展示信噪比与诸如搜索立体角、搜索时间、探测距离、传感器孔径、焦平面大小和背景噪声与信号水平等的比例关系。为推导光学方程,现在使用图 10.7 中所示角域中的分辨率或视场误差变量。

传感器收集的信号与传感器波段的目标强度为 I_t、传感器孔径面积 A 和积分时间 τ 成正比,与目标距离 R 的平方成反比。背景平均值 B 与每单位立体角的背景强度 I_b、孔径面积、像素瞬时视场(IFOV)的平方和积分时间成正比。通常情况下,平均背景电平显著高于信号电平。然而,上述传感器探测目标的原理是寻找显著高于临近像素的那些像素。如此一来,我们无需担心平均背景电平,而应关注背景的变化。对于包含目标的像素,电平等于平均背景电平加上或减去背景波动,再加上信号电平。对于临近目标的像素,电平等于平均背景电平加上或减去背景波动。绝大多数类型背景波动与平均背景电平的平方根成正比。根据上述假设,可以确定包含目标(具备以下目标和传感器参数)像素的有效信噪比比例为

$$S \sim I_t A\tau / LR^2 \tag{10B.1}$$

$$N \sim \sqrt{B} \sim \text{IFOV} \sqrt{I_b A\tau / L} \tag{10B.2}$$

$$S/N \sim I_t \quad \sqrt{A\tau}/\text{IFOV}R^2\sqrt{LI_b} \tag{10B.3}$$

结合图 10.7 中 τ 的表达方式,可以得到

$$S/N \sim I_t \quad \sqrt{QA} \sqrt{t/\Omega}/R^2 \sqrt{L\,I_b} \tag{10B.4}$$

上述方程中,假设信号和背景噪声的损失 L 相等。某些情况下,二者的损失倍数不同。式(10B.4)与雷达方程(10A.3)既有相似也有不同之处。如果重新调整式(10B.4),将设计参数放在等式左侧,性能参数放在参数右侧,则可以更清晰看到这一点:

$$QA/LI_b \sim (S/N)^2 \Omega R^4/t\,I_t^2 \tag{10B.5}$$

在此方程式中,等式左侧(设计参数)的 $Q\ A$ 表示功率和孔径乘积,I_b 代表

噪声。左侧数值增加,则传感器价格更高。等式右侧(性能参数)的 Ω、t 和 R 项的关系与雷达方程中的相同。然而,目标信号强度 I_t 和 S/N 项为二次项,而非雷达方程中的一次项形式。由于传感器类型差别较大,这种差异不足为奇,如果相似反倒令人奇怪了。

▷| 作者简介

　　史蒂夫·D. 韦纳是麻省理工学院林肯实验室系统和体系架构课题组的高级成员。他分别于 1961 年和 1965 年获麻省理工学院物理学士和博士学位。自那时起,他以成员、小组带头人和高级成员的身份参与了林肯实验室弹道导弹防御领域诸多研究。他曾参与系统和传感器设计、传感器跟踪和辨别能力测量,以及拦截器制导等领域的工作,还为多本书籍编写过多个章节的弹道导弹防御技术和历史。他曾参与多项针对战区和战略导弹以及巡航导弹防御的国家级研究项目。韦纳博士是 2004 年林肯实验室技术卓越奖获得者。2008 年,他提出负技术成熟度概念。

第 11 章
非传统领域的系统分析

迈克尔·P. 沙茨

11.1　简介

  在加州理工学院获得粒子物理学博士学位后,笔者于 1984 年加入了林肯实验室。笔者所在小组为空军红队进行系统分析工作,具体工作内容可参阅阿尔耶·费德在第 6 章中所作描述。笔者的博士论文对量子色动力学实验性试验进行了详细计算,但在林肯实验室从事系统分析的过程中,解决复杂计算难题的技能并非笔者的优势所在。事实上,除了在初始的一两年里被迫进行过几次尝试外,一些备受好评的工作并不需要进行有挑战性的数学计算。相反,最重要的技能在不知不觉中获得,如参加各种研讨会或学术讨论会期间,通过观察演讲者如何解释其工作以及研究人员如何与演讲者互动来自然习得。相关技能包括快速消化新的技术资料内容,并能从全局视角审视主要理念,同时建立数学模型以快速评价相关理念的价值。同时在艾伦·伯纳德与约翰·菲尔丁等经验丰富的研究人员指导下从事系统分析工作,使笔者的上述技能得到了进一步提升。

  笔者有幸能在加州理工学院学习。就读期间,各种工具与计算方法的快速发展,促进了物理学等诸多领域的快速进步,并出现了物理学与生物学相交叉的学科。笔者尤其有幸成为诺贝尔物理学奖得主理查德·费曼(Richard Feynman)的助教。理查德·费曼不仅精于计算,也善于退一步思考,从全局视角看待问题。笔者攻读硕士学位期间,在论文写作过程中遇到了一个计算问题并就此请教费曼教授,这时便是退一步思考的方法帮助笔者解决了这个难题。费曼教授不仅帮助笔者解决了这一难题,还建议笔者考虑其他论文选题,他给出了两个理由:第一个是他认为在下一级计算中会出现新的技术问题。但更重要的原因是,通过维度分析得出简单结论,即使笔者成功完成计算,也无法通过其他相关数据加以检验,事实上,这是一个无解题。随后两到三周笔者夜以继日,期望完成下一段计算工作并试图解决(实际上是驳倒)维度分析得出的结论,否则笔者无法信服维度分析的结论并转换论文选题。在此次惨痛教训之后,笔者总是在开始一次冗长的计算之前,至少会对所预期的答案进行一下快速评估。在此,笔者向其他分析人员推荐这种方法,一旦遇到上述类似情况,不妨先进行评估。这种方式从未让笔者失望过。

11.2　非传统领域

本章讨论系统分析在新任务领域中的应用。在为空军红队进行了 10 年左右的防空分析后,笔者带领林肯实验室的部分工作人员研究精确制导武器的反制措施。精确制导武器在第一次海湾战争中大获成功,其能力令全球注目。美国空军对潜在敌对势力尝试研发精确制导武器的反制措施表现出关注。在从事此工作一到两年之后,笔者受邀帮助解决 DARPA 所投资的一个研究项目中的地面监视任务。林肯实验室虽然拥有地面监视领域的技术专长,但缺乏该领域的系统分析能力,且对相关任务的了解有限;我们的出资机构大多数为技术办公室,他们对任务的了解也很肤浅。笔者将在下节对该研究项目进行更加具体的描述,林肯实验室为此还成立了一个新的小组,负责这一新领域的系统分析。研究小组的最终工作范围包括国土防卫与恐怖主义生化袭击防御。本章重点阐述在这一新领域如何获取信息并快速完成有效分析;此外还会介绍笔者的一些经验,即如何应对系统分析一无所知的听众解释我们研究的价值。

11.3　地表监视

大约在 1997 年,笔者参加一项研究活动,辅助 DARPA 研发监视地球表面所用的大型天基雷达群。DARPA 的想法是,能够持续和接近连续地拥有全球各地某些监视数据。为确保系统成本合理(或实现类似水平),卫星在每个周期中仅会观察其潜在视域的一小部分,并生成低分辨率的合成孔径雷达(SAR)图像或分辨率相对模糊的地面移动目标指示(GMTI)。该研究旨在量化此类数据对军事任务的功用,并确定权衡设计方案,以便在某一既定成本下最大程度地发挥系统效用,并通过实现的效益证实成本的合理性。在接下来的几年,这项研究在持续监视领域取得了不菲的战术价值。虽然此项研究未能直接带动相关系统的部署,但某些理念却在以后的岁月以不同形式结出了累累硕果。

为评价此类监视活动的军事应用所进行的系统分析迥异于笔者之前所从事的关于防空及精确制导武器反制措施的系统分析。后者的基础性问题是在存在干扰的情况下探测信号。此类研究主要基于信号与干扰强度的物理原理及探测统计理论,以计算探测概率与误报概率,即运用成熟的理论去解析眼前的应用问题。而利用不同分辨率与频率的地面监视数据的问题,则主要关注是否有能力识别与追踪重要目标并将之与次要目标(混乱的或易混淆的物体)区别开来。在这一问题领域,缺乏(现在依然缺乏)一个完整的理论可作为分析工作的基础,事实上,甚至完全缺乏任何理论。然而,这也并不意味着此类系统分析完全无章可循。在那一时期,各种实验数据为一些关键问题提供了重要启发;此外,军事分析人员可借助完善的流程,使用他们所熟悉的地面监视。此类数据与流程共同构成了系统分析的基础,使持续监视的潜在效益及所需系统的设计权衡方案变得更加明朗。

对地面移动目标显示数据的目标类型进行分类是分析工作可以解决的初期问题。重点是要跟踪了解不同规模的军事部队需求。我们之前已经可以证实追踪大型部队要比追踪小型部队容易得多,并对相关差异进行了量化。当然,对绝大多数优秀分析活动而言,结果显而易见:大型部队占地面面积更大,更难以与其他物体混淆,且机动与行军速度比小型部队慢很多。表 11.1 中列示了追踪不同规模部队所需的重访时间。可使用当时的《陆军战场手册》将这些数据放入任务场景。该战场手册描述了敌军可能采取的行动类型、行动区域及顺序,以及希望追踪部队的指挥级别(战区、军、师)。此类信息可用于评估在不同战场为一给定指挥级别提供支持所需的数据速率。

表 11.1　借助于所设想的敌军条令追踪军事部队所需的重访速率

部队	作战车辆数量	行进速度	部队所占面积 /km²	一般机动执行时间	所需重访时间
军	>3000	开阔平坦地形:100km/天 铺设路面:40km/天 崎岖地形:20km/天	5000 ~ 10000	4h	30min
师	约1000	开阔平坦地形:150 ~ 200km/天 铺设路面:50 ~ 60km/天 崎岖地形:50km/天	500 ~ 1000	1.5h	10min
团	约350	铺设路面:100km/天	50 ~ 100	30min	3min
营	约120	铺设路面:80km/小时(上限)	5 ~ 10	10min	1min
连	约40	铺设路面:80km/小时(上限)	1 ~ 3	5min	30s

注:不含后勤车辆。经验规则:后勤车辆为作战车辆的2倍左右

除研究军事部队外,我们也对某些运载工具进行了观察。在项目早期,我们对导弹发射器进行了研究,之所以选择导弹发射器,是受第一次海湾战争中飞毛腿导弹探测问题的启发。即使仅在长度测量与单维度反射率分布图方面,导弹发射器的特征也十分明显。此外,我们对特征不太明显的运载工具也进行了研究,例如,从涉嫌制造大规模杀伤性武器的工厂驶离的小型载重汽车。在"9·11事件"后恐怖主义蔓延的情势下,追踪此类车辆变得越发重要。此外,人们对追踪某些乘用车辆也产生了兴趣。在此类研究中,通常需在观察频率与传感器在某次观察过程中测定目标时所选择的分辨率之间加以权衡,即在帧频与传感器区别预期目标与其他车辆的能力之间加以权衡。在此类权衡中,两项极端选择分析起来难度不高,但在当时,却完全没有能力生产出相关传感器:

(1)其分辨率可实现通过挡风玻璃读取车辆识别号的传感器,可保持低帧频工作,但只要保持其视场在目标周围就永远不会丢失。

(2)同样道理,其视频帧频可探测目标的传感器无需对目标车辆与其他车辆加以区别;因为车辆在一帧中(长度)没有移动,传感器只需从两辆车中识别目标车辆,即目标车辆与路过目标车辆的车辆。

然而,在当时真实的传感器只能够在介于两种极端情况之间的区间工作:分辨率仅可支持不完善的目标识别,同时重访速率过低使其无法持续准确追踪运动目标。

当时,关于作战环境下交通状况的精确模型并无实际可用的数据源,所以我们的首要任务是创建一个简单的模型。我们进行了简单的运动学假设,例如假

设车辆的速度就像在线性道路上根据高斯随机变量随机设定的标称速度,假设车辆如二维理想气体般随机运动。简单模型示例为:假设密度为 ρ 的车辆随机运动。如果 A 为两次观察之间目标移动的面积,则平均有 $A \cdot \rho$ 个目标将会对我们的关注目标造成干扰。如果 f 为每次观察时通过更加合理的目标动力学假设、配以自动目标识别(ATR)技术可以排除的部分假目标,则根据 f 与 $A \cdot \rho/(1 + A \cdot \rho)$ 值之间的大小,对应关注目标的数量或接近于一个常数或随步数呈指数式增长。你或许认为这种分析方法过于粗糙没有任何作用,但其结果却能给我们很大启发。一个影响因素是,除非 f 非常接近边界值,否则,潜在目标的数量有可能超快速增长,或接近于约等于 1 的常数。因此,在不需要涉及过多细节的情况下,就有可能作出判断:一个给定的假目标排除率与帧频的组合,究竟会导致一个简单解还是无解。在此之后,我们构建了一个更加精细复杂的交通模型,可用以与上述计算结果进行对比,例如交通规划员所使用的美国城市的交通模型。使用这些更加复杂的模型通常会改变具体数字,但对哪些问题容易求解、哪些问题能够求解、哪些问题对于未来技术而言太难以求解等关键性问题,仍未给出满意解答。

当时,我们通常会假设,可用于地面移动目标指示雷达的衰减全反射算法在测量投影长度时,其精度取决于雷达距离分辨率。我们曾对不同国家不同长度的车辆数量进行了估算,借助于该信息,我们可以估算衰减全反射算法在排除车辆干扰方面的能力。此外,我们还有合成孔径图像区分不同类型军事车辆能力的大量相关数据。当然,基于有限数据的分析无法生成关于系统性能的准确量化结果。但该分析确实提供了有效信息,可帮助我们了解哪些问题可通过移动目标指示雷达加以解决,并帮助我们在移动目标指示雷达模式与合成孔径成像雷达之间作出权衡。关键在于,对衰减全反射可排除的潜在干扰物的速率、与运动和交通密度带来潜在干扰物的速率加以对比。如果衰减全反射在每次观测中可排除的干扰物的数量多于交通流量带来的干扰物的增加量,则就有可能实现持续追踪。分析结果表明,就当时设想的帧频而言(10s 及以上),人们需要把衰减全反射性能从 70% 提升到 99% 以上,才能实现对合理密度的车辆的持续追踪。使用当初设想的移动目标指示雷达追踪单一车辆所需的衰减全反射性能,仅可用于追踪带有明显特征且未在交通稠密地区运行的车辆。该分析工作,将地面移动目标指示雷达的重点集中在车队及极具特色的车辆上(如导弹发射车)。在完成初始计算后,使用更加复杂的交通运动模型(部分模型来自于用于道路规划的交通研究项目)、特定传感器模型以及衰减全反射算法进了行更加复杂的计算,但简单模型所表明的趋势依然不变。这一结果较为典型,即有效的系统分析可帮助分析人员了解一个问题的重要驱动因素,并不需要详尽复杂的计算。虽然一阶分析只能给出近似值,但无论是对于既定数据速率下的运动干扰物水平,抑或对于衰减全反射帮助排除干扰物的能力,皆能得出合理的估算结果。

上述分析得到了一些直观印证:笔者曾在华盛顿特区一间高度适当的酒店房间里进行了小型试验,验证上上述基本观点。笔者向窗外观察,每隔15s左右睁开一次眼睛。此时要追踪某一普通类型的车辆,如出租车或轿车,几乎是不可能的,但只要在视野范围内,却能轻松追踪吊装车或油罐车。这类快速实验或对历史数据的快速分析,通常是颇有价值的合理性检验方式。更加精准的运动和衰减全反射模型在为人们提供基本洞察力的同时,还能够更加精准地估算相关问题的边界以及位于边界附近问题的系统表现。

大约10年之后,由于手机行业带来的光学相机的快速发展,加之处理与通信技术的进步,最终形成了另一种使用超大像幅机载摄像机持续追踪车辆的方法(至少在没有乌云遮挡的情况下,这种方式十分有效),导致地面监视分析的重要性大不如前。上述方式可在实现视频帧频的同时,还能提供合理的高分辨率数据,至少在空中防御不成问题的战区内的中等区域(城市大小),这种方式十分有效,只是在本项研究启动之时,上述技术尚未问世。我们预计,上述分析所研究的雷达监视系统,能够随着美国再次开始考虑同等冲突而重新受到重视。

雷达波束与模式问题在当时也颇受关注。当时所考虑的雷达类型为地面移动目标指示与合成孔径雷达系统的组合。另一个重要问题是如何掌握电子波束控制程度。此外,如何平衡模式和有效使用雷达资源在当时也备受关注。源于联合监视与目标攻击雷达系统(JSTARS)的地面移动目标指示在第一次海湾战争中已得到有效应用(主要由战术士兵使用),而合成孔径雷达图像则由情报人员使用。虽然在上述不同类型的数据整合与平衡问题上未予过多考虑,但我们即将讨论的分析过程曾为上述问题提供某些灵感与启发。通常在分析过程中,都会对完成某一既定任务的多项策略进行审视并对比系统所承受的负荷。图11.1为一个早期示例,对比了在需要定位导弹发射器和追踪军事队形的情况下的系统性能。为计算该结果,我们研究了对敌军编队及导弹发射器相关信息的需求,并制定策略以尽可能收集相关信息。在该图中,对下述两种策略,即应用移动目标指示主要追踪所有目标,应用合成孔径雷达仅仅绘制已经停止移动的可疑导弹发射器图像的策略,与搜索合成孔径雷达图像以定位静止发射器的策略,进行了对比。由于后一种方案对系统的要求过高,我们还对另一种策略进行了研究,即降低合成孔径雷达搜索频率,并降低其信息提供量。最后我们对应用无人机(UAV)机载雷达搜索前线所能实现的目标进行了评估。我们的结论是,卫星星座无法承担全部任务,但对于接近边界的高重访率的任务,机载监视系统是卫星的有效补充。

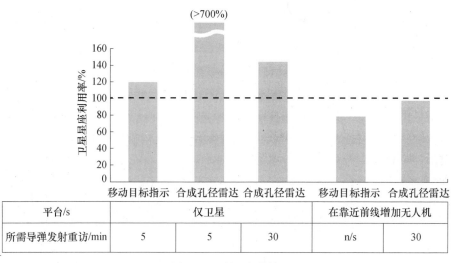

图 11.1　利用率估算

针对利用率及波束多样性问题所进行的分析工作,性质与其他许多类型的系统分析不同。由于无理论可循,因而无法计算图像或距离 – 多普勒剖面可生成的信息量,我们最多所能做到的,是利用不同分辨率的现有数据,为完成某一既定军事目标制定多项策略,并估算执行各项策略所需的雷达资源水平。之后,便可对使用雷达资源和生成信息的有用性进行比对。在缺乏任何理论依据的情况下,无法判断哪种策略最接近最佳策略,因为永远可能出现更聪明的人设计出更加有效的策略。尽管如此,通过对比各项策略,我们仍可以了解成像及移动目标指示模式对某些特定问题的相对作用,并帮我们找到更为有效的整合方式,以有效利用各种资源。同样道理,波束控制结果取决于目标与传感器地理分布的相关假设;然而,我们可以获得在绝大多数情况下都具有价值的波束捷变程度的相关合理依据,且相关结果对特定假设似乎并不过分敏感。

上文所述的分析工作所产生的影响后来渐渐显现出来,至少对 DARPA 与空军的大量雷达监视与数据开发项目产生了影响,此外还影响了美国陆军的部分项目。随着人们关注点向反恐的转移,以及无人机及小型高像素摄像机技术的不断发展,相对于雷达系统,使用近距离视频摄像机进行监视变得更加重要。这个案例,并没有遵从笔者退后一步审视问题的建议,笔者本人也是花了很长时间才认识到,技术已经发生重大变革,人们应该相应作出调整。

11.4 生物恐怖主义防御

20世纪90年代中期,国防部在抵御生物攻击方面加大投入力度。为此,林肯实验室研发了一些重要的环境监测与样本采集技术。2001年10月,美国发生炭疽攻击,包含炭疽芽孢的信件被邮寄给选定的收件人,这一事件促使人们越发关注城市环境下的生物恐怖主义。2002年初,国土安全部(DHS)还未成立,白宫办公室要求林肯实验室进行研究以设立城市生物恐怖主义防御架构。此项研究需进行重要系统分析以明确需解决的关键问题,同时开发解决问题所用架构。

由于以下几项因素,导致这一系统分析工作难度很大。首先,我们现有的系统分析人员所受教育及专业知识属物理和工程领域而非生物学,同时,生物学家又对系统分析知之甚少。其次,潜在威胁的范围广泛,有大量可选的自然或基因工程手段、实施方法及攻击规模。再次,负责应对生物攻击的公共卫生系统,其主要使命和思维习惯是应对自然疾病爆发而非大规模恐怖袭击。最后,针对现有的许多潜在攻击,并无已知的解决方案。在调查初期,我们对上述问题进行了粗略研究,并在随后几年组织了大量更加具体的分析活动。

在启动此项研究时,需要进行广泛研究,采用不同标准以考察各种威胁源并对其进行优先排序。其中一项研究在林肯实验室完成,一项由疾病控制与预防中心(CDC)承担,其他研究则由情报机构负责。这些研究得出了不同的结论,但所有结论都有一个共性点,即便不具备大量医学与生物学知识的系统分析人员,也可以以此为研究工作的起点。第一,所有研究结果均清楚表明,存在大量、各种各样的潜在威胁,因此高度集中针对某一特定威胁的系统非常脆弱。第二,炭疽较容易获取且在环境中具有稳定性,因而成为各类大规模户外攻击的理想选择。第三,有许多威胁源,目前缺乏有效的医疗方案可用以应对,因此最为重要的是,应尽可能避免暴露在攻击之下。第四,由于存在太多的威胁源,所谓"专病专药"方法可能并不可行。此外,研究发现的潜在威胁源清单表明,系统分析人员与技术开发人员所采用的方法大相径庭。技术开发人员倾向于将这些列表视为确立开发免疫反应分析、聚合酶链反应(PCR)

引物、疫苗或药物开发优先顺序的依据;若以此作为目的,相互矛盾的列表之间的差异将是一大问题。对于系统分析人员而言,列表之间的差异将视为量度指标,用以衡量系统设计方案须适应的不确定性水平;共同特征给予研究一个起点,可以借此确定轻重缓急。

因此,早期的一个分析小组将避免暴露于攻击之下的方法作为研究课题。我们研究了空气传播的攻击和以水为载体的攻击。对于空气传播的攻击,我们分别对住宅楼和更现代化的办公楼进行了研究,这些建筑通常配备中央暖通空调(供暖、通风与空调,HVAC)系统。对于住宅楼而言,我们在威胁云到达之前关闭门窗,并在威胁解除后打开门窗。我们发现,大多数住宅建筑都存在密封问题,因此门/窗关闭并无显著作用;此外,如果关闭和重新打开门窗的时机选择不对,此种策略还会带来潜在危害。这是因为,开闭门窗的时机选择有误有可能导致污染空气在建筑物内停留的时间更长。图 11.2 显示,当威胁云消失后窗户依然关闭,将导致建筑物内空气中的气溶胶无法消散。在这种情况下,尽管最初通过关窗降低了气溶胶浓度,但泄露进来的气溶胶在建筑物内停留的时间将更长,从而导致总量上升。

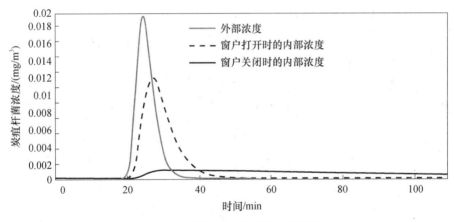

图 11.2 三种情况下的炭疽浓度曲线

另一方面,在配备现代中央空调系统的建筑物中,通常可使用过滤后的空气为建筑物加压,使其压力值超过大气压力并提高空气过滤速率以清除气溶胶颗粒,从而将污染空气隔离在外。该技术可借助本地传感器或远程控制、中央操作传感器完成操作。此外,还容许一定的虚警值,由于建筑物内的居住者对于中央空调的变化并不敏感,进而降低了引发恐慌的可能性。在林肯实验室内,我们对此类系统进行了测试,并部署了有限的操作系统。

在研究以水为载体的攻击时,将重点放在位于波士顿的马萨诸塞州水资源管理局(MWRA)系统上,MWRA 为此提供了一个水力模型。通过该模型,我们可以确定系统易受攻击的位置以及自威胁源被注入系统起至无法切断水流或在威胁源达到用户之前将水源切换至无污染备用水源的时间长度。因此,我们可定义传感器阻止潜在暴露所需的时间线。此外,我们对大量的警报应对方案进行了成本估算,用以确定成本效益平衡点的误报率(即应对假警报的成本与提前应对真实攻击的潜在效益相等时的误报率)。虽然我们必须了解一些关于有机体在净化水系统内生存能力的相关知识,但我们最需要的知识不是生物学信息,而是供水系统的工程细节。

在对全新领域的系统分析中,经常出现上述情况;当开始进行一些分析时,我们通常发现,我们所需的具体专业知识所属的领域与我们最初的设想有所不同。以水为载体的攻击分析为例,系统分析能够揭示新问题并定义技术项目的有效方向;我们可以制定一种具有成本效益的方法以减少大规模攻击损失。实际上,为满足之前所定义的需求,我们就传感器技术开发的后续计划作了一些简单工作。然而这项研究再次证明,在政策摇摆不定的领域从事研究多么令人沮丧。在后续计划开始后不久,联邦政府将保护水源的责任从当时新成立的国土安全部(上述项目的投资机构)转交给环境保护局,在环保局,我们无法获得更多项目研究投资。

无论如何努力想避免污染,许多攻击行为都必然会将许多人暴露于生物制剂下。例如,一次大型室外气溶胶攻击几乎必然会将释放气溶胶时或威胁云经过时仍在室外活动的大量人员暴露于危险之下。在上述情况下,可借助传感装置提前探测攻击,并针对暴露在威胁下的人群进行快速处置。国土安全部的一系列研究项目都对上述场景进行了研究。当时的架构高度依赖于医学诊断,然后才能启动实质性行动;此外,根据生化监视计划,人们打算部署环境传感器,但对于被证实的威胁,公共卫生体系并不知道如何应对。分析开始阶段,需完成的工作是确定大规模分发抗生素所需的步骤。主要步骤包括将所需物资运送至目标地区、建立分发中心、配备人员、召集公众、按秩序正确使用药物。上述每一步都需要时间,且由于疾病早期药物效力最大,延误分发将产生严重后果,就炭疽而言,在患者出现病症前服用药物效果最佳。

在我们的首个分析活动中,对不同场景下疾病进展及不同阶段发生速率作出假设后,研究在患者出现病症之前,能够服用抗生素的人数。当然,通过后续建模可更加仔细地审视时间轴且能够建立关于不同时间点治疗效果的更准确模型,但主要结论来自初始的简单模型。笔者发现,通常绝大多数观点来自简单模型,更加精细的模型适用于更加准确地量化相关性能或要求。

疾病进展的问题又引发了生物防御问题分析过程中的另一常见问题。关于吸入性炭疽(我们研究的主要威胁源之一),我们所知甚少(对于我们研究的大多数其他威胁源也是同样)。我们有两个主要数据源可用于了解这一问题:一个是1979年在斯维尔德洛夫斯克苏联兵工厂发生事故的相关数据;另一个是2001年10月发生在美国的邮件传染事件。这两个案例显示,感染人群发病时间不同,但两个案例无规律可循。然而,图11.3中的数据表明,在美国邮件感染事件中,病人在接触感染源4~6天后逐渐出现症状;而在斯维尔德洛夫斯克事故中,首次发病是在释放威胁源两天之后,新的病例则持续了40天。对于此类差异完全不清楚其具体原因,因不同菌株所致?因剂量依赖性反应?因斯维尔德洛夫斯克事故中后来的一些病例系暴露于经再次雾化的威胁源而非初次释放的细菌所致?抑或其他原因?出于道德的原因,无法通过实验消除这些不确定性,我们必须在此不确定性水平下进行分析。不同的潜伏模型均显示了快速分发抗生素的重要性;然而,对于无法满足"在出现首个表征病例前为所有人分发抗生素"这一非常严苛要求的系统而言,需赋予不同价值。虽然针对不同的部署阶段曾制定(现仍在制定)计划,但幸运的是这些计划从未进行过测试,因此在实际情况下,尤其是在医疗服务人员与公众均有可能出现恐慌的情况下,这些计划是否能够有效运作,仍存在很大的不确定性。

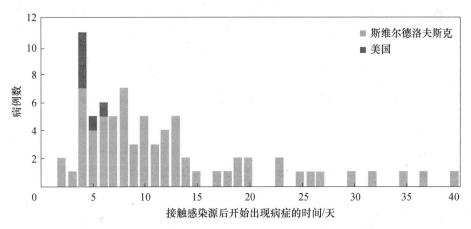

图11.3 基于两次炭疽爆发的相关数据集的炭疽潜伏期直方图

研究初期,我们对启动抗生素运输、建立分发中心、启动分发流程的不同方法进行了研究。基本底线是,上述所有流程都将在医疗确诊之后进行。可以肯定的是，在首批病人表现出症状之后，很可能是在一天甚至更久之后，才会进行医疗诊断。通过吸入感染的所有疾病，其初始症状是非特异性的呼吸道炎症征状，因此，医生通常不会立即联想到恐怖袭击中可能使用的威胁源。为响应环境警报，能够做的第一件事是通知医疗体系，以便在其他病患中寻找疑似病例；在咨询医学专家后，我们估算这种警报可能使整个进程加快一天左右的时间。此外，我们还研究了如何从战略储备中运输物资以响应环境警报或已确认的环境探测。我们的设想还可再进一步，如建立分发中心或开始分发抗生素以响应环境探测结果。上述所有步骤都将加快分发速度，从而减少伤亡，但是上述步骤也可能因环境误报而付出更多代价。

我们在一系列的研究活动中对快速响应的优势进行了分析。图 11.4 展示了源于一次大规模攻击的死亡人数估算值，并以相应阶段如何展开（运输物资、建立分发中心、分发抗生素）的函数形式加以表示，在该案例中，如果不进行治疗，我们预计将有 50000 人死亡。该图显示，医学诊断后未发出警示的（即医生确认了威胁源，但并没有发出任何警报以寻找威胁源）的现行做法，可将死亡人数限制在 17000 人左右。但如果更加积极地利用环境提示启动更多相关活动，死亡人数会进一步下降，但依然保持在较高水平。上述流程可用于各种事项，如警示急救室医生在非特异性病征的患者身上寻找攻击所用威胁源、定位来自国家战略储备的资源、确诊之前开始大规模药品分发等。由于为所有人员分发抗生素需要一定时间，因而将有上千被感染者因无法及时获得药物而无法获得有效治疗。在计算时，假定斯维尔德洛夫斯克的数据具有代表性。图 11.5 显示了相同结果，该结果与如果更快分发抗生素（通过按比例缩放来自两个不同公共卫生机构的计划获得两个速率）或者如果在攻击之前已经分发抗生素并在听到公报之后而服用抗生素的结果进行了对比。该图表显示，为响应医疗探测结果以更高的速率分发抗生素的效果与为响应环境探测结果以较低速率（但依然很高）启动分发流程的效果相同。为实现真正有效的响应，将死亡人数控制在 1000 人左右，需要在对环境传感器作出积极响应的同时进行药物的快速（或攻击前）分发。图 11.6 显示的相关数据是基于美国数据所示潜伏期的假设；在该案例中，由于所有病例在接触感染源后 6 天之内出现症状，为达到效果，需要在极快（或攻击前）分发抗生素的同时，对环境探测结果作出积极响应。图 11.5 与图 11.6 之间的差别是我们对人类吸入式炭疽潜伏期的了解有限所致。决策制定者与规划人员必须在这种不确定性下作出选择：要么进行积极应对，要么接受响应系统无法有效应对某些攻击的风险。

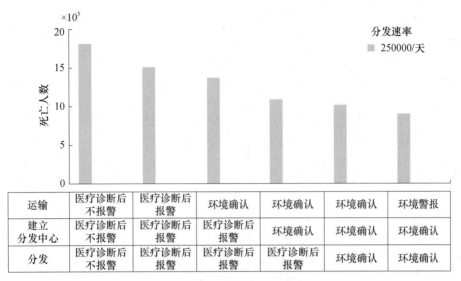

运输	医疗诊断后不报警	医疗诊断后报警	环境确认	环境确认	环境确认	环境警报
建立分发中心	医疗诊断后不报警	医疗诊断后报警	医疗诊断后报警	环境确认	环境确认	环境确认
分发	医疗诊断后不报警	医疗诊断后报警	医疗诊断后报警	医疗诊断后报警	环境确认	环境确认

图 11.4 基于斯维尔德洛夫斯克潜伏期数据的不同架构的表现

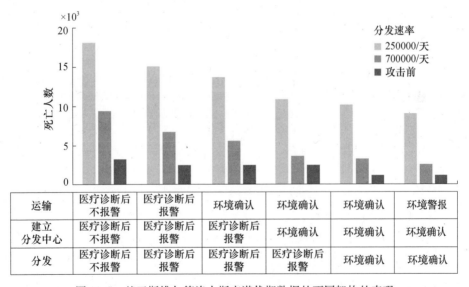

运输	医疗诊断后不报警	医疗诊断后报警	环境确认	环境确认	环境确认	环境警报
建立分发中心	医疗诊断后不报警	医疗诊断后报警	医疗诊断后报警	环境确认	环境确认	环境确认
分发	医疗诊断后不报警	医疗诊断后报警	医疗诊断后报警	医疗诊断后报警	环境确认	环境确认

图 11.5 基于斯维尔德洛夫斯克潜伏期数据的不同架构的表现

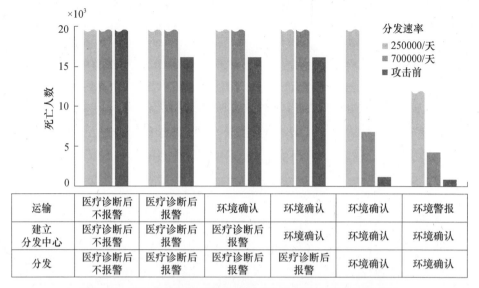

图 11.6 基于美国邮件感染炭疽潜伏期数据的不同架构的表现

上述计算所用模型是关于不同阶段固定延误、统一分发速率等因素的直接简单模型。尽管如此,我们可以通过上述计算结果提炼出几个重要观点。首先,抗生素的分发速度至少与启动分发流程的积极果断程度同等重要,且需要在快速分发的同时尽早启动,尤其在美国邮件炭疽感染案例中所观察到的潜伏期导致分发安排十分紧凑(在某些攻击中具有一定代表性)的情况下。在该案例中,最早个案确认与大规模爆发疾病之间的时间非常短。该观点表明,基于最早个例确诊的公共卫生模型,并非是应对大规模恐怖袭击的有效方法。结果表明,有效且稳健的响应,需在基于环境传感器迅速启动的同时完成快速分发。此外,我们还认为,如果传感器可以识别出已经暴露于威胁源的部分人口,即相对于大都市区域内全部人口中的一小部分,则有可能实现向真正有需求的人分发抗生素。当然,这种方案无论在技术上还是在政治上都存在一定困难。

当我们与公共卫生官员讨论这些结果时,双方之间的交流内容对问题的解决具有很大启发。尽管这些官员认识到等待医疗诊断可能引发的问题,但依然拒绝对环境传感器作出过度反应。部分原因是公共卫生的传统是在最早个例出现后才进行响应,另一个原因是许多官员并不真正相信存在生物恐怖主义,还有部分原因是他们担忧即使是最好的环境试验也无法区分威胁源的死活,也无法区分毒性或非毒性病菌菌株。公共卫生官员担心,即使启动初步措施(如警示医生),被公众知道后也有可能引发恐慌。日本邪教组织奥姆真理教曾试图在日本发起炭疽攻击,行动失败的部分原因是使用了非致病芽孢杆菌菌株。这一案例也强化了官员的上述顾虑。① 此外,与我们谈话的本地官员对于基于环境传感器数据向国家战略储备寻求药物与物资援助也表现出担忧情绪,他们害怕如果警报最终被证明有误,他们将失去公信力,而在真正有需求时无法获得帮助。

在攻击发生之前分发抗生素也被认为存在一定问题。首先,官员对储备状况有所顾虑;其次,他们非常确定许多人会自行使用抗生素治疗各种疾病,对于这种情况,分发抗生素可能并不合适,而应储备抗生素并在攻击真正发生时使用;最后,公共卫生官员完全无法接受按照受感染等级对受影响区域人口进行划分的思路。理由有两点:一是他们认为即使能够可靠划分等级,其所花费的时间也不能带来任何重大优势;二是几乎不可能安抚那些因无法得到治疗而愤怒的人群,也难以说服那些不需要药物的人群。

笔者认为,即使没有直接取得任何具体成果,这种交流对分析人员及公共卫生官员都不无裨益。通过这种交流使公共卫生官员真正清楚地认识到,应对恐怖袭击并不仅局限于流行病。虽然这些官员还没有准备改变他们的方案,但他们已经开始思考如何应对。此外,双方就如何加强环境感知以消除他们的顾虑进行了有益探讨,例如,能快速显示所发现的威胁源是否具有活性的超快速培养技术,这具有重要价值。我们所获得的公共卫生决策经验对未来的分析工作帮助巨大。快速分发的重要性得到验证,这促使我们思考除事先药物分发之外,如何以其他方式达成目的;其他方案多与美国邮政局有关。此外,此次讨论还进行了大量的桌面推演,由技术人员与卫生官员共同开发相关技术与方案。在研究大规模攻击后受感染人员处置过程中发现的问题,也使我们认识到,应就相关技术展开研究,设法最大程度地降低暴露在攻击下的人群,同时对重要的攻击加以分类,例如,在地铁网络中发起攻击时,停止车辆运行就能有效控制威胁源的传播。

当然,在着手分析之前,我们与公共卫生专家进行了几次讨论,与基础分析结束之后进行的类似讨论相比,上述讨论成果十分有限。当我们就一些具体方案与专家进行讨论时,更容易得到一些启发,例如如何使用环境传感器,以及定

---

① P. 凯姆(P. Keim)、K. L. 史密斯(K. L. Smith)、C. 凯斯(C. Keys)、H. 高桥(H. Takahashi)、库拉塔(T. Kurata)、A. 考夫曼(A. Kaufmann):《对奥姆真理教于日本龟户释放炭疽杆菌事件的分子学调查》,出自《临床微生物学期刊》,第 39 卷,第 12 期,2001 年 12 月,4566—4567 页。

量分析其对结果产生的影响。这也是笔者为军方项目进行系统分析时总结的经验。当要求官员在抽象层面上就技术变革对其任务造成怎样的影响发表看法时，并不能获得有益观点；但谈及一些具体的方案时，例如，如何应用技术去改善其执行任务的方式，他们就能提供很多有效信息。与使用人员交谈永远非常重要，因为现场使用者对操作环境有更加透彻的了解，操作环境决定了使用者的工作内容及效率水平，这比任何计划和文件可提供的信息都更加有用。笔者发现在开始分析一个新问题之前，浏览相关文献并与相关人员进行交谈，能达到最好的效果。然后在得出具体想法后以及在分析过程中尽可能多地与相关人员会面。相较于开放式问题（如"你会以怎样的方式使用环境传感器？"），如能拿出一些具体方案，获得的反馈将更加有用。根据笔者经验，即使你需要开放式答案或研究，围绕一个具体概念进行讨论更有可能得到希望的答案。

11.5 小结

从某种程度讲，对新领域的系统分析与对成熟领域的系统分析并无太大区别。重要的是退后一步，从全局视角，获得准确信息，然后再深入下去。此外，回顾多数富有成效的分析活动最后得出的结论，人们事后发现，这一结论在分析开始时就已非常明显，这是一个常见的规律。在进行新领域分析时，尤为重要的一点是快速完成计算，而不必等到掌握所有所需领域的知识后再着手计算。开始时，即使初始分析被证明方向有误，无任何直接价值，通过分析（而非规划分析方法）可以更快地了解真正的问题是什么。其次，可能会发现所需要的专业知识与在分析前所设想的领域有所不同。笔者还发现，一些专业人员通常愿意甚至渴望将其了解的专业知识传授给他人。善于倾听专业人员及拥有操作经验人员的意见，对于了解其操作环境十分重要。最后，合理的分析通常具有说服力，甚至说服起初与你意见相左的人；在简述成果时应有耐心。

▶| 作者简介

迈克尔·P. 沙茨任麻省理工学院林肯实验室系统工程小组组长,该小组前身为工程分析与试验小组,于2009年创立,当时迈克尔·P. 沙茨亦任组长。该小组负责在组件及系统层级对林肯实验室所研制传感器与通信系统进行分析与环境试验。1984—1998年,迈克尔·P. 沙茨任职于系统与分析小组,在此期间他的研究内容包括精确制导武器所受威胁、红外系统,以及飞行器面对各种常规与非常规威胁时的生存能力分析。此外,迈克尔·P. 沙茨还成立了先进系统概念小组,并在1998—2009年期间担任小组组长,本章介绍的正是在此期间的工作内容。1999—2003年,迈克尔·P. 沙茨任美国空军科学咨询委员会成员,参与了国防部及情报部门的多个研究项目。迈克尔·P. 沙茨毕业于麻省理工学院,于1984年获得加州理工学院粒子物理学博士学位。

第12章
航空、太空与网络空间领域的系统分析

杰克·G.弗雷斯曼

凡事应力求简化,但不能过于简化。

——阿尔伯特·爱因斯坦(Albert Einstein)

在理论上,理论与实践没有区别,但在实践中,却天壤之别。

——尤吉·贝拉(Yogi Berra)

12.1 简介

笔者于1988年获宾夕法尼亚大学高能物理学博士学位,之后开始从事系统分析工作。与同时期的众多物理系毕业生一样,笔者当时面临两种选择:一是继续攻读博士后的艰难旅程(如选择这条路,笔者将在瑞士欧洲核自研究组织继续深造),以获得终身学术职务;二是找一份实际工作,施展之前有幸学到的广泛技术技能。经过慎重思考,笔者决定寻找一份实际工作。作出这一决定后,接受林肯实验室提供的工作机会便顺理成章。林肯实验室与麻省理工学院联系紧密,因此拥有世界级学术环境的诸多优势,鉴于其处于政府与产业之间的特殊地位,也令工作更加有趣且具有长期价值。

在林肯实验室工作后,笔者依然不清楚自己的高能物理学知识背景在实验室及国防研究方面有何用武之地。对笔者而言,国防世界系未知领域,同样对大型国防分析团队与小型系统分析团队也是一头雾水。除教育及研究经验之外,笔者能够带到工作中的还有一条基本信念,即物理学者尤其是高能物理学者是科学方法实践的"万金油",因而笔者能够毫不犹豫地扎入新的技术领域,提出

186

尖锐问题,并按照研究需要攻坚克难、所向披靡。

12.2 早期系统分析工作

工作之初,笔者非常幸运进入系统与分析小组工作,当时,本书作者之一,伟大的分析人员艾伦·伯纳德担任组长。笔者在进入林肯实验室后第二天,艾伦走下大厅,大致判断哪一位员工比较繁忙,这样他便可以将需要快速得出答案的问题分派给此人。艾伦的理论是,如想快速完成一项工作,应将其交给最忙碌的人。他经过笔者办公室,迟疑一下便径直走了进来,将一个紧急任务交给了笔者。

这一任务恰好属于笔者的专业范畴,以一种有趣的方式落在笔者肩上。这是关于防御系统中隐形飞机探测的一个问题。一位著名天文学家作出大胆推断,认为向下穿过大气的大量宇宙射线可作为天文雷达的发射器。也就是说,任何穿过大气的移动物体,如隐形飞机,将扰乱射向地面的宇宙射线通量,或可利用高能粒子检测器生成信号并用于重要军事用途。这位天文学家立即向将要召开的一次重要会议提交了他的设想摘要,声称这一发现有可能削弱隐形战机的优势。摘要引起一位参议员的注意,他提醒空军关注,几经周折最后便转到笔者的案头。

笔者就这样进入了非常规防御的系统层级分析领域,且在实验室工作的初期多次遇到此类题目。利用笔者在高能粒子碰撞、粒子传播的物质效应以及一些几何学和最优探测理论等方面的知识,就可以轻松得出结果。笔者得出的最终结论是,原则上可以构建一种探测器,使用与飞行器材质完全匹配的滤波器,能够探测已知高度的该型飞行器,但为使探测概率与虚警概率保持在合理水平,该系统的面积至少须达到数平方英里,且对飞行器材料属性及质量分布的不确定性极度敏感。因此,该建议极不具有可行性。经过这次初涉系统分析艺术,笔者一发不可收拾。

在林肯实验室的最初10年,笔者在多个颇有挑战性的领域进行过分析及现场工作,包括树叶遮挡目标的雷达远距离探测,新型空中监视手段的建模与飞行试验,第四代与第五代飞机在威胁环境下的生存能力评估,当然还包括非常规监视与防御概念的分析研究。笔者将讲述一个有趣的实战故事,以阐释非常规概念的分析研究。

▶| 实战故事

20世纪90年代初,美国地质调查局(USGS)的一名研究员声称,使用部署于南加利福尼亚州各处的地震仪阵列,可跟踪超声速飞行器。这些部署在南加州各地的地震仪本用于监测地震活动,但该研究员发现,超声速飞行器产生的冲击波强度足以被安装于地表(地下则不能)的地震仪记录下来,整个阵列地震仪所记录下的信号时间序列可用于推测飞行器的速度与位置(二维)。利用这些数据,该研究员成功跟踪到几架航天飞机超声速飞过洛杉矶盆地上空,这些航天飞机将在爱德华兹空军基地着陆。

虽然这一发现引起了人们的关注,但军事意义有限。然而该研究员声称,地震仪数据表明存在一架未知超声速飞机即曙光女神侦察机,这时才引发更大关注。具体来说,数月的地震仪数据表现异常,显示存在大气冲击波,且全部发生在星期四清晨。该研究员由此得出结论,空气冲击波的出现与高超声速(马赫数高于5)高空飞行器的活动相吻合。

这一结论同样引起人们的注意,研究这一技术的有效性及潜在军事用途的任务逐级下达,最终仍落在笔者肩上。在得到地震仪数据后,笔者重新进行了最大似然分析。在分析过程中,我们尝试使用与地质调查局的研究员完全相同的数据,但针对所有异常情况得出的结果几乎都不是超声速飞行器。

我们甚至尝试使用更加先进的方法,包括在试算结果中考虑加速度并由此引入波阵面焦散线。在数百次尝试计算并进行适当估算后,最佳结果才勉强达到超声速,且在升温和减速。本着系统分析的精神,我们还尝试了其他解释,从大爆炸(与数据不符)到不明飞行物(认为不太可能,因为这些异常事件的时间遵从标准时间夏令时)。

最后,我们考虑一种假设,即该研究员只是犯了一个错误。这一推测最终得到了证实,该研究员所作三角近似并不恰当,因为只有造成大气冲击的源头都是高超声速时,如返回的航天飞机,该三角近似才成立。

进一步的调查表明,在上述异常发生时,海军正在加州海岸试飞F-14战斗机,且试飞过程中超声速飞机曾接近地面。音爆是由其中某些飞行员在触地前尝试减速至低于音障水平所造成的,他们并没有考虑到水面上方产生的音爆在消散之前会在陆地上传播一定距离。

这个故事的结局让人想起电影《双虎屠龙》中的一句著名台词:"当传说变为现实时,也是在书写传说。"在此案例中,尽管这位研究员认识到了真实情况,但是至今互联网上仍充斥着"地震活动事件揭示曙光女神侦察机的存在"的观点,这一虚假故事(即传说)还成为某些有线电视纪录片的重要情节。

后期,笔者还曾与空军红队紧密合作(见第6章),尤其与空战司令部下辖特殊计划司有过密切合作。与空战司令部合作期间,笔者深刻体会到系统分析的优势与潜在风险,对复杂的飞行器生存能力问题进行简化处理时必须极为谨慎(如本章篇首爱因斯坦所言),同理,对简化分析结果的表述亦应倍加小心。因此,笔者竭尽全力,以免简化的分析结果被当作绝对真理,从而被直接用作诸如 F - 35 联合攻击战斗机的技术要求等方面。

在实验室工作近10年后,笔者逐步进入管理层,2000年任系统与分析小组组长。也正是在那时,笔者才真正理解了林肯实验室前主任的一句箴言:如果聘用了正确的员工,培训并引导他们,那么每个工作日中午便可以离开办公室休息了。鉴于林肯实验室超长的工作时间,此话有些言过其实,但其意思表达得非常明确,最成功的人知道如何培养他人的创造力,打造有效团队,并保持整个团队正常运行。

接下来的10年,尤其在2006年创立太空系统分析小组并联合空军红队建立空军太空红队的时期,笔者将这一观点铭记于心。太空系统分析小组的基本准则是,将在航空领域取得成功的系统分析原理与方法,运用于太空领域,以发挥其神奇效果。

近些年来,笔者也曾有机会在网络领域应用相同方法。以下章节笔者将讨论在太空和网络领域进行系统分析过程中所遇到的问题,并就这些系统分析的特点与更加成熟的航空领域系统分析加以对比。

12.3 太空与网络领域的系统分析

本节分为三部分。第一部分聚焦太空领域,论述如何运用在航空领域系统分析30多年的成功经验应对太空控制问题。第二部分概述太空控制和太空态势感知的主要概念。第三部分简要讨论网络领域的系统分析应用,并强调了系统观点在网络领域的运用还相对不成熟。鉴于绝大多数军事太空与网络领域问题的正式研究都是保密的,因此本节笔者仅就共性问题加以讨论,并未涉及特定的技术或项目研究。

12.3.1 太空领域系统分析

太空浩瀚无垠。你无法相信太空到底有多么宏大,大得令人难以置信。

——道格拉斯·亚当斯《银河系漫游指南》

太空领域的军事行动通常被归类为太空控制,其定义是持续进入并利用太空的能力。太空通常是指高度在"对军队运动、机动与部署具有重要影响的大气层"以上的区域。[①] 在本次讨论中,可以使用100km作为航空领域与太空领域之间的粗略分界线。在太空领域,以太空物体所在轨道体系进行区分,分为近地轨道(LEO,轨道高度低于2000km)、地球同步轨道(GEO,高度在(35786±200)km范围内)以及中地球轨道(MEO,高度介于近地轨道和地球同步轨道之间)。太空控制包括执行行动以了解态势,即太空态势感知(SSA),以及执行行动以有所作为。通常后者又分为防御性太空控制(DSC)或进攻性太空控制(OSC)。即使按照这些基本术语定义,对于某个行动应归入防御性太空控制还是进攻性太空控制如此简单的问题,也会使一群太空控制相关人士爆发一场"语义战争"。在笔者看来,这类争论清楚表明,该领域迫切需要基础性系统分析。

如上文所述,太空领域与航空领域有许多共同之处,对军事和情报用户构成的挑战也较为类似。两个领域系统分析的差异主要来源于对作战概念与使用方针的基本认识,以及技术和使能系统的相对成熟水平等方面的不同。

在航空领域,如考虑防御性制空(DCA)任务时,首先会想到端到端交战链(或"杀伤链")的问题,从系统设计到作战应用的整个过程都会采用这一核心组织结构。史蒂夫·韦纳在导弹防御一章使用了杀伤链结构,阿尔耶·费德在红队一章地面防御性制空任务中同样也采用了杀伤链结构。一种适用于空中防御性制空任务模式的杀伤链结构,如图12.1所示。图12.2则为适用于太空领域深空在轨资产防御任务的一种交战链,与图12.1极为相似,但更加简单。防御性制空任务始于预警与监视,旨在定位有争议空域中的潜在敌方目标;太空领域与之相对应的行动为太空物体监视与识别,该行动构成了太空态势感知中的发现部分。航空领域与太空领域防御问题的一个主要区别是,太空控制环境下的实际搜索量,通常比航空领域要高出几个数量级。但与之相对的是,围绕地球轨

---

① 2008年10月1日,美国空军条令文件3-01空中对抗行动;2011年11月1日临时变更。

道上的绝大多数物体都按照既定轨道运行,这些轨道的显著扰动需要在燃料、时间和任务影响方面付出高昂代价,因此这为区分关注物体和其他物体提供了判别依据。

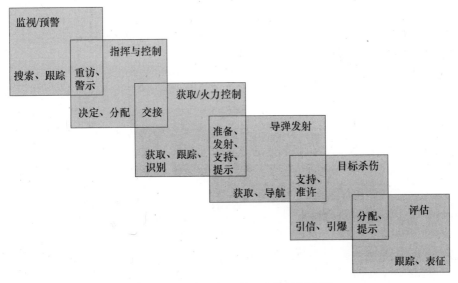

图 12.1　空中防御性制空交战链概念图

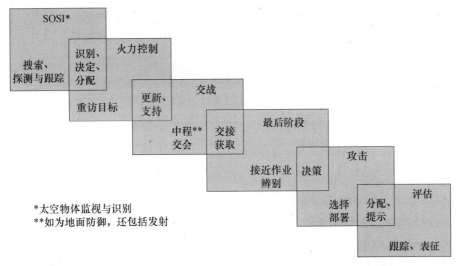

图 12.2　防御性太空控制交战链概念图,适用于美国深空资产的防御任务

　　防御性制空交战链主要依靠指挥控制(C^2)和通信。自空军成立 90 年来,指挥与控制,通过反复尝试不断发展,至 21 世纪时,美国空军已将航空力量投射

的作战水平已经被美国空军完善到有时出现"交钥匙工程"。相比之下,美国太空控制的发展则以太空态势感知为主,不具备将太空态势感知数据转化为行动所需的指挥与控制能力。

防御性制空交战链进一步向下为火力控制平台,该平台可获得监视设备或设备群发送的线索,从指挥与控制单元获得产生杀伤火力的授权,并采取必要行动完成武器部署,包括获取目标的精确识别。在交战链的这一阶段,正是防御性制空与防御性太空控制的分水岭,时至今日太空环境在很大程度上是军事与情报能力的庇护所。图 12.3 显示了一些最重要的能力。虽然太空国家一直在太空中肆意飞行(至今依然如此),很少有国际协议①对正当的太空活动进行规定。同样,在太空中从未发生过意外事件迫使建立惯例与共识,就像早期版本的海洋法,自 17 世纪以来一直在不断完善。

导弹预警　　　　　　　通信　　　　　　　情报、监视与侦察

环境遥感　　　　　　定位、导航与授时

图 12.3　对美国军事与情报体系至关重要的美国太空计划要素

两个领域对作战损伤评估的共性需求,使得两个领域行动之间重新建立了相似性。航空与太空领域评估的主要差别在于时间尺度和相对难度。

针对太空领域进行的多数系统分析须考虑未来时代,即美国真正拥有一系列强有力的手段减轻对天基服务的威胁。关于太空正当和不当行为基本准则的缺失,导致太空领域系统分析具有多重含义。首先,对太空敌对行为的准确定义充满争议,以至于基于对敌方意图的判断进行行动考量的系统分析过程,缺乏可

---

① 与太空控制相关且美国为缔约方的国际协议包括 1967 年《外太空条约》(部分针对太空干预与武器使用)以及 1972 年《责任公约》(处理空间物体所造成的损害)。

以依据的定义。此外,对太空武器的定义也处于类似的模糊境地。例如,一个国家在航空领域进行监视、侦查与情报活动的权利已经有完善的国际规范可以遵循;但在太空领域,一个国家从不明确的范围(无通用国际定义或共识)对他国太空系统进行的观测被某些人视为侵略行为。此外,关于太空系统防护过程中哪些为正当行为,也无普遍共识。在航空领域,通过进攻来实现自我防卫被认定为符合规范的行为,但在太空领域,对纯粹的进攻性或纯粹的防御性行为并无清晰的界定标准。鉴于存在上述灰色地带,与更成熟领域的分析人员相比,尤其在正当行为和不当行为的界定规则不断变化的情况下,太空领域的系统分析工作某种程度上受到束缚。

相比航空力量投射,太空控制还不够成熟的这一事实,使得太空领域的系统分析显得更加重要。为全面审视系统分析需求,可将太空控制解构为多个组成部分,如图 12.4 所示。从该图不难看出,对于大多数太空控制的构成要素来说,系统分析是非常有帮助的。

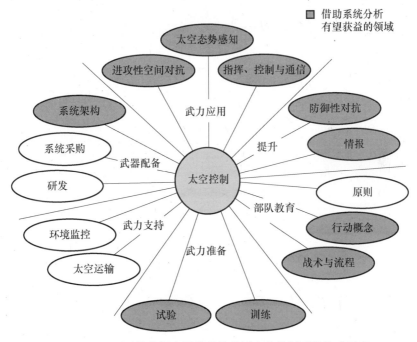

图 12.4　运用系统分析有望获益的美国太空控制系统构成元素

12.3.2　美国太空态势感知概览

如上文所述,太空态势感知是横贯整个太空控制交战链的关键使能技术。美国拥有世界上最先进的太空态势感知传感器。雷达作为一种传感器,可用于持续监视位于近地轨道(以及中低地球轨道)的物体(现役卫星、废弃卫星及空间碎片)。对于在近地轨道(以及中低地球轨道),世界上只有与美国实力相当的国家拥有太空监视和跟踪雷达,而其他国家则采用光学望远镜。对于中高地球轨道以及深空轨道(即高椭圆轨道与地球同步轨道),世界上多数国家依靠光学系统进行监视,只有美国及实力相当的国家部署了少数的高性能空间跟踪雷达系统。值得注意的是,林肯实验室位于马萨诸塞州韦斯特福德的"磨石"雷达和拥有 X 波段能力的"草垛"超宽带卫星成像雷达(HUSIR),以及位于夸贾林环礁的美国陆军 ARPA 远程跟踪与测量雷达(ALTAIR)和目标分辨与识别试验雷达(TRADEX)(林肯实验室都有为其提供技术革新的悠久历史),还有位于佛罗里达州埃格林空军基地的 FPS – 85 相控阵雷达,构成了美国用于深空太空态势感知的全部雷达。在光学领域,林肯实验室也进行了长期的开拓与创新,包括 MSX 试验卫星(SBSS 天基太空监视卫星的探路者)搭载的天基可见光有效载荷的建设与运行,以及位于新墨西哥州索科罗的太空监视望远镜的设计、建设和调试。上述系统的全球分布情况,如图 12.5 所示。美国太空态势感知雷达与光学系统的研发与部署历史,如图 12.6 所示。

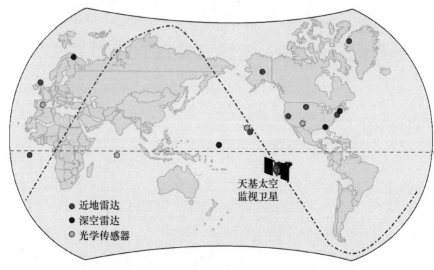

图 12.5　美国地面雷达与光学系统分布以及
近地轨道的 SBSS 天基太空监视卫星

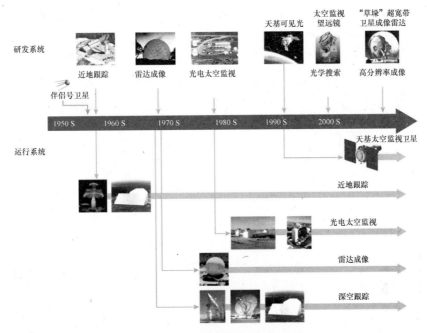

图 12.6　美国太空态势感知研发与运行系统的时间轴

阿尔耶·费德的第 6 章以及戴维·埃贝尔的第 9 章中所讨论的监视与跟踪系统性能建模的基本原理，可直接应用于太空控制中的太空态势感知建模。航空及太空领域飞行器飞行建模的主要区别在于，太空飞行器绝大多数时间按照可预测的近似开普勒轨道运行，小部分时间通过燃烧珍贵的推进剂进行机动操作。回想戴维·埃贝尔在第 9 章中就雷达测量误差所作讨论，太空物体的雷达监视与跟踪基于同样的物理学原理。这一事实可通过图 12.7 得以证实，图中以单脉冲信噪比的函数形式表示丹麦"眼镜蛇"（Cobra Dane）相控阵雷达（本质上是一个用于测量及传感器校准，带嵌入式角形反射器的球体）跟踪低轨 Starlette（激光测距）卫星的仰角误差。仰角误差 σ_θ 随信噪比上升而下降，可以表示为信噪比相关误差分量和 σ_{RIN}（所有其他仰角误差分量的均方根和）的正交求和：

$$\sigma_\theta = \sqrt{\sigma_{\mathrm{RIN}}^2 + \left(\frac{k \cdot \theta_{\mathrm{BW}}}{\sqrt{S/N}}\right)^2}$$

式中：θ_{BW} 为仰角波束带宽；k 为表征雷达系统特性的常数。分析人员可通过类似的方式理解光学系统度量误差的系统学方法。

195

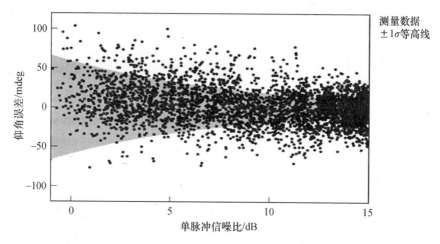

图 12.7　以单脉冲信噪比的函数形式表示丹麦眼镜蛇相控阵
雷达跟踪低轨 Starlette 卫星的仰角误差

　　虽然,航空与太空领域之间的传感器操作和性能存在许多共同点,但两个领域中物体由运动状态参数和传感器测量数据向状态估计的转换方式(在此不讨论)显著不同。在航空领域,飞行器的位置与速度状态通常使用与地球相关的笛卡尔坐标系加以表示,例如地心坐标系/地球固定坐标系。

　　而太空领域内的物体,更多涉及六元状态矢量参数。图 12.8 为描述物体运行在地球轨道上的常用坐标系。首先通过半长轴 a 和离心率 e 定义一个椭圆形,一个物体沿该椭圆的某一轨道面运行。离心率 $e = r_a - r_p / (r_a + r_p)$,其中 $r_a (r_p)$ 为远地点(近地点)时的轨道半径,且 $r_a + r_p = 2a$。半长轴 a 通常重新参数化表示为所谓的平均运动 n,其中,$n = \sqrt{G(M + m)/a^3}$,M 与 m 分别为地球及在轨物体的质量,n 的单位为每天转数。相关参数还包括用三个欧拉角表示的轨道平面,分别为升交点赤经 Ω(即地球赤道平面与春分点和空间物体沿南北方向通过的轨道平面形成的夹角,亦称升交点),轨道平面相对于赤道平面的倾角 i,以及轨道平面近地点幅角 ω(即从升交点到近地点的角度)。再加上轨道平面上近地点与绕轨物体特定时刻的角位移即真近点角 ν,便构成了完整的状态矢量。反过来,真近点角还能通过偏心率和平均近点角得到(对于地球圆轨道在轨物体,轨道半径与半长轴相等,其角度 v 等于平均运动)。

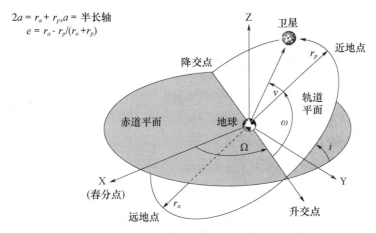

图 12.8　用于描述物体在地球轨道上位置的坐标系

美国战略司令部下辖联合太空作战中心（JSpOC）使用两行轨道根数（TLE）格式发布了一份太空物体轨道目录。例如 Starlette 卫星的近期两行轨道根数为

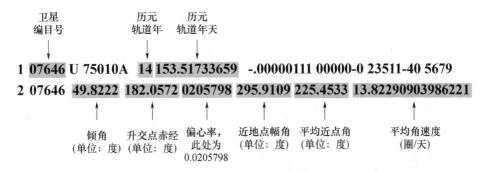

在用两行轨道根数进行轨道预测时,需运用通用扰动模型计算空间物体从历元时刻至预测时间点的位置传播信息。该模型在分析表达式中计算在轨物体加速度时,引入了地球质量分布、大气阻力、太阳辐射压力以及月球、太阳和行星引力等影响因素。

例如,描述地球质量分布的重力势可使用球谐函数表示为

$$V = -\frac{GM_{\oplus}}{r}\left\{1 + \sum_{l=2}^{\infty}\left(\frac{R_{\oplus}}{r}\right)^l\left[J_l P_l(\sin\phi) + \sum_{m=1}^{l} P_{lm}(\sin\phi)(C_{lm}\cos(m\lambda) + S_{lm}\sin(m\lambda))\right]\right\}$$

其中:G 为牛顿重力常数;$M_{\oplus}$ 为地球质量;$R_{\oplus}$ 为赤道半径;r 为到地球中心的距

离；J_l 为用于描述地球质量分布沿纬度变化的分区系数；C_{lm} 与 S_{lm} 为描述地球质量分布沿经度 λ 变化的田谐系数；P_l 为勒让德多项式，P_{lm} 为勒让德关联函数，两者均取决于纬度 ϕ。

选定因素和其他影响源对地球重力势所造成的影响，表现为这些影响源所产生的加速度，如图 12.9 所示。可以发现，地球扁率（以 J_2 表示）是轨道高度低于地球同步轨道的物体运动最重要的扰动因素，而轨道高度在地球同步轨道以上的物体，月球与太阳的重力扰动影响最大。当研究近地轨道体系内的最低轨道时，还必须考虑大气阻力的影响。另外，太阳辐射压力是地球同步轨道最重要的非重力扰动因素。

为进行最准确的轨道预测，需要使用特殊扰动方法。该方法需使用图 12.9 中所示的各力项，在运动方程中应用直接数值积分法。在这种情况下，可使用联合太空作战中心向量协方差数据表示历元时轨道位置，其中不仅包含状态矢量还包括状态矢量的协方差。

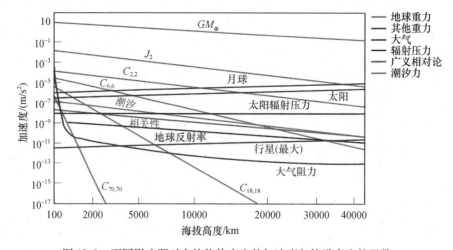

图 12.9　不同影响源对在轨物体产生的加速度与轨道高度的函数

通用扰动模型与特殊扰动方法可实现的精度如图 12.10 所示，其中测得的 Starlette 卫星跟踪误差（以激光测距数据为基准）表示为自上一次观测后所流失时间的函数。从中可发现，一般情况下，雷达进行的轨道预测比光学系统更准确，这一结果在预料之中，因为雷达测量可同时提供距离和角度（有时为多普勒数据）信息，而光学系统仅能提供角度信息。此外还可以发现，特殊扰动方案的轨道位置误差可在数天之内维持在小于几千米的水平，如果使用多个轨道路径的观测数据估算初始状态矢量，那么误差水平保持稳定的时间可达一周以上。

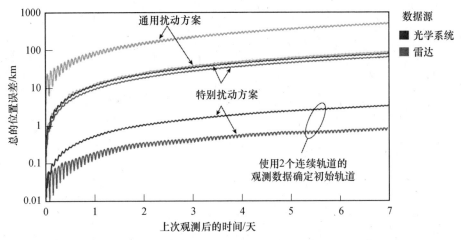

图 12.10　运用通用与特殊扰动方法计算的 Starlette 卫星位置
总误差与上一次观测后时间的函数

（蓝色曲线表示使用雷达数据确定初始轨道进行外推的轨道，红色曲线表示使用光学数据的
情况。4 条上方曲线使用对一条轨道的观测数据估算的轨道状态矢量，其中 2 条下方曲线使用来
自 2 条连续轨道的观测数据进行的估算）

以上简要介绍了面向太空控制的太空态势感知，涉及一些相关研究领域的浅显知识（但有着丰富的技术内容）。这些内容与太空控制密切相关，例如，外推轨道的相对稳定性与抵御潜在威胁的防御性太空控制行动紧密相关。

12.3.3　网络领域的系统分析

基于太空领域系统分析所作论述，笔者坚信网络领域也需要进行缜密的系统分析，便也不足为奇。与太空领域相比，尽管网络领域军事行动发生得更晚，但是各国政府在该领域却走得更远，如对网络空间的正当行为进行了定义，对防御性和进攻性网络行动的"宣战事件"进行了总结，并对网络能力运用的指挥与控制概念进行了适应性调整。毫无疑问，与航空和太空相比，网络领域创新周期短，网络的接入更方便，因此网络领域实现规范化的速度也更快。

如上所述，交战链结构通常可作为理解军事行动基本要素的有效工具，在网络领域也是一样。一个简化的防御性网络行动（如涉密网络的防御）交战链概念图，如图 12.11 所示。

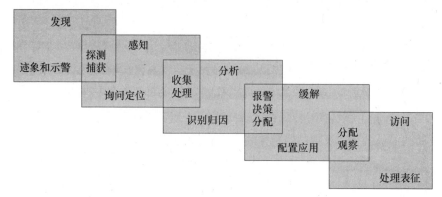

图 12.11　防御性网络行动交战链概念图

对网络系统分析人员而言,该交战链中有几个要素非常困难。例如,由于攻击过程可能覆盖很长的时间跨度(如拒绝服务可能持续几秒甚至几天,数据外泄事件可能需要数秒至数月),因此,发现、感知与评估很大程度上取决于持续的网络态势感知(CSA)。对网络态势感知性能进行建模,需要充分捕捉各不同时间跨度的威胁演变。同理,对抑制威胁的有效性进行评估,涉及到捕获进攻方与防御方的威胁与反威胁演进情况。

将系统分析应用于网络领域所遇到的上述困难并非难以逾越。其他领域同样存在类似的复杂因素,只是程度较轻。此外,网络能力的开发者在思考解决网络空间问题时通常不会采用系统分析观点。他们侧重具体问题而非普遍性问题,侧重眼前而不是未来,侧重脆弱的单点解而不是强大的综合解。因此,网络空间更需要训练有素的网络系统分析人员,希望在未来几年会出现这类人员。

12.4　25 年系统分析从业经验与教训

在本章接近尾声时,笔者愿探讨一下系统分析的现状。笔者的经验教训来之不易,有些来自高级军官义正言辞的批评,有些来自优秀系统分析人员的耳提面命。

12.4.1　不必惧怕重新解构问题

通常,分配任务的人并没有专业知识或接受过专门训练,因而无法恰当地构建问题。高级决策者通常没有时间弄清真正困扰他们的问题或去详细了解问题或威胁背后的原因。

▶ 实战故事

2007年，中国成功展示了使用直接入轨式反卫星武器试验（ASAT）系统处理报废气象卫星的能力。事发前一周，空军一位高级领导要求我们明确回应，如中国拥有上述技术能力，美国哪种太空系统将受到威胁。这位领导曾被告知，美国地球同步通信卫星与全球定位系统星座将成为中国未来反卫星系统的"靶子"，他对此深感焦虑。为此，我们立即展开评估，根据实际运行的中国反卫星系统、其他已知明确威胁以及未来潜在威胁，为这位高级领导提供了一份简单易懂的事实简报，阐述受威胁的领域和相对安全的领域。此外，我们还借此机会，就美国在有争议的太空领域可采取的行动方案，阐述了我们的观点。经连续七天的专项研究，我们为空军高层提供了最权威的信息。因此，我们被授予新的任务，进行为期三个月的新兴威胁应对方案研究，并在四个月后，应空军高层要求，在林肯实验室成立一个长期分析与试验小组，专门负责研究美国太空相关能力面临的威胁，以及评估抑制威胁的方案。

12.4.2 对快速分析的局限性持宽容态度

在此，应重申艾伦·伯纳德在其章节内所提及的箴言："系统分析人员可以承担一切工作，但责任除外。"此言或许有些刺耳但却道出了人们的心声，因为绝大多数系统分析人员都在努力做正确的事情。多数情况下，系统分析任务的委派都是匆忙之下所作决定（执行也是如此），尤其是在提出分析要求的人员或机构决策周期短或试图达到一个决定里程碑的情况下。

鉴于许多系统研究课题给出的研究时间十分有限，因此在分析的广度、深度、概括性等方面难免不作出妥协。通常，一些快速完成的分析工作，虽然能够捕捉复杂问题中的某些元素，但可能忽略问题背后的重要原因。因此，系统分析人员必须努力将因问题简化而造成的误差控制在一定范围内，并尽量确保分析结果的使用者（无论是否已知）了解分析结果的局限性。

对于时间充裕的系统研究课题，系统分析人员同样必须秉持谨慎态度，不能为了得到答案而对问题进行不恰当的简化。也就是说，系统分析人员一定不能为了讲述一个美妙的故事，而回避问题的复杂性和不确定性。故事美妙的前提条件应该是，不能把问题简化到与现实世界毫不相关的程度。

12.4.3　谨防对研究成果的不当运用

研究成果时常被用户在脱离相关背景或超出有效范围的情况下滥加运用，绝大多数系统分析人员随意便能讲述一些这样的故事。一般而言，分析结果越具价值，被其他人引用的可能性越大。在这种情况下，即便引用者完全不要主观故意，对相关分析成果的引用也都将存在一定风险，令你无法对相关信息进行有效把控。无一例外的是，如果使用者直接引用研究成果或将研究成果作为其分析活动中的一个输入项，该使用者将不再注重最初的发现和结论，而会重点强调自己的研究发现和解读。更糟的情况是，由于被采用的研究成果是新研究内容的支撑因素，成果的引用者可能会表示或暗示你对其观点或结论的赞同态度。

可用三种方式防止系统分析成果被不当引用。最安全的做法是，不向主要决策者之外的任何人公布分析结果，但这种方式将降低分析人员在未来重要技术与政策讨论及相关领域中的影响力。第二种方式是广泛发布分析结果，但仅发布简要报告并附更简短的摘要。此举耗费大量时间，但有助于最大程度地降低研究成果被滥用的风险。最后一种方式工作量最大，以完整备案报告终版的形式发布研究成果。在此过程中，需明确阐述与分析相关的警告并确保报告中的所有图表或数字的独立性（某些使用者会使用图表或数字但忽略相关文字）。对于复杂问题，最后一种方式须思量周全，尤其是须确保所选的测绘变量最有效、合理。这一方式的优势是，研究工作将留下一个纸质跟踪文件，可确保引用者难以声称成果原作者赞同其观点与结论。

12.4.4　不要被他人当枪使

有的人在政治上不经意间就被极端分子所利用，为极端主义事业提供了帮助，被列宁称为"有用的白痴"。在美国国防政策与采购领域，对影响力及资源的争夺，常常是一种零和游戏。在特定领域对某些利益方观点或计划提供支持的系统分析，常常在党派之争中被用作获得竞争优势的工具。为避免某些个人或组织成为"有用的白痴"（这些人并不关注系统分析的适用条件与局限性），控制好研究成果至关重要。前文所述的三种方式同样适用于这种情况，但必须更加谨慎以防止分析结果被滥用。

此外，还应对成果的听众有所了解，才能引起警觉。向知情人了解分析成果简报的听众及其可能存在的偏见。如果听众多为科学家和工程师，他们在多数情况下会选择尊重事实。但是如果听众中多数人为项目方或政策制定者，则应

202

保持警醒,因为可能会有人试图利用分析成果以达到自身目的。在简述分析工作时,讲述方式须始终与听众相匹配,但如果听众之中有的人可能会滥用分析成果,则在选词上必须谨慎清晰地阐述问题,阐明分析结果的警示说明与限制条件,以及分析结果的通用性与可靠性。

12.4.5 使模型接近实际,同时对问题的理解要超过模型

与防空对抗分析组织类似,太空控制分析组织自有一套"行业"规范,而一些分析人员,特别是项目及项目管理人员,将之奉为绝对真理,以近乎盲从的方式加以应用。然而,许多系统分析人员拒绝盲目遵从上述规范,因为与行业规范制定者相比,相关领域专业人士对特定系统和现象的理解会更加深入。但即便如此,行业规范仍是系统分析人员的一种工具。分析人员需要经常对其进行剖析以了解规范的局限性、简化方式及重大不足。

如阿尔耶·费德与戴维·埃贝尔在红队章节所述,为系统分析提供支持的模型,应尽可能与实验室及现场测量数据紧密结合,这点至关重要。只有当模型经过试验事实检验后,分析人员才能清晰认识到分析研究工作的适用性、局限性及可扩展性。基于这一理念,出现了工程模型、战术层工具以及基于场景的仿真构成的天然等级体系,所有支持才能符合所谓的大局,如图 12.12 所示。

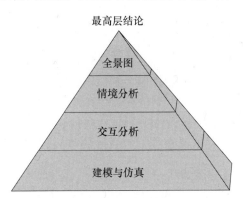

图 12.12 太空领域系统分析建模全景图

此外,一名优秀的系统分析人员同样应遵守对物理或其他专业研究生的教导:开始进行复杂建模前,必须十分了解分析的结果(至少是一个数量级)。人们经常引用的"著名费米问题"(估算芝加哥市钢琴调音师数量的案例),便是一个典型示例。当真正开始具体分析工作时,分析人员应准确了解当前仿真代码的具体内容,否则,就应配备一名拥有相关知识的专业人员,随时配合工作。

对于仿真代码本身,首先要求结果透明,要始终对代码所得结果的合理性保持怀疑,分析结果的有效范围进行检验,对仿真无解的点进行抽查,并且始终对结果不满足直观感觉和初始数量级估算的结果进行完整性检查。一个必要的观点是,仿真代码并不创造任何知识,而只是对仿真代码创造者的知识含义归结于其中。

12.5 结束语

真相并不总是很美,但寻求真相却很美。

——内丁·戈迪默(Nadine Gordimer)

物理学已经深深渗入你的骨髓,物理学带来了优越生活。

——(尤利乌斯·罗伯特·奥本海默)J. Robert Oppenheimer

笔者希望本章可以让人联想到上面两句箴言。用系统分析替代第二个箴言中的物理学,便可以清楚表达笔者对系统分析这一艺术及其从业者的敬重之情。当然,系统分析并不能代替深度研究,而是一种辅助深度研究的思维方式。通过初始、简化、系统层级的审视,为深度研究提供一条获得结果的最佳路径。如比尔·德兰尼在本书开篇所述,成为第一批探索者,或者成为一个冲破各种主张与推测迷雾去认清某一重要问题真相的人,将终身难忘。

▶ | 作者简介

　　杰克·G. 弗雷斯曼,2013 年夏天返回林肯实验室,现任网络安全与信息科学部计算分析组组长;2011 年秋季,曾担任空军采办助理部长特别计划局首席科学家;在赴空军工作之前,曾创立林肯实验室太空系统分析小组并任组长,该小组的任务是协助美国军事与情报空间组织了解和应对太空系统与服务所面临的新威胁。

　　弗雷斯曼博士 2005 年加入宇航部,此前曾担任战术系统技术部系统与分析小组组长,主要工作涉及飞行器生存能力评估、武器系统有效性、雷达与红外传感器性能评估、电子对抗研发及任务建模等相关的仿真及现场试验。1988 年在获得宾夕法尼亚大学高能物理学博士学位后加入林肯实验室。此外,他还是空军科学咨询委员会顾问兼委员。

第13章
实现百兆比特/秒的火星数据回传速率：一个系统分析案例

唐·M. 博罗森

13.1　简介

　　笔者1977年加入林肯实验室，当时已拥有普林斯顿大学电气工程博士学位，在校撰写的论文结合了数学、统计学及控制理论等知识。与其说笔者是个电气工程师，不如说是个通用型应用数学研究者。笔者在实验室通信部的科研方向是通信信号及接收器架构的设计、实现及分析。在研究初期，笔者在组长的指导下自豪地撰写了一份简短的内部备忘录，对某些改型或其他方案的详细性能进行分析，当时一名友善的资深研究员问我，"这到底是什么意思？"以及"如何最大程度地影响我们的总体方案？"在这次互动后，笔者开始转变职业方向，成为了一名系统设计师兼分析人员。

　　自20世纪80年代中期，笔者在实验室绝大多数时间都在研究自由空间光学通信，这是一个真正的全系统设计问题，涉及光电组件与架构、望远镜、机制与控制以及信号本身等方面问题。而每一个问题，都有其各自的限制因素与困难，如航天器指向知识、大气湍流、背景光照、期望的超快数据速率、低质量以及超长链路距离等。通过选择并验证所有这些碎片问题，成功构建一个满足所有限制因素的系统，是一门艺术。每一个决定和选择，都会对其他部分产生实际影响。设计人员需不断退一步审视，确认最新的设计是否会使此前的选择方案失效。

　　本书其他章节的绝大部分内容都与国防系统分析有关，因此进入本章不会太过突兀。本章将阐述如何从整个系统的角度去处理问题并"合成"一个全新的系统。

13.2 美国国家航空航天局的问题

美国国家航空航天局(NASA)的一个小型访问团对实验室的部分人员提出如下问题:"能否使用近期的光学技术从火星的卫星上以 100Mb/s 的速率回传数据?"其他通信专业人士曾告诉他们,短期内根本无法实现这一目标。于是,他们找到了林肯实验室。他们听说,林肯实验室的一个团队近期在地球同步轻型试验卫星(GeoLITE)项目中首次演示验证了从地球同步轨道至地面的高速率远距离激光通信传输(亦称"激光通信"),于是想了解这里示范的专业知识发现能否解决他们的问题。实际上,我们之前也听说过这类深空激光通信的一些细节,大部分的研究由喷气推进实验室一个出色的团队承担,但是我们未曾对这类激光通信领域问题进行过深入研究,毕竟这看起来与我们原投资方的需求相差甚远。

13.2.1 深空通信的背景信息

在开始讨论问题本身以及我们如何攻克问题之前,应介绍一些背景资料。因此,首先探讨一些基本问题:

(1)美国航空航天局一直以来如何进行深空通信?

(2)他们为何提出新的数据速率要求?

(3)在此之前,何种因素导致 NASA 无法实现更高的数据速率?

(4)他们为何认为激光通信能够解决这一问题?

让我们首先从通信,特别是数字通信的两个基本原理入手:①电磁波,即无线电波或光波,由于衍射特性,在穿越空间(或空气)的过程中出现散射;②数字信号可实现的传输速率,即每秒比特数,终端之间传输的功率成正比。

图 13.1 展示了波束(无线电波或光波)的传播方式。如果天线(对于光信号则为望远镜)的设计合理,光束就会沿直线传播。大多数人在实验室内对激光束的视觉印象为光束精密且紧凑。然而在现实中,所有波束传播一定距离后,都会以固定的衍射角发生衍射,该衍射角与电磁波波长除以天线直径的结果成正比。由于光信号的波长远小于无线电信号的波长,因而其衍射角通常比无线电信号的衍射角小得多,但仍会存在衍射现象。

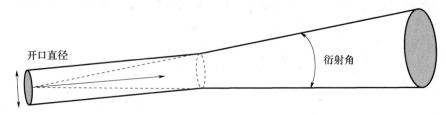

图 13.1 电磁波的衍射

现在,可以观察到这样一个现象,如果我们开始用 1W 填充望远镜的光圈,那么在某个点上,用同一台望远镜可捕获的总能量将为 0.1W,在更远的地方,可捕获能量将为 0.01W,然后依此类推。事实上,很容易证明,任何接收器光圈接收的总能量以 R^2(R 为接收器至发送点的距离)的比例系数降低(当然,衍射是在两个维度)。这是通信与雷达技术的基础理论,著名的"R 平方损失",即随着通信链路距离的增大,固定大小接收光圈捕获的传输功率越来越小。

现在,我们讨论第二个基本原理:可实现的数据速率与接收功率成正比。当人们尝试应用同一设计而不断延长通信距离时,数据速率将以 R^2 的比例系数下降。

我们可以将上述原理概括为一个方程式,即所谓的链路方程,该方程以对称的方式考虑发射与接收孔径的影响:

$$据速率 = E \cdot P_T \cdot A_T \cdot A_R / (\lambda \cdot R)^2$$

式中:R 为通信链路距离;λ 为载波波长;P_T 为发射器功率;A_T 为抛物面发射天线面积;A_R 为抛物面接收天线面积;E 为接收器效率。

该方程没有考虑其他损失,如通过玻璃和大气的传输损失,但如果需要,也可轻易将此类损失考虑进来。除此之外,该公式是十分精确的,也是我们常用的公式。

为更好地理解上述内容,下面讨论真实的远距离传输问题,事实上,我们将讨论美国航空航天局感兴趣的那种远距离通信。如图 13.2 所示,图表的 x 轴表示距离,y 轴表示数据速率。由于美国航空航天局常用的距离都非常远,因而两个轴都必须使用对数标度。

沿 x 轴,我们可以发现:

(1) 飞机之间可以看到彼此的距离约数十千米。

(2) 近地轨道卫星距地球表面数百千米。

(3) 地球同步轨道卫星距离地球约 4 万千米。

(4) 月球距离地球 40 万千米。

（5）最近的行星距离地球数千万至数亿千米。

（6）遥远的行星距离地球数十亿千米。

沿 y 轴,数据速率从兆比特/秒到几千兆比特/秒不等。

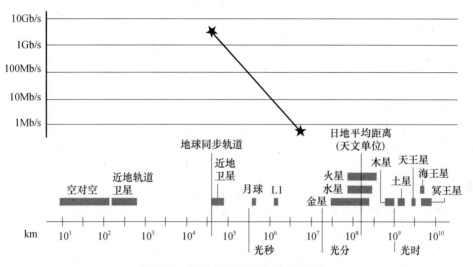

图 13.2　穿过太阳系的恒定难度系统

图 13.2 中的斜线对应单个通信系统的设计能力。可以看到,如果某个系统可在地球同步轨道距离实现 5Gb/s 的数据速率,我们将链路另一端设置在很远的距离之外时,数据速率将下降,因为接收功率将下降。以 100×40000km 距离为例,同一系统可实现的数据传输速率为 5Gb/s/100^2 或 500kb/s。此处应指出,实现 5Gb/s 数据速率的电子设备与实现 500kb/s 数据速率的电子设备非常不同。同理,沿这条线路支撑系统的电子设备必然有所不同。该曲线仅显示了物理制约因素。工程师必须自己探索其他细节。

图 13.3 是图 13.2 的变型,且加入了多个分区:一个分区内,系统可实现大约 5Gb/s 的数据传输速率(如果其位于地球同步轨道距离);另一个分区内,系统可实现 100Mb/s 的数据传输速率(如果其位于火星)。(因为行星以不同的速度绕太阳运转,彼此间的距离有时相对较短,有时分别位于太阳的两侧,此时彼此间距离最大。我们则任意选择火星距离的平均水平进行对比分析。)一个能在火星达到 100Mb/s 的系统,就是美国航空航天局要求我们考虑的能力;第三个分区为深空网络(DSN)。自 20 世纪 60 年代起,NASA 便开始建设强大的深空网络。每个深空网络站点,都设有巨型天线,使用射频信号与深空卫星通信。图 13.4 显示了美国航空航天局深空网络部分 34m 和 70m 天线的部署点。由于

地球自转,执行行星任务的所有地基系统需覆盖世界各地的多个站点,以保证始终至少有一个站点在卫星通信范围内。航空航天局深空网络的主系统分别在加利福尼亚州、西班牙和澳大利亚设有 3 个大型站点。

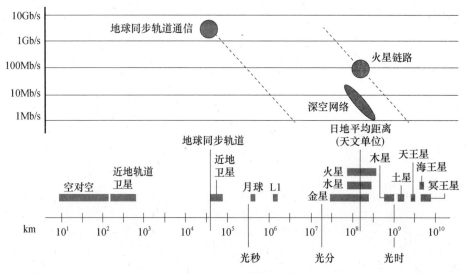

图 13.3 近期地球同步轨道能力、火星所需能力以及当前深空网络能力的对比

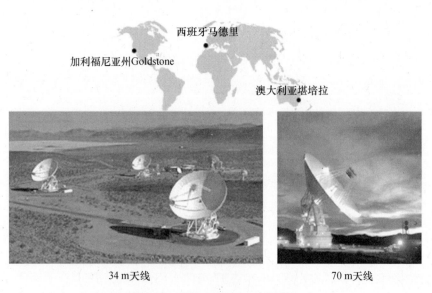

34 m天线   70 m天线

图 13.4 深空网络(NASA 提供)

即使采用这些巨型天线并配合当今航天器可搭载的最先进太空终端,深空网络在火星与地球距离最远时也只能支持几兆比特/秒的传输速率。由此可以

得知,美国航空航天局如希望实现与火星之间的更高传输速率,就需要设计一个全新系统。但为什么需要实现更高的数据传输速率呢?

13.3　航空航天局的需求

科学家对火星充满兴趣。作为与地球距离最近、最相似的行星,火星上似乎存在很多关于太阳系的秘密等待人们去挖掘,尤为特别的是,火星像一面镜子,映射了地球上依序发生的地质事件。因此,美国航空航天局一直都在探索发射绕火星轨道的卫星并将数据传回地球的方案。

如果我们想为地球上的科学家绘制一幅覆盖整个火星表面的高分辨率地图,要如何完成呢? 借助火星探测器? 甚至动用宇航员? 假设我们希望地图的分辨率达到一英尺(这是一个非常合理的要求,在地球上可"轻易"绘制这种地图,且非常实用。),经过简单的球体面积计算,不难发现,共需测量并传输 1.6×10^{15} 个点。这是一个庞大的数字。事实上,如以 5Mb/s 的速率,每天 24 小时、每周七天不间断传输,从每一个点上仅传输 1bit 便需要九年! 但事实上每个点可能需要传输 8bit 甚至更多数据。以美国航空航天局现有能力,这种分辨率的相机已经不成问题,但共需近 100 年才能将数据传回地球,令人完全无法接受。为此,数年来科学家一直在降低上述时间。现在假设能够实现以比当前高 50 倍的速率将数据传回地球,那么从每一个点传回 1bit 仅需 9 周。此时,将整幅高分辨率火星图像传回地球便成为一项现实任务。

科学家还希望观测火星上的许多现象:温度、表面特征变化、辐射水平、风速。科学家想要收集火星的各类图像,如光学图像、合成孔径雷达图像以及高光谱图像。当然,在人类开始火星之旅后,最终可能还需要视频图像。

现在,我们认识到美国航空航天局要求我们研究高数据速率传输问题的目的,科学家希望摆脱远距离数据传输的制约。

那么为何选择光学通信呢? 观察链路方程的分母可以发现,短波长对功率与数据传输影响极大。现在看一下图 13.5 电磁波谱图。卫星通信信号的频率主要分布在几吉赫兹至几十吉赫兹之间。因此,其波长范围在 30cm~1m 之间。光纤通信中使用的光学信号波长为 1.5μm 左右。因此相较而言,光学信号波长缩短 10000 多倍。在发射孔径大小不变的情况下,相对于无线电波,光束衍射损失小 1 亿倍(即 10^8)。我们承认在链路计算中还需要考虑许多其他因素,但不难发现光学通信具有比当前速率高出很多的数据传输潜力。但请注意这里的关键词"潜力"。

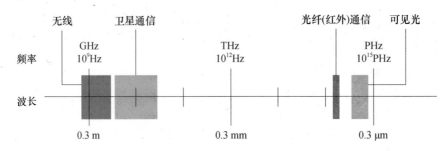

图 13.5　电磁波谱中有用的通信频带

那么,现在回到最初的问题。通过采用近期技术,能否设计出一套光学系统真正实现火星数据高速率回传呢？我们回复来访的美国航空航天局团队,我们将花些时间对此加以研究,因为感觉这个问题很"有趣"。笔者觉得这种说法有些轻描淡写。

13.4　第一印象

笔者清楚地记得,在首次会面之后,我们回到办公室进行了粗略的链路性能估算。当时,全球各地许多研究小组都在研究 5～10Gb/s 系统,因此我们以地球同步轨道距离、5Gb/s 系统作为基准。基于这一数据,我们很快便得出了与图 13.3 类似的计算结果,即我们需要在当前设计的基础之上,改进约 560000倍！使用 dB 计量,约 57.5dB！

我们的第一想法是"哇,改善 50 万倍！这太疯狂了,根本不可能！"当有人要求实现 3dB 的改进时,工程师通常都会倒吸一口气。要求改进 57dB,简直天方夜谭。

13.4.1　观察通用工程设计方式

让我们先等一下,想一想工程设计是如何进行的。从顶层看,工程设计共分为两大类。

(1) 尝试建造一个新系统,其中所有构件都相较之前有所改善,并尝试实现所期望的改进,这些改进可能是性能、成本、复杂性、易用性或其他方面。任何非渐进性的改进通常都意味着巨大风险。

(2) 针对系统的每一方面,都采用"框架外"的思维模式,因为采用标准方式可能无法实现目标,然后等待奇迹。

我们非常清楚,实现 50 万倍的性能改进,系统的许多设计元素都需采用第二种方法。我们小组在跳出框架构想问题时,首先需要了解问题的自然与理论边界。待解答的问题包括:

(1)我们能期望卫星激光发射器的最大合理功率是多少?

(2)为实现上述链路传输效率而构建巨型地面接收孔径,有哪些影响因素,尤其是在面临大气湍流的环境下?

(3)发射和接收激光束可实现的最高理论效率是多少?

(4)稳定望远镜和深空卫星光束的影响因素有哪些?

上述问题是我们在依次思考问题的每一方面时应始终谨记的基本点。

13. 4. 2　回归问题

基于上述思路,我们开始基于一些基本原理解析问题:

(1)也许可以在"问世五年之久"的地球同步轨道卫星激光发射器现有功率的基础上,实现 10 倍改进。

(2)也许我们可以将地球同步轨道卫星孔径增大至目前的 3 倍,至少是在不用万向架固定的情况下(增益系数为 9)。

(3)效仿深空网络无线电工程师的做法,我们可以大幅提高地面接收器的直径约 25 倍左右,增益系数就能达到 625。

(4)综合上述改进与改造,便能实现 560000 倍的提升。

但即使实现了上述改进,我们还需在其基础之上再提升 10 倍,而且我们并未真正完成上述任何工程设计(很可能比较困难)以实现我们设想的改进。未来某一天,发射器功率和孔径肯定会增大。但在近期,需进行大量研发才有望实现上述目标。因此,为达到最终目标,需完成两项主要任务:找到可行方法以实现上述改进;然后找到其他方法实现依然缺失的改进系数 10(10dB)!

13. 5　首先,更为直接的元素

在发射器功率方面,相关技术不断向前发展,在印刷和焊接作业等领域已经开始使用激光器,电信应用更是水到渠成。因此,制造功率更大的新型太空光学发射器相对较为简单。当然,发射器的研发可能会遇到太空零件适用性、热防护设计等方面常见的"拦路虎",但提升发射器功率至少具有可行性。

系统的第二个基本元素是太空光学光圈。必须攻克卫星望远镜的机械与热学问题,超大型望远镜已运行多年,现实中最大的难点在于质量是否会受到局限。(你永远可以添加越来越多的限制条件,使困难的问题变得更加困难。)

若要将望远镜固定在万向架上,还需要考虑许多工程问题。因此,我们尝试设计不配备大型万向架的深空卫星终端。我们依靠卫星来粗略瞄准望远镜。航天器负责对准深空射频天线,实现这一要求并不困难。但即使没有大型万向架,仍然需要一些机制(或光电技术)对准和稳定超窄的发射波束,因为航天器只能指向一个大致范围。这些机制可能需要更加巧妙的设计。在发射器方面,工程师的设计非常巧妙,我们认为可以利用某些机制实现所需性能。但具体如何控制这些机制,仍需一些系统工程设计。我们稍后再作讨论。

如此一来,还剩下哪些任务?

(1) 设计一个巨型但成本合理的地面接收望远镜。

(2) 在巨型望远镜后侧设计一个地面探测器与接收器,可在湍流条件下始终正常运行,并实现最佳理论性能。

(3) 解决太空终端的指向控制问题。

为加深对相关问题的理解,我们需再聊一些题外话。

13.5.1 题外话:关于大气湍流

激光束最"喜欢"真空环境。在真空环境下,激光束可不受干扰地顺利传播,且其衍射现象与理论值完全吻合。然而,在大气中传播则情况有所不同。

在思考激光束时,我们通常会将其想象为一个狭窄的光能管,或者想象成电磁波,即由无数波阵面"前赴后继"组成的能量柱。如波阵面为平面,则可获得有限衍射的性能。然而,如波阵面为波浪状或扭曲,与图13.1所示的散射相比,波束散射的速度将更快。

不幸的是,大气环境中空气厚度与热量发生细微变动,都将导致形成波浪状的波阵面,如图13.6所示。如果向上发射有限衍射波束穿过大气,则会开始累积波浪状波阵面,且波束发生轻微的发散。一旦光束进入真空环境,则不会再继续扭曲,但发散已经形成。进入真空环境时,波阵面已经呈波浪状,因而在真空中也会以随机方式发生散射,远处终端所能接收的能量无疑也会大幅下降。如果波束恰巧在终端方位形成一个临时的零点,则终端接收到的能量可能为零。

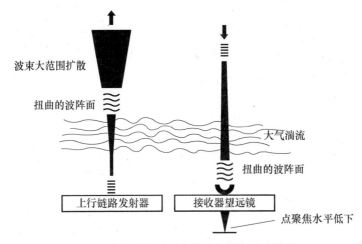

图13.6　大气湍流对上行链路与下行链路的影响

下行波束的情况则稍有不同。下行波束从远距离终端出发,在真空环境中基于衍射理论传播超长距离,只在传播过程的末端进入大气环境发生扭曲。进入大气环境后,波束开始发生轻微散射,但由于大气的厚度只有数十千米,因此大量散射的可能性不大。然而,在此过程中,波阵面已变为波浪状。此时,望远镜可高效捕捉光束,但并无法将光束聚焦成微小的点。在望远镜的焦平面上观察,点将出现扩大、收缩、跳跃。

因此,在解决深空问题的过程中我们需处理两个问题:

(1)由于人们难以向航天器发送大功率,如何确保航天器正常运行?

(2)人们难以将下行波束聚焦成致密小点,尤其是望远镜很大的情况下。如何应用相对低价的收集器捕捉到足量的光,然后将其聚焦至可快速反应并支持高速数据调制的探测器上?(最高速的探测器通常非常小)

13.6　首项发明:混合型跟踪系统

光束极为狭窄,当然,这也是光束可传递大量能量的原因所在。然而,将光束指向正确的地方并使之保持稳定是项极为艰巨的任务。

如前所述,工程师有能力创造支持转向和瞄准校正的各种机械或设备。真正的困难在于确定光束应指向何处以及按照哪一方向进行持续瞄准校正。激光通信工程师的传统做法是,截取用于通信功能的部分入射光(如10%),将其发送至太空传感器。该传感器可通过光束聚焦的光点在传感器上的移动感知航天器的运动。可将该运动转换为方向校正信号并发送至望远镜后侧的小镜面,进而再将光束移动回传感器中心。如果我们从该镜面发射出射光,则该光线可通过互相作用对准上行链路光束的源点! 上述即目标引导的具体过程,所谓的提前量,在此我们不作讨论。只能说,这是另一个棘手问题,经过巧妙的设计并关注多项因素是能够加以解决的。

上述方案中的"难点"是,整个概念的前提是拥有足够的入射光才能进行这一测量。导致的结果是,校正速度越快,需要的接收功率就越大。不幸的是,即使是相对"稳重"的航天器,也需要进行音频频率类型的修正。

猜猜会怎样? 除非克服困难成功传输大量上行功率,否则达到深空终端的信号可能并不足以进行此类跟踪测量。(此处假设,至少在没有宇航员参与的情况下,不值得耗巨资向火星发送高速上行数据)

接下来如何进行? 该领域的其他人员反过来考虑利用被照亮的地球作为瞄准与跟踪的基准信号。遗憾的是,人们发现,利用地球不断变化的光照状况精确推断超窄下行链路的瞄准点极其困难。火星发射至地球的光束点,预计为地球直径的百分之几。恒星跟踪定位器或许能达到我们所需的瞄准精度,但足够明亮的恒星通常不在激光通信望远镜的视线范围。(也许某一天有人会弄清如何应用恒星离轴传感器瞄准激光通信光束)

在我们尝试攻克这一难题的过程中,有些小组成员发现,可以按不同的频率范围来解决瞄准与跟踪问题。发射的微弱上行波束可作为绝对瞄准的理想基准,但亮度不足以用于宽带跟踪。地球图像用于瞄准表现欠佳,但亮度可能足以用于进行中频跟踪校正(当该方向指向地球被照亮时)。

最后,一名小组成员提出,采用一种特定类型的惯性基准单元(IRU)。该装置最初由德雷伯实验室发明,用于处理高频振动。惯性基准单元已广泛用于军事和民用用途。在此处,我们使用该装置作为小型光学平台,通过弹簧和活塞将其与航天器相连,如图13.7所示。(本体上装有惯性基准,为致动器提供反馈数据,推动弹簧本体,从而稳定激光束)该装置使用安装在惯性基准单元本体上的特殊惯性传感器,可稳定瞄准低功率小波束。如果向望远镜发射激光,在视野中如同一颗明亮的恒星,我们便可以利用传统的转向镜法进行跟踪。

这样,整个跟踪系统结合三个频率范围(低频的上行信标、中频地球图像以及高频惯性基准单元光学信号),从而能够瞄准和稳定双激光通信波束以支持超长距离链路,如图13.8所示。通过分解控制频率范围,研究小组基本上解决了深空波束的指向与稳定问题。当然,实际上这个问题更加复杂且需要大量软件,但当人们需要解决物理学基本原理相关的问题时,找到答案并不难。

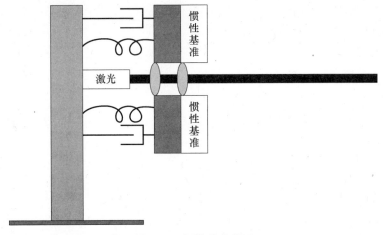

图 13.7 惯性基准单元

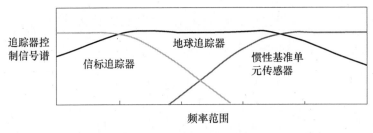

图 13.8 混合型跟踪方式

13.7 最后的问题:望远镜、探测器、效率与信号

从最初切入问题出发,仍需想办法解决以下问题:

(1) 建立不太昂贵的,直径为 5~10m 的地面接收器。

(2) 即使面对大气湍流,也将光与某种快速探测器结合起来。

(3) 尝试完成上述任务后,还要再提高十多倍效率。

小菜一碟! 我们解决了效率问题。

13.7.1 各种激光通信接收器的最大可能效率如何?

林肯实验室 1980 年前后便着手研究现代激光通信,当时新成立的研究小组尝试使用相干技术,即外差法,实现效率提升。事实上,某些无线电工程师也将该技术用于无线电系统。在光纤问世之前,接收器处用作本机振荡器的半导体激光器所发出的光束,在空间上被谨慎地叠加于入射光束表面,并在高速探测器上进行总信号测量。该方法可生成两个频率之间的拍音,并使用标准无线电电子技术进行数据解调。这一系统实现了约 1bit/10～20 光量子接收能量的效率,当时堪称性能卓越。研究小组也因此备受关注(以及投资)。还有其他类型相干接收器,本机振荡器则在零差法过程中与输入信号进行相位匹配,以当时的激光与光学技术,实现这一方案困难重重。但后来事实证明,随着窄线宽激光器和单模光纤以及电信行业其他组件的面世,上述接收器方案皆具可行性。

我们始终希望突破效率极限,于是对所有具有可能性的激光束通信调制与接收方法进行了较为全面的研究。研究发现,通过应用香农的信道容量标准,即使是在没有设计具体细节的情况下,也可比较所有潜在性能。这时我们想到了一种似乎更简单的方法,即使用一种特别的低噪声探测器"无噪声光子计数器",直接测量入射光能,该方式拥有比零差法更有效的诱人特性。此外,借助于现代纠错码,我们预计,效率提升幅度足以实现目前依然所差的 10 倍系数!

13.7.2　无噪声光子计数接收器

早在 20 世纪 60 年代,物理学家就已推断出,低占空比脉冲信号是光子计数通信的最佳选择。事实上,在 20 世纪 80 年代早期,喷气推进实验室进行的一次开创性试验就已成功验证了高效光子计数激光通信的可能性。

我们使用的方法称为脉冲位置调制(PPM),这一方法的简要描述,如图 13.9 所示。如果我们取原始位序列并将其划分成由 K 比特组成的符号,不难发现可以将数据流视为一序列的 K 比特数据。每一个二进制字对应从 0 至 $M = 2^K - 1$ 之间的一个数字。

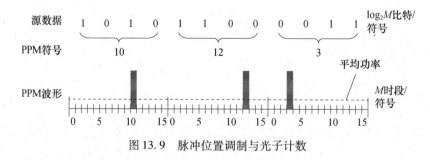

图 13.9　脉冲位置调制与光子计数

如果我们将原 K 比特划分为 M 个新的、更短的时间段,可以发现,每个脉冲可发送单个字,从而完成该序列传输。(当然,用于生成该信号的发射器需储备能量,然后通过一个更快速的高峰值功率脉冲完成全部发送)我们知道,因发射光束衍射造成大量链路损耗之后,脉冲中可能仅剩余一个单光子。然而,我们也可以看到,只要检测那个单光子就能找回全部原 K 比特数据! 因此,除了潜在的脉冲损失与噪声影响,我们发现每个接收光子发送高达 K 比特的数据具有可行性。这听起来似乎不可思议,但我们正在投入大量人力物力致力于带宽与电子速度的研究,以实现这一设想。在激光领域,我们确实拥有大量带宽资源。切莫忘记,20 年前,我们对 20 个光子对应 1bit 已经心满意足。而这一新系统有望将每个光子可发送的数据量提升数倍。

当然,我们必须解决脉冲损失与噪声问题,因此在最有效的光子计数链路中,纠错编码是基本要素。举例,当光子平均到达率为每个脉冲一光子时,泊松统计分析告诉人们,有 $1/e = 37\%$ 的可能性,探测不到任何光子。因此,需通过代码处理大量此类"丢失"问题以及无关光源造成的错误计数影响问题。幸运的是,关于此类代码的文献很多,我们最终选择了最初由加州理工和喷气推进实验室开发的代码与解码器架构。

由于 PPM 生成时间段的速率比原始位序列快很多,且纠错代码增加了冗余位,进一步提升了时间段速率,所以光子探测器需以相当快的速率辨别光子到达时间。例如,当 $K = 8$、$M = 256$、速率 $1/2$ 编码时,我们发现时间段比原始位序列快 $2 \times 256/8 = 64$ 倍。在 100Mbps 源速率下,此速率需每秒 64 亿个时间段。类似地,当 $K = 4$、$M = 16$ 时,时间段将仅比原始位序列快 $2 \times 16/4 = 8$ 倍,但是当 $M = 16$ 时,光子效率低于 $M = 256$ 时。因此,无论数据速率是多少,效率(K 与 M 越大,效率越高)和所需的探测器速率(与 M/K 成正比)之间存在基本的权衡取舍关系。

我们有能力建造可以生成此类信号的发射器吗? 幸运的是,答案是肯定的。应用光纤通信组件,我们小组近些年来一直致力于以高速电信调制器和光纤放大器为基础构建高速率发射器。事实证明,如果数据速率足够高,便可以使用这些发射器来生成 PPM 信号。只有当强制要求系统低速运行时,才会转换思路。由于必须解决高数据速率火星链路问题,我们采用了地球同步轨道 – 激光通信类技术。

然而,地面接收器的问题完全不同。单光子探测技术已面世多年,但是其中大多数技术在实际的入射光子探测中都存在速度、尺寸或效率降低等问题。此外,这些技术并不具备实际通信系统所需的可靠性或工程稳定性。林肯实验室一直在研发一种特殊的半导体探测器,称作雪崩光电二极管(APD),期间意外发现,将该探测器组合成阵列并在所谓的盖革模式(GM)下运行,可以变为高效率与高速度的光子计数器。

林肯实验室研发盖革模式 APD 最初用于激光雷达系统。研究小组的一名成员了解到该成果后,我们的系统设计师随后与设计师会面,经过几次讨论,双方都认为 GM – APD 阵列可作为超高效深空激光通信的设计基础。且令人非常高兴的是,所研发探测器的速率与我们所期待的数据速率完全匹配。

然而,在某些方面仍需要取得重大进展。通信系统与激光雷达系统的在脉冲到达模式有所不同。因而使用此类设备,需在探测器阵列所在的集成电路中设计更加复杂的电子元件。而近乎奇迹的是,林肯实验室团队仅用一年时间便规划、设计、构建并演示了一个满足所需功能的全新集成电路。

13.7.3　望远镜方案

曙光就在眼前。我们已拟定整体空间系统方案、信号的调制与编码方法以及适用于地面系统的接收器方案。如果我们再能够找到可与上述光子计数探测器配合使用、在大气湍流条件下正常运行且成本合理的地面望远镜系统,即可开始实际操作。

众所周知,在大气湍流条件下接收光束有三种方式。

(1) 以入射光或者某些自然(恒星?)或人造信标为基础构建自适应光学系统。该系统有望实现似乎不受大气湍流的效果。

(2) 接受大气湍流的影响。

(3) 设计小型望远镜。因实践表明,小型望远镜所受影响较小。

就火星而言,照射到传感器的光量无法达到自适应光学系统的要求。因此可能需要构建人造信标,但这样会导致复杂程度大幅上升,我们不想在深空通信链路的初始环节就选择这样的方法。

此外,我们知道大型望远镜受大气湍流的影响很大,因此接受大气湍流的方案可能并不可行。更何况大型天文望远镜造价本就惊人。

无线电工程师非常善于构建天线阵列以实现各种特殊功能。我们是否可以构建小型望远镜阵列,这样每台小型望远镜所受的湍流影响也小,然后我们再以某种方式整合全部输出? 回答是:完全可行。

光子计数接收器接收光信号并输出电信号。也就是说,在计数时,每个光子对应一个电信号。如果知道来自多台望远镜的每一个光子所对应的时间,那么我们"只需"将它们以正确的时间进行数学累加,就能生成一个新的电数字信号,与位于巨型望远镜后侧的巨型光子计数器本应捕捉的光信号相当。

我们还对比分析了多台小型望远镜与单台大型望远镜之间的成本/性能权衡。当然,每个系统都有各自的最优方案。有人设想,用四台望远镜组成阵列;还有人设想用100台小型望远镜组成阵列。但无论何种方式,都具有可行性且成效显著。图13.10展示了18台直径1m的望远镜阵列。该系统可收集的功率与单台直径为4.25m的大型望远镜相当,且成本可能更低。然而,每台小型望远镜所受到的大气湍流影响远远低于单台大型望远镜。

图 13.10　望远镜阵列示例

因此,我们所提出的解决方案是,在成本相对较低且受大气湍流影响较小的望远镜阵列配置中,选择效率最高的探测器。

如此三赢的工程设计实属罕见。

13.8　好消息和坏消息

我们已经成功解决发射调制 + 接收器结构 + 望远镜阵列 + 波束稳定等问题,并初步提出了实现上述所有设想的机械、电气、光学及热学设计方案。此外,我们有能力说服美国航空航天局,我们即将成功解决他们最初提出的问题。在我们简要介绍研究结果后,美国航空航天局立即启动了一项重要的飞行计划"火星激光通信演示"(MLCD 计划),在该计划中,我们与喷气推进实验室的一个团队共同实施上述想法并演示了火星到地球 10Mb/s 通信(要知道,这是首次尝试将上述多项理念付诸实施)。

该计划持续数年,甚至通过了一套全面的初步设计评审流程。但不幸的是,美国航空航天局高层调整了目标方向,导致原卫星发射计划被取消,甚至 MLCD 计划也被迫终止。

在接下来的几年里,我们小组对整体情况进行审视并发现火星任务成本高昂,极少被提上议程。而月球甚至日地拉格朗日点相关任务(如位于拉格朗日点的詹姆斯·韦伯太空望远镜)成本相对较低,更易获得通过。因此,我们小组与林肯实验室的其他合作伙伴采用之前在 MLCD 计划中确立的基本概念并将其转化为相对较短的通信链路(但作为激光通信链路依然很长)。

团队采用混合型跟踪方案,并将基本概念应用于基于惯性稳定的小型、万向望远镜,如图 13.11 所示。虽然对于较短距离而言,惯性稳定设计的重要性相对较低,但此理念可确保系统实现下行数据的高速率传输,由于美国航空航天局短期内对上行数据速率的要求一直并不高,因而不必花费太多精力提升上行数据速率。

此外,团队与麻省理工学院的合作伙伴共同研发了一种新型光子计数探测器技术,即超导纳米线。该技术拥有如下优势:可在首选的光纤通信波长下工作,速度更高(在更短的距离下可以达到更高的数据速率)、探测效率更高。在过去几年,这些新型探测器已发展成熟并在室内端到端高速率激光通信演示中得以验证。

最终,可实现高数据传输速率能力的系统架构、已完善的太空发射器设计方案,外加成本合理的拟定地面阵列,共同构成了一个完整方案。为此,美国航空航天局投资方开始为我们找寻可演示该能力的"便车"。几年之后,这样的便车出现了。

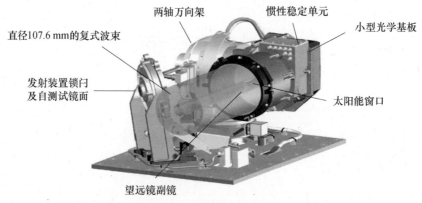

图 13.11　天基激光通信系统的小型、惯性稳定光学模块

13.9 月球数据回传速率超过 0.5Gb/s

2008 年,美国航空航天局科学任务委员会宣布将启动一项"月球大气与尘埃环境探测器"(LADEE)任务。该任务基于一种全新的小型航天器,如图 13.12 所示,该航天器将被发射至绕月轨道并将在该轨道上运行数月,对月球稀薄大气进行测量。卫星在可支持质量与电力方面具有一定保留能力,因此美国航空航天局人类探索与任务委员会的投资方支持我们为"月球大气与尘埃环境探测器"科学任务进行技术验证。我们的任务被称作"月球激光通信演示"(LLCD),该系统包含一个搭载在"月球大气与尘埃环境探测器"的太空终端以及一个可移动的地面终端,其中地面终端将设置位于新墨西哥州的美国航空航天局白沙基地。此外,我们还负责系统总体架构及包含上述两个终端具体技术规范的设计方案。太空终端将以团队一直在完善的具体方案为基础,地面终端则由小型地面望远镜阵列和超导纳米线构成。

图 13.12　搭载(LLCD)太空终端(中心可见)的 LADEE 航天器(美国航空航天局提供)

2008—2012 年间,我们对详尽的设计方案进行设计、改进和分析,此外还研发了"适应"太空和地面环境的硬件。太空终端最终由三个不同模块组成,而每一个模块又包含多个子模块,在系统工程团队与项目管理团队共同协调下,许多团队并行工作。与新型小型航天器的接口也需进行详细设计。由于航天器与激光系统的设计同时进行,两个团队的任务目标不断变化,接口任务难度较大。但双方通过技术与项目交流,最终于 2013 年初完成了太空系统设计及物理整合。

地面终端研发过程中,林肯实验室的多个团队同样采用并行工作的方式,各团队攻克不同的模块,如包含多条纳米线的低温系统、高速处理电子元件、上行链路发射器光电元件、望远镜与万向架、点 – 采集 – 跟踪机构以及控制系统等。此外,通过系统工程设计,在确保模块之间协同工作的同时,还要确保可与远程太空终端协同运行。期间我们进行了不同层级的功能与接口测试,并将整个过程称作"滚动整合"。基于该原理,无论每个子系统当时的成熟度如何,我们都可以在越来越高的层级上进行集成测试,有时是电路测试板,有时则是工程单元,最后获得最终版本。这种方式可使团队及早发现系统问题。

2012 年秋,在林肯实验室不远的室外基地,我们对地面终端进行了整合,并于 2012 年冬到 2013 年春期间,在此对地面终端的能力进行了全面验证(与远程终端的通信能力除外)。期间,通过卫星进行了瞄准、跟踪、光线与接收器的耦合以及各项校准工作。2013 年夏初,可移动系统被拆解并运至白沙试验基地,运达后重新组装,等待 2013 年秋季的正式运行。

在开始运行之前约一年半期间,美国航空航天局与其他两个机构合作,对其现有望远镜进行配置以配合"月球激光通信演示"的运行:喷气推进实验室负责加利福尼亚州桌子山的望远镜,欧空局负责西班牙加那利群岛特内里费岛的望远镜。纳入上述两处设备,意味着每天月球在视野范围内的时间会更长,且如果某一处位置恰好为多云天气,多点观测可提供更多的观测机会。当然,林肯实验室所建造的太空终端模拟器硬件与上述所有系统的新型地面调制解调器之间,要进行更加仔细的接口测试。

该任务使用的火箭本身也是经全新设计的米诺陶五号火箭,于 2013 年 9月初在位于弗吉尼亚海岸的美国航空航天局瓦罗普斯飞行基地发射升空。火箭于夜间发射,整个东海岸都可以看到,引发公众对此的普遍关注,如图13.13 所示。

火箭发射后一个月,美国航空航天局的"月球大气与尘埃环境探测器"(LADEE)团队确保卫星成功进入了两小时绕月轨道。按既定方案,"月球激光通信演示"开始为期一个月以七天为一个周期的持续运行,其中四天执行"月球激光通信演示"任务,三天进行"月球大气与尘埃环境探测器"科学准备工作。当然,只有当月亮在视野范围内时才能执行"月球激光通信演示",因此在一个月里,一天 24 小时内月亮出现即开始运行,涵盖了所有月相。

图 13.13 搭载 LADEE 航天器的米诺陶五号火箭
（2013 年 9 月瓦罗普斯岛,美国航空航天局提供）

那么,运行情况如何呢？所有的系统设计与分析、硬件设计与测试以及接口与集成测试都达到预期目标,系统取得了圆满成功。在所有条件下均可瞬间稳定捕捉并跟踪上行链路与下行链路窄波束,在几乎所有无云天气状况下,下行链路通信信号发射与接收器架构都可以实现零误差数据传输,上行链路也具有类似的可靠性。此外,还对各种数据实时传输进行了演示验证,如下行传输 1 千兆字节"月球大气与尘埃环境探测器"系统缓冲数据,以前可能需要几天,现在数分钟之内即可完成。该系统演示了有史以来地月间最高数据速率的通信系统,即下行 622Mb/s、上行 20Mb/s,并演示了自由空间激光通信系统有史以来的最远通信距离(是之前的十倍)。

对于系统工程师而言,取得此类成就真的非常困难。许多计划参与人员均向我表达过这一观点。

13.10　经验教训

除了月球激光通信演示任务(连同各种新型子系统)中所取得的显著技术成就之外,在火星研究、MLCD 计划以及"月球激光通信演示"项目过程中,在非技术层面,也许可以归结为两项重要经验:

(1) 不要让现状与新目标之间的巨大差距阻碍你的工作。如果现有方案并没有违背物理原理,且已有迹象表明差距并非不可逾越,则应该将目标定得更高。

(2) 虽然所有新方案都会存在许多不可预知的细节,需要我们一一探索和解决,才可进行实际应用。但是不要因为这些困难放弃追求雄心勃勃的方案。

▶ 作者简介

唐·M. 博罗森，麻省理工学院林肯实验室总工程师；在此之前，曾担任光学通信技术小组组长，还曾担任卫星通信技术小组组长助理以及通信部高级职员；2007 年，凭借在光学通信系统信号方面的工作业绩，被授予麻省理工学院林肯实验室卓越技术奖。

博罗森博士曾担任林肯实验室地球同步轻型技术试验卫星项目（GeoLITE，世界上首个获得成功的高数据速率、远程天基激光通信系统）的首席工程师；还曾任美国航空航天局火星激光通信演示系统首席系统工程师；目前担任美国航空航天局月球激光通信演示系统主管与林肯实验室项目经理；博罗森博士曾发表过多篇论文，因光学通信系统方面的成就享誉全球，国际光学和光子学学会会员，拥有普林斯顿大学电气工程学学士、硕士和博士学位。

总　结

威廉·P. 德兰尼

你是否适合从事系统分析?

在本书接近尾声,笔者愿就本书介绍的系统分析概况赘述几点,并对系统分析流程的前景做一展望。在本书作者反复论述共同主题与观点后,笔者最后向读者提出这一问题:"你是否适合从事系统分析这类工作呢?"

系统分析前程似锦吗?

到目前为止,读者肯定已然感受到作者对于系统分析这门艺术的"钟爱",但笔者担心书中对于系统分析工作成果的描述有些过于乐观。书中所选示例往往产生了某些决定性成果或者至少带给人们期望的结果;这种情况确有发生,但并非如人们所希望的那么频繁发生。通过系统分析,分析人员本人、同事及投资方可以对相关问题形成更加清晰的认识,但这只是影响更重要决策或启动某项国家级研究项目的第一步。通过系统分析,你得以使用简洁的语言向领导层描述相关问题,就问题中的技术不确定性提供相关建议;并为正在沿着解决问题的正确方向迈进的政府研究人员提供支持。绝大多数人都会发现,这种分析需要先于我们参与任何实质性项目。因此,虽然不能每次都能达到预期结果,但系统分析依然是一门重要的学科。

系统分析的未来

笔者认为,本书所探讨的系统分析在未来将依然保持其重要地位。随着技术不断发展,传感器、计算机、自动化、机器人以及生物系统等领域的工具将愈发

228

强大有效,但运用上述工具,解决当前与未来的棘手问题的重任,依然会落在充满好奇心、擅于宏观思维的系统分析人员肩上。未来,系统分析将逐渐走出国防"舞台",更多应用于全球变暖与可持续能源等问题研究。在应对此类全球挑战时,数字与技术具有重要作用。戴维·JC·麦凯(David JC MacKay)曾在有关可持续能源问题的一部著作①中给出了一个有效的能源局势系统分析示例,其中涉及技术和各种数字。书中,他对"英国转变为全'绿色'能源国家"的方案进行了分析,通过系统分析,他从能源争论中撤除了大量"空话"。笔者坚信,在可以预见的未来,对于上述全球性问题以及持续性的国防安全问题,系统分析仍大有用武之地。

常见主题

本书用大量篇幅,深入浅出地论述了以下主题:
(1)在开始阶段,提出正确的问题。
(2)不要陷入细节。(然而,某些细节仍不可或缺!)
(3)通过简单计算及扪心自问"结果是否合理",进行合理性审查。
(4)对所做假设始终保持怀疑态度,并将相关情况告知用户。
(5)在分析工作和观点陈述中,探究难以解释的"真相"。
(6)尽可能通过试验(实验室试验或现场试验)检验结果并解决技术不确定性。
(7)对计算模型与仿真持谨慎态度——模型越复杂,越需要谨慎。
(8)讲一个美妙故事——有趣、逻辑性强,重点阐述"原因",解释为什么故事与众不同,最后,尽量简洁明了!
(9)引荐新鲜血液,让更多的人了解系统分析这门艺术。

系统分析这一职业是否适合我?

一个技术机构虽然无需大量系统分析人员,但必须设有该职位。系统分析领域的新入行者或许会发出疑问:"系统分析是我理想的职业道路吗?"我们对这一职业的描述可能颇有魅力,下面笔者对此类工作某些优劣势进行回顾。

优势

(1)能在问题的最初阶段介入,有机会对当前及未来工作施加影响。这是

---

① 戴维·JC·麦凯:《可持续能源:事实与真相》,英国剑桥:剑桥出版社,2009 年。

个令人激动的时刻,你的工作可能会具有很大的影响力且处于最前沿。

（2）你的工作面向高级决策者,他们对你的工作成果兴趣颇浓。

（3）你可以与科学与工程界"精英中的精英"进行互动。在大型机构中,系统分析人员通常思维深刻、视野广阔。

（4）系统分析处于大型项目的早期阶段,分析人员不会过多介入后续活动,因此不必受技术挑战、技术缺陷、进度拖延、资金削减以及大型工程项目通常伴有的其他烦恼所困扰。有人会认为这是优势,亦有人认为这是劣势,如为后者,系统分析工作可能并不适合你。

（5）你需要以相当快的节奏应对各种问题,因此没有时间感到无聊。

（6）在对一个复杂问题加以分解并以一种通俗易懂的方式对其进行重构的过程中,你需要讲述一个个有趣而引人入胜的故事。经历这种拆分重构之后,通常会发现你对这一问题的了解要强于业内95%的人。

（7）将引领一些优秀人才进入系统分析领域,目睹他们的成长并享受这一过程。此外,如果你是位好导师,他们将很快超越你!

（8）系统分析这门艺术所需要的全面思维方式,还有助于对日常生活的评价(如租赁还是购买、退休规划等)。

劣势

（1）没有太大机会"征服"硬件攻关,但在系统分析职业生涯初期花些时间来"建造"东西也是一个不错的选择,这将有助于形成一个非常有益且重要的观察视角。

（2）无法在某些迷人的技术领域做深入研究。

（3）在经历漫长的职业生涯后,无法为自己留下太多"丰碑",如大型雷达、新型飞行器、新型计算机、先进舰船等。但从另一方面,正是由于你的早期介入,才造就了如今的这些"丰碑",进而带给你愉悦的感受。

（4）可能无法创立自己的公司来生产一些你参与发明的产品,也将无从变得富有!(相反,你可以创立"环城公路收费站"式的系统分析公司,过上即便不算富有但仍堪称衣食无忧的生活。)

结语

本书的10位作者中,绝大多数都非100%的系统分析人员,在其职业生涯中都曾参与过硬件或软件的工程设计及大型项目的管理工作。作为本书作者之一,笔者自认留下了些许值得骄傲的"丰碑"。系统分析艺术与视角也在许多大型项目上于我助益良多。我花费大量精力用于回答"为什么选择这个项目?"以及"我们怎样才能做到?"等问题,并向系统研发团队以及被我们创造的新奇"东西"弄得目瞪口呆的外部世界解答上述问题。

最后,本人对读者最真切的建议是,在面对科学或工程挑战时要具有广阔的视野,应了解各种大型"零件"是如何组合起来的,并不断自我质疑,无论你是领导层的高级顾问,还是脚踏实地将工程设想变为现实的工程人员,上述建议都具有理论与实践价值。

祝各位读者好运!

比尔·德兰尼
于 2014 年夏天完稿时
马萨诸塞州,列克星敦

缩略语

AADS – 70	Army Air Defense System – 1970	陆军防空系统 – 1970
ABMDA	Advanced Ballistic Missile Defense Agency	先进弹道导弹防御局
ADSEC	Air Defense Systems Engineering Committee	防空系统工程委员会
APD	avalanche photodiode	雪崩光电二极管
ARPA	Advanced Research Projects Agency, now DARPA	高级研究计划局,即后来的 DARPA
ARSR	Air Route Surveillance Radar	航路监视雷达
ASAT	anti – satellite system	反卫星系统
ASB	Army Science Board	陆军科学委员会
ASD(R&E)	Assistant Secretary of Defense for Research and Engineering	国防部研究与工程助理部长
ATBM	advanced tactical ballistic missile	高级战术弹道导弹
ATR	automatic target recognition	自动目标识别
BMC^3	battle management, command, control, and communications	战场管理、指挥、控制与通信
BMD	ballistic missile defense	弹道导弹防御
BMDS	Ballistic Missile Defense System	弹道导弹防御系统
BMEWS	Ballistic Missile Early Warning System	弹道导弹预警系统
C^2	command and control	指挥与控制
C^3	command, control, and communications	指挥、控制与通信
C^{3}I	command, control, communications, and intelligence	指挥、控制、通信与情报
CDC	Centers for Disease Control and Prevention	疾病预防控制中心
CERN	the European Organization for Nuclear Research	欧洲核子研究组织
CONOPS	concept of operations	作战概念/作战方针

CONUS	continental United States	美国本土
CPU	central processing unit	中央处理器
CSA	cyber situational awareness	网络态势感知
DARPA	Defense Advanced Research Projects Agency, formerly ARPA	国防高级研究计划局,前身为 ARPA
DCA	defensive counter air	防御性制空
DDR&E	Director of Defense Research & Engineering, now ASD（R&E）	国防研究与工程署主任
DHS	Department of Homeland Security	国土安全部
DIK	detect, identify, and kill	探测、识别和杀伤
DMSP	Defense Meteorological Satellite Program	国防气象卫星计划
DoD	Department of Defense	国防部
DSB	Defense Science Board	国防科学委员会
DSC	defensive space control（see also OSC）	防御性太空控制(见 OSC)
DSN	Deep Space Network	深空网络
DSP	Defense Support Program	国防支援计划
DTRA	Defense Threat Reduction Agency	国防威胁降低局
EP	electronic protection	电子防护
EPA	Environmental Protection Agency	环境保护局
ERP	effective (sometimes equivalent) radiated power	有效(或等效)辐射功率
FABMDS	Field Army Ballistic Missile Defense System	陆军野战弹道导弹防御系统
FEBA	forward edge of battle area	战场前沿
FEZ	fighter engagement zone	交战区域
FFRDC	federally funded research and development center	联邦政府资助的研发中心
FLOT	forward line of own troops	己方部队前线
GM	Geiger mode	盖革模式
GMTI	ground moving target indicator	地面移动目标指示器
GPS	Global Positioning System	全球定位系统
HSD	hard site defense	硬场防御
HTK	hit to kill	击毁/撞击杀伤
HVAC	heating, ventilation, and air conditioning	暖通空调(供暖、通风与空调)
IADS	integrated air defense systems	一体化防空系统

ICBM	intercontinental ballistic missile	洲际弹道导弹
ICD	interface control document	接口控制文件
IFF	identification, friend or foe	敌我识别
IFOV	instantaneous field of view	瞬时视场
IOC	initial operational capability	初始作战能力
IPR	interim program review	项目中期审查
IR	infrared	红外线
IR&D	independent research and development	独立研究与开发,独立研发
IRU	inertial reference unit	惯性基准单元
IT&E	integration, test, and evaluation	集成、试验与评估
JPL	Jet Propulsion Laboratory	喷气推进实验室
JSTARS	Joint Surveillance and Target Attack Radar System	联合监视与目标打击雷达系统
LADEE	Lunar Atmosphere and Dust Environment Explorer	月球大气与尘埃环境探测器
LCC	life – cycle cost	寿命周期成本
MDS	Minuteman Defense Study	民兵导弹防御研究
MIPS	million instructions per second	每秒百万条指令
MTI	moving target indication (see also GMTI)	移动目标指示器(见 GMTI)
MWRA	Massachusetts Water Resource Authority	马萨诸塞州水资源管理局
NASA	National Aeronautics and Space Administration	国家航空航天局
NATO	North Atlantic Treaty Organization	北大西洋公约组织
NRAC	Naval Research Advisory Committee	海军研究咨询委员会
OMB	Office of Management and Budget	管理与预算办公室
OSC	offensive space control (see also DSC)	攻击性太空控制(见 DSC)
PAG	power – aperture – gain	功率、孔径面积及天线增益之积
PCR	polymerase chain reaction	聚合酶链式反应
PMO	project management office	项目管理办公室
PRF	pulse – repetition frequency	脉冲重复频率
QVN	identification label of the ARSR – 3 located at Fossil, Oregon	俄勒冈州福斯尔市的航路监视雷达 ARSR – 3 标识标签
R&D	research and development	研究与开发

234

RCS	radar cross section	雷达截面
RF	radio frequency	无线电频率
RV	reentry vehicle	再入飞行器
SAM	surface – to – air missile	地空导弹
SAM – D	surface – to – air missile, development	地空导弹发展型
SAMSO	Space and Missile Systems Organization	空间与导弹系统组织
SAR	synthetic aperture radar	合成孔径雷达
SDI	Strategic Defense Initiative	战略防御计划
SLS	shoot – look – shoot	打击 – 侦察 – 打击
SOSI	space – object surveillance and identification	空间目标监视与识别
SPIE	International Society for Optics and Photonics	国际光学与光子学会
SSA	space situational awareness	太空态势感知
TBM	tactical ballistic missile, also tunnel boring machine	战术弹道导弹,或隧道掘进机
TMD	theater missile defense	战区导弹防御
TOR	Terms of Reference	任务包
TRL	Technology Readiness Level	技术成熟度
UAV	unmanned aerial vehicle	无人机
USGS	United States Geological Survey	美国地质调查局
VIN	vehicle identification number	车辆识别码
VIRADE	virtual radar defense, developed by Bell Laboratories	虚拟雷达防御,由贝尔实验室开发
WMD	weapons of mass destruction	大规模杀伤性武器
WP	Warsaw Pact	华沙条约

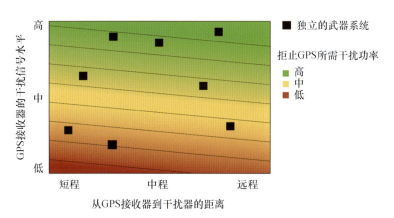

图 4.1 解密后的彩虹示意图(国防科学委员会提供)

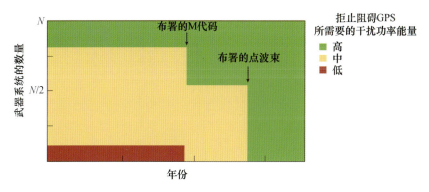

图 4.2 2001 年国防科学委员会一周工作组的主要
非涉密成果图示(国防科学委员会提供)

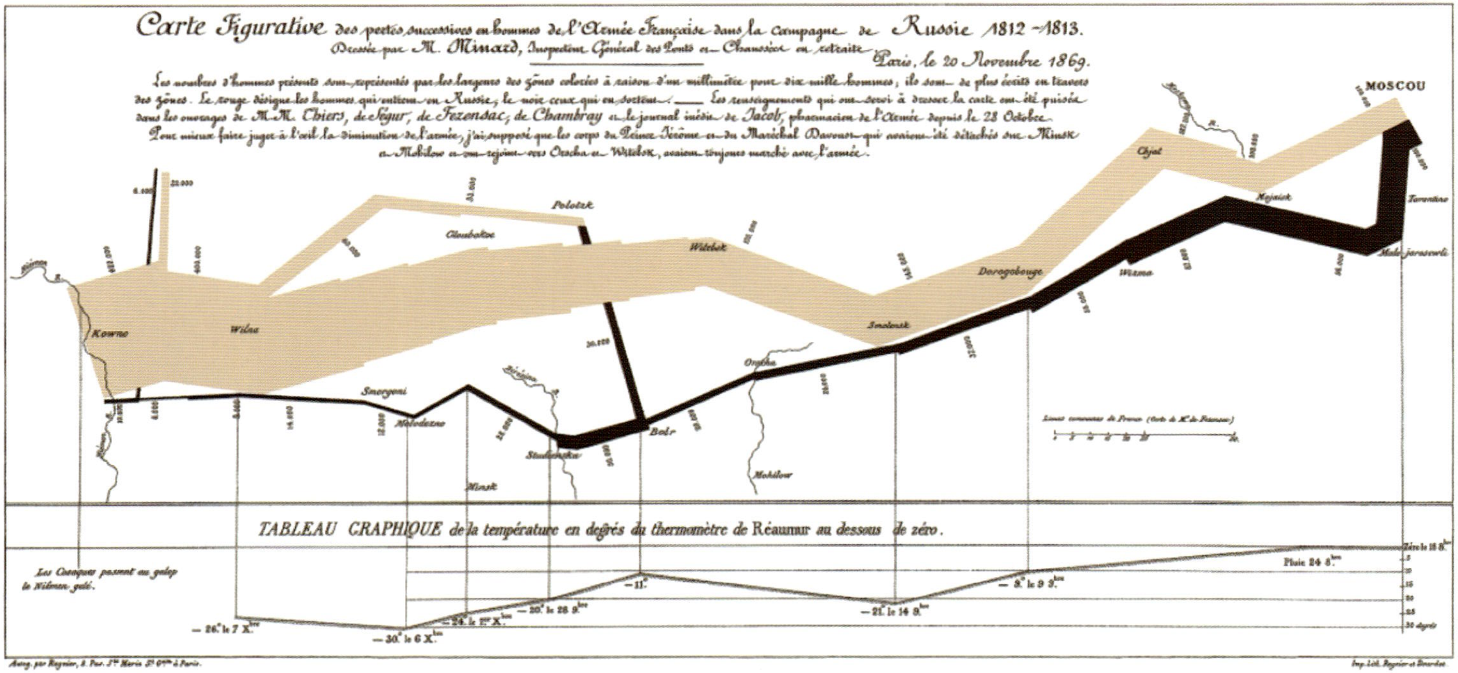

图8.12 拿破仑东征图(图片来源：爱德华·R.塔夫特，定量信息的视觉呈现，
康涅狄格州柴郡：Graphics出版社，1983年，2001年再版)

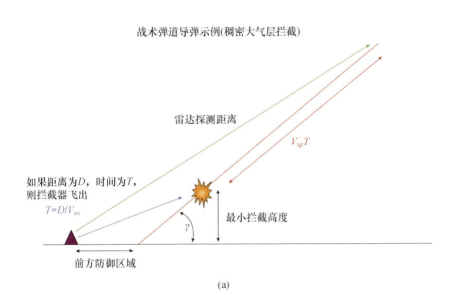

战术弹道导弹示例(稠密大气层拦截)

雷达探测距离

$V_{tgt}T$

如果距离为D，时间为T，
则拦截器飞出

$T=D/V_{int}$

最小拦截高度

γ

前方防御区域

(a)

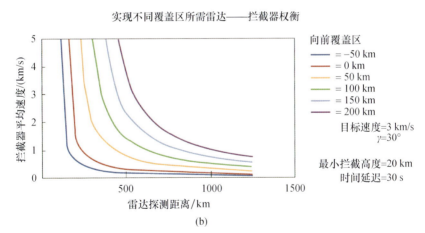

实现不同覆盖区所需雷达——拦截器权衡

向前覆盖区
= −50 km
= 0 km
= 50 km
= 100 km
= 150 km
= 200 km

目标速度=3 km/s
γ=30°

最小拦截高度=20 km
时间延迟=30 s

(b)

图 10.2 雷达拦截器权衡示例

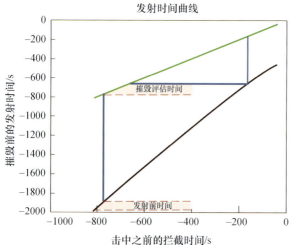

发射时间曲线

燃尽速度	7 km/s
延迟时间	100 s
最小拦截高度	100 km
再入角度	25°
发射前时间	100 s
杀伤资产时间	100 s
最小飞行时间	200 s
火力纵深	2

杀伤评估需拥有拦截
行动后的传感器观察

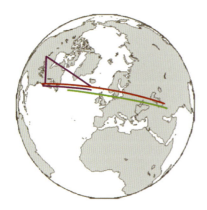

	纬度/（°）	经度/（°）
发射	36	56
冲击	42	−71
拦截器	48	−97

事件发生时间	最早/s	最迟/s
发射	−1994	
发射	−1883	−462
拦截	−814	−38
击中		0

—— 弹道轨迹
—— 拦截时间窗口
—— 发射时间窗口

图 10.4　拦截器时间轴

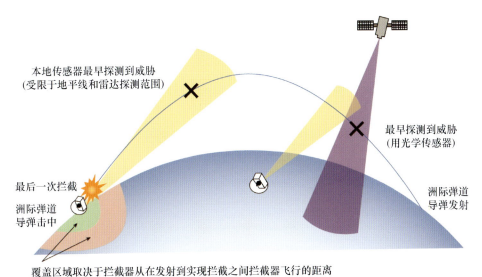

图 10.5   防御覆盖区的确定

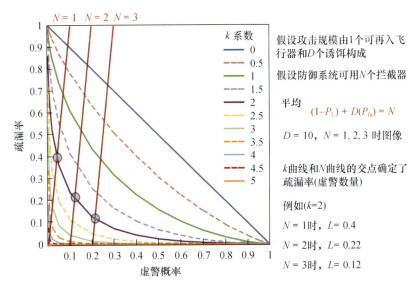

图 10.15   拦截器和辨别力之间的权衡

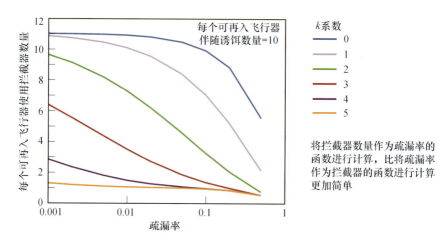

图 10.16　以更大范围参数权衡拦截器和辨别力之间的关系

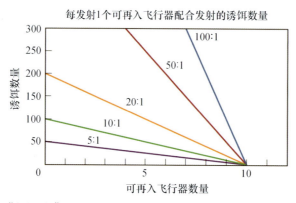

这是一个"金发女郎"典型案例分析

图 10.17　攻击者的有效负载选项

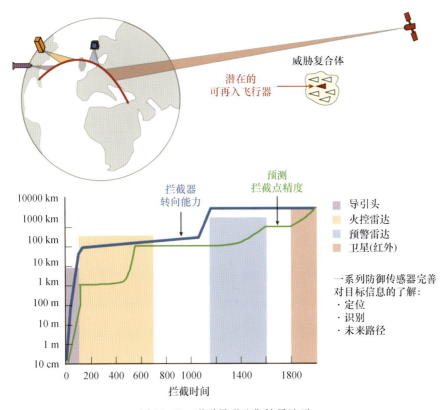

图 10.18　弹道导弹防御情景演示

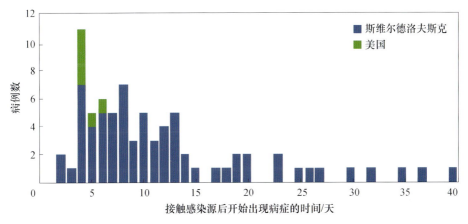

图 11.3　基于两次炭疽爆发的相关数据集的炭疽潜伏期直方图

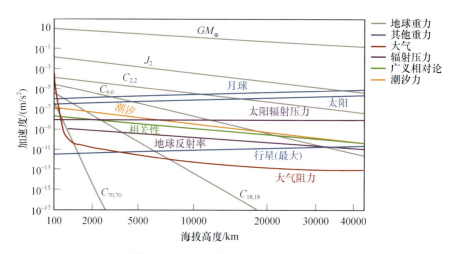

图 12.9 不同影响源对在轨物体产生的加速度与轨道高度的函数

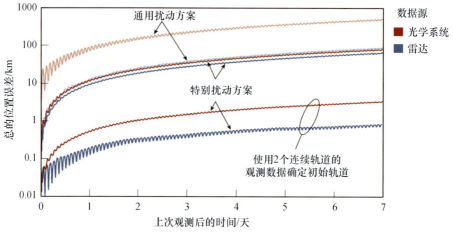

图 12.10 运用通用与特殊扰动方法计算的 Starlette 卫星位置

总误差与上一次观测后时间的函数

（蓝色曲线表示使用雷达数据确定初始轨道进行外推的轨道，红色曲线表示使用光学数据的
情况。4 条上方曲线使用对一条轨道的观测数据估算的轨道状态矢量，其中 2 条下方曲线使用来
自 2 条连续轨道的观测数据进行的估算）